観察の力

THE EYE TEST:

A CASE FOR HUMAN
CREATIVITY IN THE
AGE OF ANALYTICS

クリス・ジョーンズ
小坂恵理 訳

早川書房

観察の力

THE EYE TEST

A Case for Human Creativity in the Age of Analytics

by

Chris Jones

Translated by

Eri Kosaka

First published 2024 in Japan by

Hayakawa Publishing, Inc.

This book is published in Japan by

arrangement with

Grand Central Publishing, New York, New York, USA

through The English Agency (Japan) Ltd.

装幀／西垂水敦・市川さつき（krran）

私に大事なことを気付かせてくれた息子たちと、
私を救ってくれたアナに本書を捧げる

私は芸術家として自由に想像力を働かせる。
想像力は知識よりも重要だ。知識には限界がある。
想像力は世界を包み込む。

アルバート・アインシュタイン(1)

---

(1) これは、一九二九年にサタデー・イブニングポスト紙に掲載されたインタビューで、「では、あなたは知識よりも想像力を信用するのですか」という質問に対してアインシュタインが答えたものだ。一方、「理論はあなたをAからBへと導くが、想像力はどこにでも導いてくれる」という発言も、アインシュタインの名言として広く引用されるる。こちらのほうが簡潔で的確だが、おそらく本人の発言ではない。

目次

訳注は小さめの〔　〕で示した。

読者の皆さんへ

少し前のページの脚注に、もしかしたら皆さんは気づかれたかもしれない。なかには、いちいち脚注を確認するなんて面倒だと思う読者もいるだろう。脚注に目を通す人の割合に関しては、信頼できるデータが存在しないので確認できない。だが、『Stats: Modeling the World』〈統計学：世界をモデル化する〉というタイトルの教科書には、冒頭のページにつぎのような脚注がある。「この章は『序章』と呼ぶべきかもしれないが、誰も序章など読みたがらない。しかし、皆さんにはこれを読んでもらいたかった。こうした打ち明け話は脚注にとどめておけば安全だ。なぜなら、脚注など誰も読まないのだから[1]」。この統計学の教科書の執筆者は、現実を十分に理解しているようだ。

(1) David E. Bock, Paul F. Velleman, and Richard D. De Veaux, *Stats: Modeling the World* (Boston: Addison-Wesley, 2004).

脚注など好まない読者には――おそらく全員ではないか――申し訳ないが、私は本書で脚注を使っている。出典を紹介しなければならないし、解釈しづらい部分を補足説明する必要もある。正直言って、ワクワクするような楽しい作業ではない。しかも、出典の一部は私自身のものだ。そして、出典の著者の名前を初めて見る読者もいると思うが、かつて雑誌に掲載された私の記事にかならず目を通してくれた読者には、すでにお馴染みの名前だろう。それでも、これまでのキャリアを通じて幸運にも巡り合った多くの独創的な方々について、忘れたふりをすることなどできない。男女を問わず、誰からも貴重な教訓を学んだ。本文を補足する脚注は必要ではあるが、あればあったで気になる。読み飛ばしていただいても一向にかまわない。本文のように一語一語に心が込められているわけではないから、絶対に読む必要もない。

お姿を拝見できないが、脚注を実際に読んでくださるありがたい読者には、この場を借りて感謝する。脚注は手のかかる作業だが、ここで紹介する方々には素晴らしい成果を認められるだけの価値がある。私はシカゴスタイルがいちばん好きなので、本書でもこれを使った。

脚注を読んでくださるにせよ、読み飛ばすにせよ、拙著を楽しんで読んでいただきたい。ここで取り上げる人物の誰かに触発され、何か素晴らしいものを作りたい、素晴らしい未来に挑戦したいと思っていただければ幸いだ。

第一章　エンタテインメント――十人十色

すべてを定量化できるわけではないのに、そう考えるのは浅はかだ。限界のないもの、たとえば人間の想像力などは、計測の対象から外れる。そうなると残念ながら、独創的な事柄を「正しい」方法で実行するのは不可能だし、目標が達成される保証もない。それは絶対に間違いない。しかし、そもそもそんなものに頼らなくても、仕事の成果を改善し、ひいては成功の確率を高めることはほぼ常に可能だ。現状に満足せず、自分にできることを続けていれば、最終的に大きな違いが生まれる。その結果、他の人間とも機械とも一線を画するようになる。

二〇〇九年、ライアン・カヴァノーはハリウッドに殴りこみをかける計画を発表した。その直後に私たちは、シャトー・マーモント・ホテルの庭で落ち合った。彼のような革命児でも、時にはエスタブリッシュメントの格調高い雰囲気に惹かれるのだ。[1] カヴァノーは三〇代半ばだが、年齢より若く見えるし、少なくとも若作りしている。細いネクタイ、色の濃いジーンズ、コンバースの青いスニーカーという装いで、赤毛をスパイキーヘアでキメている。視線は一カ所に落ち着かず、いまや愛情の対

（1）　私はライアン・カヴァノーについて、二〇〇二年から二〇一六年まで在籍したエスクァイア誌で初めて記事にした。この時期に取材した人たちの一部については、本書でも改めて紹介する。ほとんどは、取材のあとの会話を回想した形だ。カヴァノーに関するストーリーは二〇〇九年一二月号に登場し、独創性を追求したすえ、「ライアン・カヴァノー」というタイトルに落ち着いた。事情通のハリウッドの友人たちからは警告されており、本来なら慎重になるべきだったが、私は特に疑いを持たなかった。しかし数年もすると彼の計画はうまくいかなくなり、さらに数年が経過して、私はそのわけを理解した。

象となった大切な存在を探し求めている。やがて、オーストラリア出身の映画監督バズ・ラーマンがやって来た。木々のあいだから派手な姿が現れると、カヴァノーを長いあいだハグした。

「バズ・ラーマンだ」と、三人が着席するとカヴァノーは私に紹介してうなずいた。それはメモを取ってもよいという合図だ。この日カヴァノーのウェストハリウッドにあるオフィスのロビーには、別の映画監督ロン・ハワードの姿があった。ラーマンに比べるとハワードは地味で、ベースボールキャップにトレッキングシューズという装いで、両手を膝の上に乗せ、小学生のようにお行儀よく椅子に座った。受付係がミネラルウォーターを出そうとすると、「大丈夫です」と断るが、その言い方も優等生的だった。

ハワードは、カヴァノーが別のミーティングをすませるのを待っていた。そのミーティングの相手は作家で、彼の作品の映画化をハワードは狙っていた。映画化が決定するまでには時間がかかる。件《くだん》の作家はハリウッド詣《もう》でを繰り返し、これまで何人の有名な映画監督の話を聞いたかカヴァノーに伝えた。ただし彼は、有名人好きでだまされるタイプではない。自分の財産には需要があり、それを供給する見返りに報酬を手に入れたかった。交渉のエキスパートであるカヴァノーは、笑みを浮かべて肩をすくめた。彼はケイト・ボスワースとデートしたことを隠さないような人物だ。このときも「おれも有名な映画監督も何人か知っているよ」と作家に話したが、そのなかのひとりがまさにその瞬間、面会の順番を待っていたのである。

カヴァノーはレラティビティ・メディアの創設者で、何人もの有名な映画監督が彼と会いたがり、誰よりも早く彼と親しくなる機会を狙っていた。というのも、カヴァノーは二〇億ドルもの当座資産を所有していると報じられて（そして噂されて）いたからだ。その多くはエリオット・マネジメントから調達したものだが、ニューヨークを拠点とするこの由緒あるヘッジファンドは、初期投資からそれを何十億ドルも上回る利益を確保していた。他にもカヴァノーのスタジオには巨額の資金が提供されており、遠くは中国からの投資もあった。ハリウッドの基準からしても、レラティビティの金庫は底なしで、それを開ける鍵を持っているのはカヴァノーただひとりだった。そんなわけで、何かを製作するため、そして金を増やすために、元手となる資金を必要とする人たちのあいだで、彼はいきなり人気者になったのである。

カヴァノーは、大勢の人たちから注目されることに慣れている。実際に若いころは、投資仲間のあいだで派手な目立ちたがり屋だと評判だった。それでも後に彼を訴えた人たちも、彼はセールスマンとして驚くほど優秀だった事実を認めないわけにはいかなかった。つぎに彼は転職すると、評判の高いスタジオが製作する映画の費用を工面する仲介役を始めた。そしていまや、ベンチャーキャピタルで何十億ドルもの資金を確保した結果、変化の激しい業界で看板を出して営業するまでに成長した。カヴァノーのもとを訪れる投資家は後を絶たない。そして訪問を受けると、過去一世紀にわたる映画製作で他のどのスタジオの責任者も達成しなかったことを、自分はやり遂げると約束した。彼には、ヒット作以外を作るつもりはなかった。

カヴァノーはタイミングも完璧だった。以前なら、彼のメッセージはこれほど真剣に受け止められなかった。二〇〇八年の景気後退をきっかけに映画界が不振に陥り、不安だらけの日々が何カ月も続いているとき、彼はハリウッドで開業したのだ。信用収縮、投資家の逃避、デジタル著作権の侵害、ドイツの巧妙なタックスシェルターの廃止などが積み重なっただけでなく、低俗な映画の製作が続いた結果、金庫室は空っぽになり、普通のやり方では資金を確保できなくなっていた。ワインスタイン・カンパニーは、年間に製作する映画を一〇本まで減らすよう指示された(2)。ニュー・ライン・シネマはワーナー・ブラザースに合併されて煙のように消滅し、メトロ・ゴールドウィン・メイヤー(MGM)は破産寸前だった。

問題の核心は、映画製作費の高騰だった。成功しているスタジオでさえ、失敗作の数がしばしばヒット作に匹敵することは以前から不安視されていたが、高い製作費が不安を増幅させた。「誰も何もわからない」とハリウッドではよく言われるが、これは『明日に向って撃て!』の脚本家だった故ウィリアム・ゴールドマンが最初に言い出したものだ。彼はさらにこう指摘した。「映画の世界では、何がうまくいくかわかっている人間は誰もいない。いつでも予測するしかなく、運に恵まれてそれが当たるときもある(3)」。『イシュタール』や『天国の門』をプロデュースしたとき、それがヒット作になるか失敗作になるか、それとも最も可能性の高いそこそこのところに落ち着くのか、どうなるかは運任せだった。「作品がどのように受け取られるかは、決してわからない」と、『レスラー』や『ブラック・スワン』を監督したダーレン・アロノフスキーは語る。「映画の評判は絶対にわからない(4)」。しかしいまや、映画の製作費は制御不能なほど跳ね上がったため、移り気なビジネスを嘆くだけではすまない。製作したスタジオがつぶれるほど、大きな損失をこうむる。そして、誰もがいずれはとんでもない失敗作を作る。ハリウッドのストーリーは、どれも不幸な結末を迎える運命にあった。

しかしレラティビティは例外だった。ライアン・カヴァノーは贅沢なディナーを楽しみ、プライベートのヘリコプターを乗り回しながら、自分は収益性に関する暗号を解読したと豪語した。彼はアナリティクスを取り入れる一方、映画製作の方程式から情熱や直感といった要素を取り除いたのである。アナリティクスとは、合理性に優れた定量的な意思決定システムのことで、マイケル・ルイスが二〇〇三年に出版して大きな変革をもたらした著書『マネー・ボール〔完全版〕』で脚光を浴びた。カヴァノーは野球で塁に出るための新たな解釈を見做《みな》い、ロードショーでホームランにこだわらず、シングルヒットやツーベースヒットを絶やさないことを重視した。やがて、この変わった魔法とそれを生み出す方法は、どんな魔術にも劣らぬ不思議な印象を与えた。レラティビティで、ビッグデータは敵なしだった。

特定の脚本のメリットを考えるときには、カヴァノー率いる計量アナリスト集団がそれぞれ大型コンピュータを立ち上げる。エアコンの効いた部屋でファンが回ってコンピュータが動き始めると、誰もがたくさんの変数を入力する。そのあと、とびきり優秀な若いスタティスティシャン〔統計家〕たちはモンテカルロ法を駆使して、様々な週末にリリースされた様々な映画で様々な役割を演じた様々

(2)　当時のハーヴェイ・ワインスタインはレイピストだと噂されていたが、有罪判決は受けていなかった。

(3)　William Goldman, *Adventures in the Screen Trade: A Personal View of Hollywood and Screenwriting* (New York: Warner Books, Inc., 1983). ゴールドマンに関しては、あとからさらに取り上げる。彼は素晴らしい人物だ。

(4)　もちろん、同じことは他のアートにも当てはまる。二〇二一年一月一日、ビリー・アイリッシュの兄で、彼女の楽曲の多くを共作したフィニアス・オコネルは、つぎのようにツイートした。「『ヒット』の秘訣を知っていると自慢するようなやつらは、いっさい信用するな」（彼のツイッター〔現X〕は @FINNEAS）。

な俳優の評価を始める。理論に基づいて変数を組み合わせ、過去の興行に関する大量のデータと比較して、これまでにいつどこで何が効果を発揮したのか、パターンを推測していく。[5] たとえばコンピュータは、ナタリー・ポートマンがフランスで大勢のファンを引きつけたのは、おそらく米仏合作の『レオン』に子役として登場した影響だと解釈した。あるいは、ニューメキシコ州は映画製作費の税額控除が大きく、ミネソタ州や中東や火星を舞台とする作品のロケ地として優れていることも突き止めた。数字が完璧に理に適って初めて、カメラは回り始める。そしてレラティビティでは、数字は驚くほど頻繁に効果を発揮した。カヴァノーの名前は、毎年何十本もの映画でエンドロールに登場するようになった。

「いいかい、おれは優れた芸術作品を作りたいわけじゃない。賞には興味がない。金を稼ぎたいんだ。ビジネスを成功させたいんだ」と、私はカヴァノーから聞かされた。

　時々カヴァノーは、人間の感情を表現する手段ではなく、電気製品でも作っているかのように、映画を「ウィジェット」と呼んだ。コメディ映画『モール・コップ』の製作を支援したのは、電動スクーターに乗って登場するケヴィン・ジェームズが、一部で熱烈に支持されたからだ。その一方、私のお気に入りの映画のひとつ『ジェシー・ジェームズの暗殺』の製作も支援しているが、こちらは物憂げな雰囲気が漂い、美しい描写が印象的な芸術作品だ。そこで私はシャトーの庭でカヴァノーと会った夜に、ふたつの作品が正反対で困惑していると打ち明けた。すると彼は、生き生きとした目を大きく見開いた。実は彼は、どちらの作品からも利益を確保しようと思ったが、結局は『モール・コップ』のほうが『ジェシー・ジェームズ』よりもはるかに人気が高かった。これは良い勉強になったという。「『ジェシー・ジェームズの暗殺』を見る人が何人いるかわかるかい」と彼から訊かれた。「きみと、他に七人ぐらいだろう。でも『モール・コップ』は、世界中で二億ドルちかい興行収入を上げた。おれは『モール・コップ』を一日中、そして毎日でも選ぶよ」。

手ごわい交渉相手だった例の作家は昼過ぎにカヴァノーのオフィスを出るとき、当時はレラティビティの製作部門の責任者だったタッカー・トゥーリーに見送られた。エレベーターに向かって歩いているとき、つぎの面会者が立ち上がったのが見えた。それは映画監督のロン・ハワードだった。作家は立ち止まり、トゥーリーの腕を摑んでこう言った。「あれはロン・ハワードだよね」。

トゥーリーは認めた。はい、ロン・ハワードです。

「そうか、彼の話は嘘じゃなかったんだ」。

カヴァノーは、ロン・ハワードがロビーにいると話したが、それは嘘ではなかった。しかし、様々な約束の多くは守られなかった。私と会ってからの数年間で五〇本以上の映画の製作を支援して、アナリティクスのデータに基づいて大胆な予想を立てたが、なかにはとんでもない失敗作もあった。『決闘の大地で　ウォリアーズ・ウェイ』の製作には四二〇〇万ドルをかけたが、国内での興行収入

(5)　モンテカルロ法を簡単に説明すると、つぎのようになる。コンピュータのアルゴリズムがランダム入力を様々な形で組み合わせて実験を行ない、ユーザーが望ましい結果を得られる確率が許容範囲に達するまで継続する。レラティビティのケースでは、主演の俳優、監督、公開日などが入力される。入力の組み合わせが異なれば、商業的に成功を収める確率も変わってくる。たとえば主演がトム・クルーズ、監督がスティーヴン・スピルバーグ、公開日が七月の週末の映画ならば、成功は確実になる。

は五七〇万ドルにとどまった。ジェラルド・バトラーが出演した『マシンガン・プリーチャー』は、三〇〇〇万ドルの予算をつぎ込んだものの、国内での興行収入は五三万八六九〇ドルに終わった。[6]他にも多くの作品が赤字を出した（なかには良い作品もあったが、多くは駄作だった）。二〇一二年、レラティビティは八五〇〇万ドルを失った。二〇一三年には一億三五〇〇万ドルを失い、二〇一四年には、さらに一億一八〇〇万ドルが消えてしまった。[7]

ここまで大きな損失は、モンテカルロ法が機能しなかったことが唯一の理由ではない。古くからある話だが、カヴァノーは「映画製作以外の支出」も半端ではなかった。複数のプライベートジェットを乗り回し、サンタモニカ空港に格納庫を持ち、一時はオオカミをペットにした。二〇一〇年にエリオット・マネジメントが僅かに残されていた投資を引き揚げると、カヴァノーは生き残りに必要な資金の確保に奔走した。あとから考えれば、彼は驚くほど優秀なセールスマンだったが、調達した資金の中身は投資よりも借入のほうが多かった。一〇年もすると返済期限が来た借入金が何千万ドルにも達し、莫大な借金をついに返せなくなった。レラティビティは、最初の破産を申請する。評判は地に落ち、二〇一八年には二度目の破産申請をする。ライアン・カヴァノーはもはや、有名な映画監督から見向きもされなくなった。

それでもカヴァノーは、二〇二一年までにトリラーというデジタルエンタテインメント・プラットフォームの顔になり、人生で三度目の戦いに挑んだ。そしてレラティビティが破綻したのは、自分が公約を実現する前にあわてて資金を引き揚げた投資家のせいだと公然と非難した。「おれはレラティビティを成功させようと努力したが、これでは難しい。みんなが資金を引き揚げたんだ」と訴えた。[8]

しかし私はそう思わない。レラティビティが失敗したのは、本業である映画製作で収益を上げることがあまり得意ではなかったからだ（あるいは、彼が後に起こされた訴訟——最終的には却下された——には、つぎのような印象深い指摘があった。「カヴァノーはヒット作へのこだわりが強かったが、そううまくはいかない。錬金術師が鉛を金に変えられないのと同じで、無駄な努力だった」[9]）。

スタジオがアナリティクスから判断して支援を決めた最後の作品は、皮肉にも『Masterminds〈立役者たち〉』というタイトルだった。道を踏み外した強盗の実話に基づいたこの作品からは、一億二五〇〇万ドルの利益が確保されるとレラティビティは予測した。しかし予定よりも遅れて上映された映画の興行収入は、目標よりも一億ドルちかく少なかった[10]。『マネー・ボール』のなかでアナリティクスは、スモール・マーケット〔地域経済の規模が小さく、収益性や集客力に劣るフランチャイズ〕のオークランド・アスレチックスがプレーオフに進出する手助けになったかもしれないが、カヴァノーにはこれ以上の賭けをする余裕がなかった。老舗のハリウッドでは、アナリティクスが幸運をもたらす

（6）　興行収入の数字はすべて、BoxOfficeMojo.com. からの引用。
（7）　Benjamin Wallace, "The Epic Fail of Hollywood's Hottest Algorithm," *Vulture*, January 24, 2016.
（8）　Alex Ben Block, "How Triller Became Ryan Kavanaugh's Big Come-back," *Los Angeles Magazine*, April 16, 2021.
（9）　Eriq Gardner, "Ryan Kavanaugh Is Lampooned as Relativity Investor Seeks to Keep Fraud Lawsuit Alive," *Hollywood Reporter*, April 11, 2018.
（10）　David Lieberman, "Relativity Tells Bankruptcy Court It Will Make Money on 13 of 14 Upcoming Films," Deadline.com, December 14, 2015.

ことなど期待できなかった。

「おのれの観客を知れ」という格言は、「誰も何もわからない」という格言よりも古い。そこで私も失礼を承知のうえで、読者の皆さんについて少し推測してみた。本書は、皆さんを本当の意味で励まし、勇気を吹き込むことを目指している。そうなるとおそらく書店や図書館では、「自己啓発」のコーナーに並べられるだろう。だから本書を手に取る読者は、行動を改善するためには何にでも挑戦する意欲があり、自分はもっと良くなれると信じているはずだ。さもなければ、本書を読む気にはなれないだろう。あるいは、皆さんは現状を楽観視できず、何事も猛烈なスピードで進むおかしな時代になったと嘆いているかもしれない。だが心配はいらない。本書には、新たな信念を抱いてもよい根拠が紹介されている。確かに、一世代にひとりしか誕生しないような天才が、従来は考えられなかったような成果を達成することはある。そんな天才が先頭に立って華々しく活躍しているところを見ると、そもそも自分とは違う人間だと考えたくなる。しかし独創性とは、天才が素晴らしい能力を表現するための手段ではない。ほとんどの人に関係があり、仕事を始めたばかりの段階では特に欠かせない。独創性とは、私たちが何かを閃き育《はぐく》み、実践するために必要な美徳なのだ。

私の執筆生活における楽しみのひとつは、独創性豊かな人たちと出会い、何を心がけて行動しているのか話を聞くことだ(私が強い印象を受けた人たちについては、これから本書で紹介していく)。どのような方法や技術に取り組んでいるのか尋ねると、どんなに寡黙な相手も大体は心を開いてくれる。確かに気難しい人は多いが、真摯《しんし》に打ち込む仕事の秘密を他の誰かにそっと打ち明けるのはまんざらでもない。ベテランの大工にお気に入りの道具について尋ねてみるとよい。愛用のハンマーの相対的な長所について、楽しそうに懇切丁寧に、時にはとりとめもなく講釈を垂れる。

いまは、以前なら手の届かなかった人たちに直接アクセスできる時代になった。有名人もオンラインで多くの時間を費やしている。彼らの職業について細かく知りたければ、ソーシャルメディアで尋ねてみるとよい。たびたび答えが返ってくることに驚かされるだろう。細かい質問ほど、答えてもらえる可能性は高い。職業意識の強い人は、平凡な人たちからの指摘もありがたく受け止めるものだ。

私が大好きなシンガー・ソングライターのジェイソン・イズベル(11)は、かつてツイッター〔現X〕でつぎのように投稿した。新しいギターやアンプを選ぶときには、ボリュームやトーンのノブをいじってみる。色々と調整しながら、楽器の音にどんな影響がおよぶのか確認する作業は楽しい。調整がうまくいけば、美しくて温かみのある音が生み出されるが、設定を僅かに変えるだけで音に変化が生じる。私は音楽が大好きだが、残念ながら音痴だ。では私のような音痴でも、彼と同じように音の違いを聞き分けられるのだろうか。それともジェイソンの耳は、何か根本的な点が私と異なるのだろうか。

そこで私が、どうして音を聞き分けられるようになったのか尋ねると、丁寧に答えてくれた。

「それは美術批評と同じだと思うよ。一〇〇万枚の絵画を本当に真剣に観察すれば、優れた作品はどこが違うかわかるようになるだろう」。

(11)　ジェイソンの二〇一七年のアルバム『ザ・ナッシュビル・サウンド』のなかの「If We Were Vampires」は、悲しいラブソングの傑作だ。彼のバンドはザ・400・ユニットという。そしてXは@JasonIsbell。

これはいい答えだ。才能は学んで身につけるものだという可能性が暗示され、人生を楽観視できる。時間をかけて練習すれば、自分の運命に関する選択肢がある程度は増えるし、夢の実現も可能になる。ただし、これがどこまで真実なのかはわからない。たとえば私は何時間も練習したところで、偉大なミュージシャンになれるとは思わない。基本的に音痴なのだから。シェフの味覚や作家の文章のリズムにも同じことが言える。どちらでも、才能に恵まれない人間がゼロからスタートし、キャリアを大成功させることができるとは想像できない。成果を達成するためには、何らかの前提条件が必要とされる。

それでもやはり、独創的な仕事については、情熱は非常に重要な要素だと私は確信している。というのも、情熱が奇跡を起こす場面を目撃してきたからだ。意欲のある人が、すごい成果を達成するところをこの目で見てきた。動機が自発的なもので、どこから生まれたのか不可解な印象を受けるときは、特にすごい結果につながる。そんな人たちは確かに練習を重ねて進歩しているが、自分にはできる、素晴らしい能力を神から授けられていると信じる気持ちも、進歩を確実に後押ししている。楽観的な姿勢が際立つ人は、ほぼ例外なく進歩する。といっても能力が乏しい段階から、いきなり優秀になるわけではない。コツコツ努力を積み重ね、そこそこの能力が手に入り、その能力が次第に向上し、最後はすごい能力を身につけるのだ。だから、あなたにも不可能ではない。

本書では、様々な分野で活躍する偉大なクリエーターの一部を身近な存在として皆さんに紹介する。私は彼らの仕事ぶりを観察して深く感動したが、同じ感情を皆さんにも経験してもらいたい。彼らと同じように世界を眺め、その多様な視点の価値を理解してもらいたい。さらに、彼らの才能をいますぐにここで共有してほしい。なぜなら最近は、機械の価値を過大評価するあまり、人間に備わっている価値も、自分や相手に備わっている潜在能力もたびたび見過ごされるからだ。いまや賢明で誠実な人たちの声を無視し、彼らの経験を軽んじ、貴重な証言に聞く耳を持たず、代わりに温かみのない分析的な言語に注目し、データや数字やコードを重視するようになった。しかし、私は何度でも繰り返す。アナリティクスにも意味はある。人工知能やアルゴリズムにも意味はある。慎重に責任を持って使えば、何らかの決断を下すための役に立つ。さらに、こうした数字は一部の人たちに喜びをもたらしてくれる。しかし、私はそのなかのひとりではないし、同じ考えの人はたくさんいるだろう。むしろ私は人間に注目したい。人間からは喜びが得られるだけでなく、独特の経験からはインスピレーションや願望などが生み出される。創作に関わる才能ある人たちが仕事について語る話は、いくら聞いても飽きない。絶望感に打ちひしがれたときには、個人的に処方された薬のように効果を発揮する。

アーチストは常にそう考えたがるわけではないが、彼らの素晴らしい仕事は、常人とは異なる並外れた才能ではなく、独創性とは縁のない方法から生み出されるほうが多い。ほとんどのヒットソングはほぼ同じ構造から成り立っており、ヴァース〔導入部〕―コーラス〔サビ〕―ヴァース―コーラス―ブリッジ〔間奏〕―コーラス―コーラスと続く。ほとんどの手品は、確認〔プレッジ〕、展開〔ターン〕、偉業〔プレステージ〕の三つの部分から成る。ほとんどの絵画や写真は、三分割法に従うか、黄金比を参考にする。ほとんどの本は伝統的なナラティブアーク〔物語の全体的な進行〕に従い、ほとんどの映画は三幕から成る。要するに私たちのエンタテインメントのほとんどは、工学の粋を集めて建設された橋と同じような構造を持っている。成功するか失敗するかは、基本的に組み立て方に左右される。

映画作りでは、ふたつの本がバイブルになっている。ひとつはロバート・マッキーの『ストーリー』[12]だ。彼の持論——実際、彼は戦闘準備と呼んでいる——によれば、ほとんどの映画のストーリーは以前に語られたものであり、新人の脚本家は業界の一定の要求事項に精通しなければならない。いまではマッキーは、厳格に規定されたストーリーテリングの手法を教えるため、ワークショップやセミナーを開催している。これまでの参加者は世界中で一〇万人以上にのぼり、そこには六〇人の未来のアカデミー賞受賞者が含まれる[13]（六〇人という数字だけ見ると、ずいぶん多いような印象を受けるが、厳密な分析結果にも注目する必要がある。マッキーのセミナーの参加者が将来オスカーを手にするチャンスは、〇・〇〇〇六パーセントである）。

『ストーリー』には、まるで戒律のような教訓が満載で、実際にそれを意識して太字で書かれている。

たとえば、主人公は意識的に何かを望む。

あるいは、人間が圧力を受けた状態で行なう選択には、その人の本性が現れる。圧力が大きければ大きいほど本性ははっきり暴露され、根本的な性格に忠実な選択が行なわれる。

あるいは、観客の期待を裏切らないような形で、ストーリーは最終場面まで組み立てなければならない。[14]

マッキーにとって自分の発見は提言ではないし、作家が検討したくなるような賢明な教えでもない。これはルールであり、絶対に守らなければならない。チャーリー・カウフマンが脚本を担当し、二〇〇二年に公開されて高い評価を受けた映画『アダプテーション』では、ブライアン・コックスがそんなマッキーを大きく誇張して演じた。本物のロバート・マッキーが乗り移ったかのように、コックスは何でもありの伝道師さながら、大声でわめきながら会議室の演壇を歩き回る。こうしてカウフマンはマッキーを笑いの種にしたが、その一方、彼が設定したルールの多くは反論が難しいことを認めた。ライアン・カヴァノーのアナリティクスによる暗号解読と異なり、マッキーの託宣には重要な真実が込められている。たとえばピクサーの映画はどれも彼の指示に従い、かなりの成功を収めている。『アダプテーション』には、チャーリー・カウフマンという人物が登場する。彼はいつも汗をかいて空腹を抱えた脚本家で、いまはスーザン・オーリアンの『蘭に魅せられた男　驚くべき蘭コレクターの世界』の映画化に取り組んでいる（これは実に意味深だ）。チャーリーには双子の兄弟のドナルドがいて——実世界ではなく映画のなかで——自分も脚本家になろうと決心する。そしてマッキーのセ

（12）　マッキーの本の正式なタイトルは以下の通り。Story: Substance, Structure, Style, and the Principles of Screenwriting (New York: ReganBooks, 1997).（邦訳：『ストーリー　ロバート・マッキーが教える物語の基本と原則』越前敏弥訳、フィルムアート社、二〇一八年）

（13）　これは、彼のウェブサイト mckeestory.com. による。

（14）　これらは『ストーリー』の原書の一三八ページ、一〇一ページ、一四〇ページにそれぞれ掲載されている。

ミナーに参加してから、個性のないアクション映画の脚本を苦もなく書き上げると、それは直ちに数百万ドルで映画化が実現した。これに対し、高い芸術性にこだわるチャーリーは、いくら頑張っても良い結果を得られない。そこで藁《わら》にもすがる思いでコックス演じるマッキーの指導を仰ぐ。するとマッキーはタバコの煙が立ち込めるなかから、「ラストが肝心だ」という鉄壁のルールを紹介した。「だましてはいけない。そして、デウス・エクス・マキナ〔複雑な状況をいきなり強引に終わらせる手法〕に頼ってはいけない」。

しかし『アダプテーション』には、最後にワニがタイミングよく登場し、皮肉にもデウス・エクス・マキナで終わる。本物のチャーリー・カウフマンは、キャリアを通じて型にはまった方法を軽蔑してきたが、この映画でもそれを痛感させられる。彼は『マルコヴィッチの穴』や『エターナル・サンシャイン』など、奇想天外で胸に迫る作品の脚本を書いているが、いずれもマッキーの原則には従っていない。チャーリー・カウフマンとしての信念にこだわっており、私のような大ファンもいるが、興行的な成功よりも作品への高い評価のほうが目立つ。大きな影響を受けた人もいるが、映画ファンの過半数の共感を得られず、製作も思い通りに進まない。カウフマンは商売があまり得意ではない。そして今日のハリウッドは、そんな人物がチャンスを摑めるような構造ではない。

「演劇は生きているが、映画は死んだ」と、かつてカウフマンは語った。後に全米脚本家組合とのインタビューではこの悲観的な考え方について、つぎのように詳しく説明した。「僕はいつでも映画が大好きだった。人生を通じ、映画は大きな情熱の対象だった。ところがこの国の文化では、映画作りのルートはひとつだけとしか思えない。このテーマを取り上げ、こんな構造に組み立て、登場人物にはこんな出来事が降りかかると、きちんと決められた型があって、それを忠実に守ろうとする風潮が蔓延《まんえん》している。でも、どんなものにも、そしてどんな芸術形式にも言えることだが、型を取り除けば世界は広がる」(15)。

カウフマン自身の作品は、ルールを破れば何か素晴らしいものが生み出されることを証明している。ここで再び、誰も何もわからないと指摘したウィリアム・ゴールドマンに話を戻そう。彼の著書『Adventures in the Screen Trade』〈映画業界での冒険〉は、ロバート・マッキーの『ストーリー』と対照的だ。実際に映画の脚本を書くときには、マッキーよりもゴールドマンのレジュメのほうが役に立つように感じられる。彼は一九七〇年に『明日に向って撃て！』でアカデミー賞を受賞したが、一九七七年にも『大統領の陰謀』で最優秀脚本賞を受賞する。さらに自分の小説をベースにして『マラソンマン』と『プリンセス・ブライド・ストーリー』の脚本を書いた。しかもこのすべてを、スタジオ幹部の要求やマーケティング担当の意見に逆らってやり遂げたのだ。『明日に向って撃て！』は、見る人の心にわざと不安を掻き立てる構造になっている。映画は通常、三幕で構成されるが、この作品はおおよそ前半と後半に分かれている。そして『大統領の陰謀』でふたりの登場人物が電話で話してタイプライターを打つ場面は、まるでスリラーのようだ。

(15)　私はこのインタビューをユーチューブで見た。「チャーリー・カウフマン、最新作について、そして『映画が死んだ』理由について語る」というタイトルが付けられている。カウフマンの『脳内ニューヨーク』が二〇〇八年に公開されたとき、西部全米脚本家組合の公式アカウントから投稿された〔https://www.youtube.com/watch?v=oxps3ouNiQ〕。

ゴールドマンが二〇一八年に没すると、バラエティ誌は追悼記事で故人を称えた。記事を執筆したピーター・デブルージは、映画を一本だけ持っていくことを許されて無人島に流されるなら、自分は『プリンセス・ブライド』を選ぶと打ち明けた（「偉大なウィリアム・ゴールドマンは流行に左右されず、自分の信念に従って脚本を書いた。その遺産は今後何十年も生き残るだろう」と記した）(16)。さらにデブルージは、ゴールドマンが『明日に向って撃て！』の企画の実現に向けて奔走しているときには、MGMの注目がフランク・シナトラ主演の『大悪党 ジンギス・マギー』に集まっていたので、それが幸いしたと回想している。皆さんは、『大悪党 ジンギス・マギー』にどんな場面があったか覚えているだろうか。覚えていないだろう。でも『明日に向って撃て！』を見ていれば、場面が思い浮かぶはずだ。崖からダイビングする場面や銃撃戦の場面、ポール・ニューマンとロバート・レッドフォードの名コンビについて思い出すだろう。そしてボリビア人でなければ、ボリビアについて考えるとき、最初にこの映画が思い浮かぶのではないか。

『プリンセス・ブライド』についてのデブルージの評価も正しい。この作品には欠点がない。もともとはゴールドマンが娘たちを寝かしつけるためのおとぎ話で、映像で再現してほしいような内容ではないが、映画では同じ手法で物語が進行する。祖父（ピーター・フォーク）が孫の男の子（フレッド・サベージ）に物語を聞かせるが、孫の希望で面白い場面だけをかいつまんで話した。映画は魔法をかけられたような素晴らしさで、美しくも愉快で、しかもサスペンスに満ちた素晴らしい作品になった。まともな考え方の人なら誰でも、死ぬまで手放したくない一本だ(17)。

ところが『プリンセス・ブライド』の興行収入は芳《かんば》しくなかった。それは、スタジオが困惑したことも原因のひとつだ。マーケティング担当者は、これがいったいどんな作品なのか理解できなかった。ロマンスのようにも感じられるし、アクション映画のようにも感じられる。コメディのようにも解釈できるし、ドラマのようにも解釈できる。ある意味、これが無人島に持っていく映画として完璧なのは、あらゆる映画の要素が少しずつ盛り込まれているからだ。しかし残念なことに、ほとんどの人たちは映画を見る前に、どんなジャンルに該当するのか知りたがる。しかし『プリンセス・ブライド』はラベル付けの枠を超越していた。マッキーによれば、私たちは誰でもいつのまにかルールの存在を認め、それが集合的無意識として定着する。ところが、そんな集合的無意識に由来する期待に応えることを、ゴールドマンは頑として拒んだ。何ものにも媚びない独創性が『プリンセス・ブライド』の大きな魅力になっているが、それを売り込むのはなかなか難しい。

もちろん、芸術は時として鑑賞する人に不快感を与える必要がある。驚かせることや当惑させることと、喜ばせることも必要だ。しかし期待と異なる内容を見せられると、素直には受け入れられず、簡単には認められない（『ジェシー・ジェームズの暗殺』について、ライアン・カヴァノーが私に話し

（16）Peter Debruge, "With One Line, William Goldman Taught Hollywood Everything It Needed to Know," *Variety*, November 16, 2018.

（17）監督はロブ・ライナーだった。ライナーは一九八五年から一九九二年にかけて、『スタンド・バイ・ミー』『プリンセス・ブライド・ストーリー』『恋人たちの予感』『ミザリー』『ア・フュー・グッドメン』などの映画を立て続けに監督した。どれも驚くほど素晴らしい作品ばかりだ。このなかの二本はたまたまゴールドマンが脚本を手がけた。彼は『ア・フュー・グッドメン』の脚本の執筆を通じ、脚本家アーロン・ソーキンにも助言を行なった。

た内容を覚えているだろうか。評価するのが「きみと、他に七人だけ」では気力も失せる）。

ここで二〇一四年の映画『シェフ　三ツ星フードトラック始めました』について考えてみよう。ここでは、ジョン・ファヴローが脚本と監督と主役を兼ねている。『明日に向って撃て！』ほど大胆ではないが、限定的に独自色を打ち出し、ある意味それが驚くほどの効果を発揮している。当初、作品の構造はまったく型通りで、マッキーの神聖な三幕構成だと思わせる。ファヴローはロサンジェルスで人気のレストランのシェフだったが、料理評論家から公の場で酷評された騒動をきっかけにして、シェフの職を辞し、そこで第一幕が終わる。つぎに彼はマイアミへ向かい、親友と一緒にフードトラックを購入して改造する。それから全米を横断してロサンジェルスに向かうトラックの旅を始める。この旅には親友と、別れた妻が引き取っていた息子が同行した。三人は道中でおいしい料理を人々にふるまい、料理を作りながら旅を続けるにつれて絆を深めた。

『シェフ　三ツ星フードトラック始めました』のような作品のほとんどは成功を確実にするため、第二幕を大きな挫折で終わらせる。ようやく関係者全員にとって何もかもうまくいくようになると思ったところで、悲惨な出来事が降りかかる。それが勝利の方程式なのだ。すると我らがヒーローは敢然と立ち上がり、最後は満足のいく形で勝利を掴み取り、意外な展開に翻弄された私たち観客の旅も無事に終わる（観ているときは驚かされても、あとから考えるとこれしかなかったと思えるような終わり方がベストだ）。したがって、ヒーローたちがウェストテキサスに到着するころには、何かすごく悪い出来事に見舞われることを私は予期した。

誤解しないでほしい。私は何か悪い事態が発生してほしいと願ったわけではない。映画の登場人物全員を大好きだし、成功してほしいと心から願った。皆さんもこの映画を見たら、私がグリルドチーズ・サンドイッチを本当に食べたくなった気持ちを理解できるだろう。私がコロナ禍のあいだに『シェフ　三ツ星フードトラック始めました』を観たのは、つらい内容ではなさそうだったからだ。とにかく悲しい映画は絶対に見たくなかった。すでに実生活で十分に悲しみを経験していたのだから。それでも私は脚本の書き方に関する知識があったので、まもなく悲惨な出来事に見舞われる展開はわかっていた。

ここで、ジョン・レグイザモが演じる親友が夜中にトラックを運転している場面が登場する。彼はいかにも眠そうで、ファヴローが演じるシェフと息子はすでに後部座席で爆睡している。いよいよここで大変な災難がやって来るぞ……と思ったが、期待外れに終わった。みんなが目を覚まし、いんきんたむしに関する悩みを共有するための伏線だった。少し前の場面では、ファヴローが息子に初めてのシェフナイフを買ってやり、息子はそれをブンブン振り回した。そら来たぞ！　これだな！　息子はかわいい指を切り落とすんだな……残念ながら、何ともない。いや待てよ。一行がロサンジェルスに到着したら、元妻は息子をすぐ返せと要求し、冒険の旅も終わるんだな――いやはや、これもとんでもない間違いだった。彼女は映画の歴史上、最も親切な元妻だった。

実際、ファヴローは観客をもてあそんでいるようだった。緊張する理由をいくつも提供され、いつまでも安心できない。私は手に汗を握り、避けられない急展開の訪れを待ち続けた。『シェフ　三ツ星フードトラック始めました』では、まさにこれが不安を増幅させる。が、急展開は決して訪れないのだ。ファヴローがシェフの仕事を辞めたとき、彼にも他の誰にも悪いことは何も起きなかった。実際、この作品は三幕構成ではなく、二幕構成である。主人公はシェフをやめ、そのあと食事作りのように人生をやり直し、それは完璧な上昇軌道を描き、最後はおいしいデザートで終わる。

エンドロールになると、ソファーに座っている私は茫然とした。『シェフ　三ツ星フードトラック始めました』のエンディングには驚かされた。『クライング・ゲーム』や『シックス・センス』で評判になったどんでん返しや、静止した画像に銃声だけが轟く『明日に向って撃て！』のラストシーンにも劣らぬ驚きの結末だ。意図的かどうかはともかく、ジョン・ファヴローは私がそれまで抱いてきた映画の進行に関する固定観念を覆した。私はまるで、手の込んだ信用詐欺の犠牲者だった事実をようやく思い知らされた気分だった。では、私は『シェフ　三ツ星フードトラック始めました』を楽しんだだろうか。確かに楽しんだ。では、落ち着かない気分になっただろうか。確かに落ち着かない気分になった。

今日では、どちらの側につくのか決めるように要求される場面があまりにも多い。常に二者択一を迫られる。自分自身、そうだったことを認めなければならない。大人として、人生には白黒つけるアプローチで臨むべきだと考え、未だにそれが続いている。芸術家になるか、商売をするか、どちらかを選ばなければならない。無政府主義者になるか、法律を守るか、どちらかを選ばなければならない。アナリティクスに頼るか、直感に頼るか、どちらかに決めなければならない（ひどいケースでは、選択を間違っても改めようとしない）。だが私は、そんな姿勢が正しいと考えるのをやめた。私はずっと、年齢を重ねれば従来の発想に関する確信が強くなると思っていたが、むしろ弱くなった。実際、もう十分に生きてきたので、あらゆる主張に対する反論を聞く機会があった。そしてほぼすべての議論で、どちらの陣営にも忠誠を誓う根拠があることを理解するようになった。勝者からも敗者からも教訓を学べる。いまや私は、二股をかけることに関してプロになった。先ずは何でも疑ってみること。それが私のモットーである。皆さんもそう思ってくれれば大歓迎だ。

では、私は教訓をどのように整理すればよいか。ロバート・マッキーを真似て、こんなふうに書いてみた。

ルールをあまりにも忠実に守りすぎると、型通りにしか行動できない人間に見られるリスクが発生する。

ルールを破れば、特にすべてのルールを破れば、協調性がない人間に見られるリスクが発生する。

つぎに紹介するソングライターについて、おそらく皆さんは名前を知らないだろう。素晴らしい声だという評判だが、ほぼ確実に聞いたことがない。ただし、彼の曲の一部は間違いなく聞いている。そして意外かもしれないが、聞きながら口ずさんでいる確率は高い。

彼の芸名はマックス・マーティン（本名は、カール・マーティン・サンドバーグ）。もちろん、スウェーデン人だ。いまこれを執筆している段階でアラフィフの世代に属する。ストレートヘアを普通は肩よりも長く伸ばし、濃いあごひげを蓄えているときもある。もしも写真を見せられて、この人はミュージシャンだと言われたら、ヘヴィメタルか実験的なジャズが専門だと思うだろう。だが実際はポップスが専門で、作品のほとんどを歌うのは男性アイドルグループや若い女性で、大体はイギリス人かアメリカ人だ。ヒットチャートの一位になった曲を最も多く書いたのはポール・マッカートニーで、そのつぎがジョン・レノン。マーティンは三番目で、まだ数は増え続けている。そして、私たちのエンタテインメント業界が同じパターンを繰り返していることを証明するような人物だ。なぜなら、同じ原則に従って実にたくさんの曲を作ってきたのだから。『ストーリー』の音楽バージョンと言ってもよい。

マーティンは一九九〇年代末、エイス・オブ・ベイスのセカンドアルバム『ザ・ブリッジ』に楽曲を提供したことをきっかけに頭角を現した。エイス・オブ・ベイスは一時的に人気を博したスウェーデンの四人組で、万人受けするラブソングはアバと似ている。一九九九年には、マーティンはバックストリート・ボーイズのアルバム『ミレニアム』のすべての楽曲を作曲し、大ヒットした「アイ・ウォント・イット・ザット・ウェイ」もそのひとつだった。バックストリート・ボーイズは、マーティンから提案された楽曲のひとつをレコーディングの対象から外した。そこで代わりにブリトニー・スピアーズに提供した結果、「ベイビー・ワン・モア・タイム」は彼女を一躍スターにした。セリーヌ・ディオンには「ザッツ・ザ・ウェイ・イット・イズ」、ケリー・クラークソンには「シンス・ユー・ビーン・ゴーン」、ピンクには「ユー・アンド・ユア・ハンド」を提供する。ケイティ・ペリーのシングルも数多く共作し、「アイ・キス・ア・ガール」は、ケイティがブレイクするきっかけになった。さらに、テイラー・スウィフトの曲作りにも参加して、「私たちは絶対にヨリを戻したりしない」「シェイク・イット・オフ~気にしてなんかいられないっ!!」「ブランク・スペース」などを世に送り出した。他にも共作やプロデュースを手がけた相手は多く、アリアナ・グランデ、ザ・ウィークエンド、シャキーラ、ジェニファー・ロペス、エリー・ゴールディング、デミ・ロヴァート、セレーナ・ゴメス、アデル、ジャスティン・ティンバーレイク、エド・シーラン、ジャスティン・ビーバー、レディー・ガガなど、錚々《そうそう》たる顔ぶれが勢ぞろいしている。

こうしたアーチストやその楽曲が皆さんにまったくアピールしなくても、マーティンがこの二〇年間に商業音楽におよぼした影響は否定できない。手がけたシングルの売り上げは全部で何億枚にも達する。ニューヨーカー誌は彼をこう評した。「今日のポップミュージックでシラノ・ド・ベルジュラックのような存在。よく目立つヒットソングの陰に隠れた詩人」(18)。一度聞いたら忘れられない曲作りの名人である。

マーティンは、大体は意図的に素性を明かさない。音楽ファンは、お気に入りのアーチストが自分で曲作りを手がけるところを想像したがるもので、ほとんどのアーチストはそんな印象を積極的に与える。マーティンもグラミー賞の授賞式には出席している。二二回ノミネートされ、五回受賞した。しかし二〇〇一年にタイム誌の取材に応じたのが、英語でプロフィールを紹介された唯一の機会だ。当時は上昇気流に乗っていたが、どこでも見かけるほど有名ではなかった(19)(あごひげもなかった)。このときのインタビューでは、カール・マーティン・サンドバーグがマックス・マーティンになった経緯が語られた。それはスカンジナビアの地域色が濃い物語で、学校での音楽教育、スウェーデン人

(18) John Seabrook, "Blank Space: What Kind of Genius Is Max Martin?" *New Yorker*, September 30, 2015.
(19) Jeff Chu, "The Music Man," *TIME*, March 19, 2001.

のメロディー感覚、フレンチホルンでクラシックの訓練を受けた経験などが話題にのぼった。子供時代を過ごした家では、兄がキャッチーなグラムメタルを大音量で流していたが、気にはならなかった。むしろ、寝室の壁を通して聞こえてくる音楽の素晴らしさに魅せられた。

やがてマーティンは重要なメンターと出会う。それはデニス・ポップという名前の完璧主義者のプロデューサーだ（これも本名ではない。デニス・ポップことダグ・クリスター・ヴォールは、一九九八年にがんで夭折《ようせつ》した。享年三五歳）。彼はレコーディングのマラソンセッションにマーティンを見習いとして参加させ、最初に取り組んだのが『ザ・ブリッジ』だった。ここで彼は、現代の曲作りに必要な技術を学び、ミックスやレイヤーやポリッシュの方法を覚えた。そしてほどなく、ディクタフォンを肌身離さず持ち歩くようになった。なぜならメロディーもコーラスも、とめどなく浮かんできたからだ。

マーティンは曲を書くと、それを七色の声で録音する。曲を録音する予定のアーチストはそれを聞くと、自分もそっくり同じようにレコーディングしたい気持ちを抑えられなくなる（彼のデモは公開されていないが、マーティンが歌う「ベイビー・ワン・モア・タイム」を聞いたジョン・シーブルックは驚き、ニューヨーカー誌に寄稿した記事でこう述べた。「このスウェーデン人の声は、スピアーズとそっくりだ」。いやむしろ、スピアーズの声がこのスウェーデン人にそっくりだと表現したほうが正確だ。実際、スピアーズはマーティンをカバーしたのだから）。メンターのデニス・ポップは余計なことを考えず、本能に従って曲を作ったが、マーティンは常に高いレベルの曲を目指したわけではなかった。多くの人たちから絶賛される「ポップ感覚」を持ち合わせていた。そしてキャリアの最初から、衝撃的な前提へのこだわりを隠そうとしなかった。限定的なファンだけでなく、幅広い層にアピールする曲作りを目指したのだ（「五〇〇〇人のために曲を作るよりも、一〇〇万人を対象にしたほうがいいよ」とかつて語った）[20]。実際マーティンは、耳にこびりついて離れない曲を書くための公式を発見したのである。

マーティンの楽曲のほとんどは、アバをもっとグルーヴィーにして、少しエッジを利かせた雰囲気だと評される。それは兄がキッスに夢中で、後に本人がアメリカのリズム・アンド・ブルースを大好きになったことが影響している。こうした雰囲気の楽曲をいくつも作り続け、世界中の人たちがついメロディーを口ずさむ。彼の曲はキャッチーなので、実は歌詞はくだらない内容でも、ほとんどのリスナーはそれに気づかず歌っていることが多い。マーティンは英語を話すが、彼にとって歌詞は意味のある言葉ではない。心地よいサウンドを作るためのチャンスがひとつ増えた程度にしか考えない。本人いわく「計算づくのメロディー」による効果を狙っている。そんなわけで彼の楽曲の多くは、じっくり聴いてみるとあまり意味がない。実際には不適切でも、曲にふさわしく聞こえる言葉を選んでいる。ブリトニー・スピアーズという一五歳の少女が、「お願い、もう一度ぶって」（Hit me baby. one more time）と歌えば、家庭内暴力やＢＤＳＭ〔異常性愛〕といった不愉快なイメージが呼び起こされる可能性など考えない（彼女のレコード会社は、「ベイビー・ワン・モア・タイム」にタイトルを変更し、「ヒット・ミー」の部分を削除した）。そして賞賛を惜しまないシーブルックも、バック

(20)　John Seabrook, "The Doctor Is In," *New Yorker*, October 7, 2013.

ストリート・ボーイズの「アイ・ウォント・イット・ザット・ウェイ」だけは、ヴァースとコーラスがお互いに良さを打ち消していると指摘する。

やがてマーティンは大勢の弟子を育てるようになった。そのほとんどはスウェーデン人だが、全員というわけではない（マーティンが育てて共作の相手に選んだ優秀な人材のなかでも、最も有名なのがドクター・ルークだ。本名はルカス・セバスティアン・ゴットワルトというポーランド系アメリカ人で、父親は硬い職業の建築家だった）[21]。マーティンと弟子たちはしばしばチームで曲作りを行ない、パズルのピースをはめ合わせていく要領で楽曲を完成させる。あるいは、棚に部品を準備しておき、エンジンを組み立てるように作業は進行する。誰かがビートを決めると、他の誰かがコーラスを書き、それがどこかでまとめられる。必要な歌詞はそのうち準備される。ブリッジはすでにストックホルムのハードディスクドライブに収められている。すべてを正しい方法で組み合わせれば、いきなりアヴリル・ラヴィーンはヒットを飛ばす。

マックス・マーティンと彼が監督するスカンジナビアのポップファクトリーはつぎつぎと成功を収めるが、だからと言って誰でも同じようにすれば成功できるわけではない。マーティンは間違いなく才能に恵まれている。しかも、将来は作曲で成功するための道筋が子供のころから出来上がっていた。そもそも、どんな楽曲も彼のような方法で作るべきだと私は思わない。それに誰も彼の音楽を偉大なアートと誤解しない。ボブ・ディラン（あるいはチャーリー・カウフマンの映画）とは同じではない。あるいは、セックス・ピストルズやニルヴァーナやビリー・アイリッシュのように常識破りでもない。しかし彼が作る楽曲は耳に心地よい。そして、基礎的なスキルを正しく身につけた学生にとって、マーティンのメソッド――いまではスウェーデン式メソッドと考えるほうがふさわしい――は、展開が予測でき、繰り返しが可能で、しかも教えられる内容がわかりやすい。

私は、ある一〇代の友人のことを思い出す。彼は初めてのギターを買って、これからコードを学ぶのではなく、「耳に心地よい音楽」の演奏を覚えるのだと宣言した。弦楽器の場合、コードの進行は耳に心地よく響くように組み立てられており、人間なら誰でも聞けばそれがわかる。しかし、コードをどのように進行させれば多くの人たちが聞きたい曲が出来上がるのか、少なくともこのおよそ半世紀のあいだにマックス・マーティンほど理解していた人物は地球上にいない。

こうしてみるとエンタテインメントとは、同じような部品が集められ、それが所定の方法で組み立てられるケースが多い。もしもこの説明が正しいとすれば、ライアン・カヴァノーが見事に失敗したのはなぜだろう。マックス・マーティンはナンバーワンシングルを連発しても、レラティビティが魅力的な映画を作れなかったのはなぜか。私が思うに、カヴァノーの大型コンピュータには、確実に成

(21)　ドクター・ルークは歌手のケシャとの長年の法廷闘争のおかげもあり、メンターよりも有名になった。「ティック・トック」をはじめとするケシャのヒット曲は、ドクター・ルークが作詞作曲とプロデュースを手がけた。ところが彼女は二〇一四年にドクター・ルークを相手取って訴訟を起こし、レコーディング契約の取り消しを要求した。その理由としては、身体的、性的、感情的な虐待の数々が指摘される。これに対してドクター・ルークは名誉棄損と契約不履行を理由にケシャを逆に訴えた。本書執筆の段階で、裁判はまだ継続している〔二〇二三年六月に示談となった〕。

功するための秘密ではなく、必然的な失敗の種が内蔵されていたのでないか。彼は機械を信頼しすぎたのだ。

カヴァノーのモデルで問題だったのは正確に模倣しすぎたことだ。何か映画がヒットしたら、それとそっくり同じ映画を作れば、同じ観客を確保できると考えた。このアイデアは論理的でも欠陥がある。しかしほとんどの映画スタジオはこれほど極端ではなくても、この発想を映画作りに取り入れている。だからいまは、ヒット作の続篇やリメイク、さらにはリメイクされた続篇が幅を利かせ、『トワイライト』や『ハリー・ポッター』のようなシリーズものが製作される。クリストファー・ノーランのような大物が監督しない限り、まったく新しい映画に一億ドルを費やすのはリスクが高すぎる。どんな映画も製作者にとっては個人的にも職業的にも大きなギャンブルになる。したがって、どんなに前衛的なスタジオの責任者も、リスクの分散に努める。カヴァノーはおそらく、人間の本能と類似する要素をプロセスからほぼ完全に取り除けば、リスクを排除できると信じた。自分や他人の直感をいっさい信用しなかった。なぜなら、直感はたびたび私たちをだますことが、アナリティクスによって証明されたからだ。かくして「ウィジェット」が重宝され、組み立てラインは感情に邪魔されず流れていった。

しかし人間の観客は、映画や歌や本よりもずっと複雑で多様性に富む。エンタテインメントの多くは単純な機械だが、私たち人間は違う。ほとんどのシリーズが結局は失速したのは、ほとんどの人は毎回まったく同じものを見たくないからだ。[22] たとえ同じシリーズでも、違った要素があるものを見たい。

マックス・マーティンが息長く活動できるのは、正体が不明だからでもある。誰も彼の声を聞いたことがない。もしも作った楽曲のすべてを本人が歌っていたら、その多くはヒットしなかっただろう。なぜならとっくに飽きられていただろうから。キャリアを二〇年間も続けられるアーチストはそう多くない。そして、息の長いアーチストはしばしば自分のスタイルにこだわらず、生きるために工夫を凝らす。たとえばマドンナがそうだ。あるいはグレイトフル・デッドが長続きしたのも、曲の雰囲気が変化したからで、少なくとも熱狂的なファンの関心を離さなかった。

マーティンは自分のスタイルを変える代わりに、アーチストを取り替えた。新しいコラボレーターを選べば新鮮味があるので、作った楽曲は型破りな印象を与える。テイラー・スウィフトとザ・ウィークエンドは声が違うし、アーチストとして互換性もない。それでも、どちらもマックス・マーティンの楽曲を歌っている。もしもバックストリート・ボーイズが「ベイビー・ワン・モア・タイム」を歌っていたら、ブリトニー・スピアーズと同じように大ヒットしただろうか。ひょっとしたらその可能性はある。あるいは、誰か新人が歌っても面白いだろう。

私たちの願望はこのように大きくシフトするので、どんなに高度なアルゴリズムでも定量化は難しい。ライアン・カヴァノーのモンテカルロ法のように単純に割り切ることはできない。エンタテインメントの提供者はあなたを引き止めておきたいから、これまでにあなたがどんなものを楽しんできた

(22)『スター・ウォーズ』の筋金入りのファンは例外だろう。彼らの宇宙は、変化を含める余裕があるほど広くはない。ライアン・ジョンソン〔『スター・ウォーズ／最後のジェダイ』の監督〕に尋ねるとよい。

かに注目し、賢明にもこれから観たいものや聴きたいものを予測しようとする。ネットフリックスもユーチューブもXも、あなたが何を購入したか追跡する秘密の公式に基づいて、つぎに何を購入するか予測する。[23] ネットフリックスはさらに細かく、マッチングの確実性についても予測する。まるでストリーミングサービスではなく、デートサイトのように感じられるときもある。たとえば、つぎのように紹介する。「確か『オザークへようこそ』が好きだったですよね。ならば、『ファーゴ』も九七パーセントの確率で楽しめます。同じように、アメリカの田舎を舞台にした風変わりな犯罪ドラマで、主役の俳優はジェイソン・ベイトマンに似ています」。

あなたがほとんどの人たちと同じならば、このように勧められて共感した経験があったはずだ。マッチドットコムでペアリングされたカップルの一部が、最終的に結婚するのと同じだ。データマイニングや計算づくの数学が、提言の信頼性を裏付ける。めったやたらに紹介するよりは、標的を絞ったほうが心に訴える(二〇一三年にネットフリックスは、オススメ作品の割合が視聴回数全体の七五パーセントに達したと公表した)。私は、データの価値を否定するつもりはない。それは真実そのものを非難するのも同然になるが、真実には確実に価値がある。

しかし、あなたの好みについて漠然としかわからないアルゴリズムからの提言が、間違っていたことが何回あっただろうか。お気に入りの番組や映画や歌のあとに、まったく気に入らないものを勧められたことが何回あっただろうか。エンタテインメントのアルゴリズムが時々予測を間違えるならば、他の分野でもデータを頼りに行動を決めると、あとから間違いが判明する可能性は考えられる。こうした限界については心に留めておく必要がある。さらに、答えが数字ではないときに、チャンスを逃さず対処する方法についても、理解しておかなければならない。これは決して突飛な提言ではない。ただし、アナリティクスは過剰修正するときがあると忠告すると、私たちの社会全体にはびこるメンタリティ、すなわち我々と彼らを対立させるメンタリティの犠牲になるリスクがある。完全にデータに頼るか、さもなければ魔法に頼るという発想は、決して役に立たない。賢明に判断したつもりでも、反対意見に対して極端に寛容な姿勢はいただけない。

アナリティクスの熱烈な支持者と異なり、テクノロジー企業は自らの盲点を積極的に認め、あなたを理解するための能力の改善を常に心がけている。ユーチューブCEOのスーザン・ウォジスキは、リアクティブシステム〔環境の変化に対して即座に反応するシステム〕よりも予測精度の高いレコメンデーションモデルに注目し、「意外な独創性」を目標に掲げている。[24] 具体的には、アルゴリズムへの依存度をできるだけ少なくしたいと考える。機械に仕事を完全に任せると、害はなくても的外れな情報が提供される恐れがあるのだ。ロード・ヒューロンを視聴したあと、つぎにマムフォード&サンズを勧められても、ふたつのバンドのどちらにも同じようには共感できない。あるいは、機械は視聴者を危険なほど過激な傾向に走らせる恐れがある。自己啓発関連のビデオを一気見しているうちに、白人至上主義の右翼の暴動を撮影したビデオを見せられる恐れもある（たとえばニュージーランド政府は、

---

(23)　アルゴリズムそのものにも、他の知的財産と同様に価値はある。所有者は盗難を防ぐため、通常は内容を秘密にする。それは理解できるが、不透明な性質には時として邪悪な意図が隠されている可能性がある。

(24)　ケヴィン・ルース、スーザン・ウォジスキとのインタビュー（Susan Wojcicki, ***Rabbit Hole***, "Episode Four: Headquarters." Podcast audio. May 7, 2020.）。

クライストチャーチのモスクの襲撃犯が錯乱状態に陥ったのは、ユーチューブの影響だと名指しで非難した)[25]。そこでウォジスキは対応策として、人間的な要素を新たに加え、人間の経験や判断力に頼る機会を増やした。同様にアップルミュージックも著名なプロデューサーのジミー・アイオヴィンのもとで、何百人もの音楽マニアを採用してコンテンツキュレーションを任せた。「キュレーションがヒップではないというのは大うそだ」と、アイオヴィンは当時語った。「アルゴリズムだけでプログラムされたラジオ放送局の番組を聴いていても、心地よいけれども気持ちが高ぶらない」[26]。大きな衝撃に打ちのめされることを好む人はほとんどいないが、愉快な独創性なら楽しむのではないか。

しかし機械のフィルターと人間の判断を慎重に組み合わせても、やはり私たちの心に的確に訴えられないときはある。私たちが歌を好きになるのは、その素晴らしさに感動することだけが理由ではない。歌から受ける印象だけが重要なのではない。だから大好きな歌と同じような歌を聴いても、心を通わせられないときがあるのだ。実は、歌を聴いたときの反応は感情にも影響されるが、感情は正確に特定するのも予測するのも難しい。ドーパミンが分泌されると心地よい気分になったり、過去の記憶が呼び起こされたり、実際に情動反応を経験するのかどうか、心理学者の意見は分かれる。ノスタルジアは愛情を生み出す大きな原動力になる可能性はあるが、その仕組みは複雑で、愛情との関連性はほとんど解明されていない。「幸か不幸か、私たちの個人的な経験や自伝的記憶を他の人間は再現できない」と、神経学者のララ・K・ロナンは語る。「チャンスや偶然や幸運に恵まれると、好きなものが発見される」[27]。

相手が好きになりそうなものを予測しても、実際にそれを好きになってくれるわけではなく、認識のギャップが出来上がる。そこにライアン・カヴァノーとレラティビティは呑み込まれた。あとから考えれば、彼はあまりにも自信過剰だった。アナリティクスを採用するだけで、いきなり私たちの存在のすべてが定量化されるわけがない。それでも彼のセールストークを真に受けた人の多さには驚かされる。実は、私もそのひとりだった。「これはマネーの話じゃない。数学だよ」と、カヴァノーからは言われたが、そう簡単に割り切れるものではない。最適な決断を下すためには現実を手放す必要があると、彼は周囲の説得を試みた。ポーカーのプレーヤーがチップではなく現金を賭けるときには、おそらく同じ賭け方をしないのと同じだ。しかし残念ながら、マネーの象徴ではなく、実際のマネーに注目せざるを得ないときはいずれやって来る。そのとき数学が通用すればよいが、レラティビティでは通用しなかった。それなのにアナリティクスの台頭がまるで宗教運動のようにもてはやされた二〇〇九年に、カヴァノーは実に奇妙で傲慢このうえない思い込みを私たちに植え付けた。どんな疑問にもひとつだけ正しい答えが存在しており、それはいつでも手の届くところにあると、私たちは信じ込まされたのである。

カヴァノーは、さらに重大な罪も犯した。私たちの情熱の対象となる要素を取り除き、情熱とは無

(25)　二〇一九年三月一五日にクライストチャーチのモスクをテロリストが攻撃した事件に関して調査するための王立委員会は、二〇二〇年一二月八日に最終報告をニュージーランド議会に提出した。
(26)　Michael Rundle, "Apple Music's Jimmy Iovine: 'No One Will Be Able to Catch Us,'" wired.co.uk, August 7, 2015.
(27)　Dr. Lara K. Ronan, "Why Is That Your Favorite Song?" *Psychology Today*, January 1, 2019.

関係な要素から利益を引き出そうとしたのだ。その影響は、彼が出資した映画に確実に表れた。意識的かどうかはともかく、芸術性は感じられない。あなたが心を開いてくれなくてもよいから、とにかく財布の紐を緩めさせようとした。だが、こんなやり方は計算通りにいかない。

ソフトサイエンス〔情報科学、行動科学など、科学の利用の仕方を扱う科学〕を新たに導入すれば、人間の行動のパターンをある程度は予測できる。しかし、あなたについて十分に把握できる方程式など世の中には存在しない。歌を聴いて好きになるのは、必要なときに必要なものを与えてくれるからだ。似たようなアートに常に同じように反応しないのは、アートが変化したからではない。あなたが変わったからだ。「映画は変化しないが、観客は変化する」と、映画評論家のロジャー・エバートはかつて記した。(28) あなたが寄せる好意は、動く標的なのだ。

だからハリウッドでも他のどこでも、誰も何もわからないことになる。あなたがどんな人物なのか理解できない。わかるのは、かつてどんな人物だったかということだけ。私はあなたがこの本を読んでいる理由を推測したうえで、ぜひ楽しんで読んでほしいと願う。だから、執筆しながらあなたがどんな読者なのか想像し、イメージを膨らませた。それでも、あなたが楽しんで読んでくれる保証はない。そもそも、何かを大好きになることに理由はない。あなたはとにかく好きなもの、好きになれるものを選ぶ。だからこちらは、あなたが気まぐれでないことを願うしかない。

私がマジシャンのテラーに会ったのは、表向きは訴訟についての取材が目的だったが、それは便利な口実で、実は賞賛する人物にぜひとも会ってみたかったのだ。(29) 彼は、大事な持ちネタを盗んだオランダ人マジシャンのジェラール・バカルディを訴えていた。その持ちネタは「シャドウズ」と言う（バカルディは自分のバージョンを「ローズ・アンド・ハー・シャドウ」と呼んだ）。マジシャンとしてはるかに優れているテラーは、子供のときからマジックに夢中で、「シャドウズ」を発案したのはまだ十代のときだった。そして一九七五年から、ほぼすべてのショーでこれを実演してきた。いまでも体の大きなパートナーのペン・ジレットと一緒に、ラスベガスのホテル、リオで披露している。「シャドウズ」はショーの目玉で、バレット・キャッチ（マジシャンが、自分に向かって発砲された弾丸を口や手で受け止めること）の合間に珠玉の演目として組み込まれる。私はこのリオでテラーの「シャドウズ」を初めて見て、もう呆気にとられた。

「シャドウズ」は大きな舞台装置もなく、シンプルなトリックが静かに進行する。普通のマジシャンならば、イリュージョンを背後で支える秘密から観客の目をそらすために煙やショーガールを使うなど、わざとらしい演出をするものだ。しかしテラーが「シャドウズ」を実演するときは、暗いステージに彼ひとりしかいない。しんと静まり返っているので、観客にはテラーの足音が聞こえるほどだ（「だからすごく大胆なマジックなんだ」と、すでに故人となった大御所マジシャンのアメイジング

---

(28)　Roger Ebert, "What's Your Favorite Movie?" RogerEbert.com, September 4, 2008.

(29)　私はテラーとマジックに関する記事をエスクァイア誌のために書いた。このストーリーは「自主管理システム」というタイトルで、二〇一二年一〇月号に掲載された。私はそれ以来、彼のことやそのキャリアを熱心に追いかけてきた。彼はアメリカの偉大なアーチストのひとりだと、私は確信している。マジックのトリックをストーリーとして考えるようになれば、それに疑いの余地はない。

・ランディから私は聞かされた！）テラーが歩いて向かうイーゼルには、大きな紙がはさまれている。その一メートルほど前には、一輪の赤いバラを挿したシンプルな白い花瓶が置かれている。スポットライトがステージを照らすと、イーゼルにはさまれた紙にバラの影が映る。テラーの手には、特大のナイフが握られている。

テラーは紙に映るバラの影にナイフを入れて、葉っぱの一部に切りつける。すると、本物のバラから本物の葉っぱが落ちていく。このあとテラーはバラを横目で見て、自分の力に初めて気づいて驚いたような表情を浮かべる。それから、バラと影のあいだに足を踏み入れ、イーゼルとバラの間のスペースを横断する。これはマジシャンのあいだで「プルーフ」と呼ばれる動作で、バラとイーゼルのあいだがワイヤーでつながっていないことが証明される。そのあと、さらに影に切りつけると、本物のバラからさらにたくさんの葉っぱが落ちる。最後に残忍な手仕事の仕上げとして、バラの花の影に切りつける。すると、赤い花びらがつぎつぎとステージに落ちていく。

ここでトリックは完成したような印象を受ける。実際、バカルディのバージョンはここまでで終わる。消えたコインがもう一度どこかから現れるのが本物のトリックだが、アマチュアはコインを消すところまでしかやらない（ペンによれば、バカルディのバージョンの「シャドウズ」は、ボブ・ディランの「ミスター・タンブリン・マン」をザ・バーズがカバーしたようなものだ。テラーはディランに匹敵する存在で、真のオリジナルを演じた）。テラーのマジックはまだ終わらない。彼の名声には、このあとの展開が関わっている。

不可能なことを見事に実現したテラーは、今度は「間違えて」ナイフで指を刺してしまう。彼は痛みを振り払ってから、ライトのほうに目を向ける。そしてライトとイーゼルのあいだで手を上げると、バラの影が映っていたところに今度は手の影が映る。すると、紙の上に血がぽたりぽたりと滴り落ちてくる。影から、それも傷ついた部分から、血が流れてくるようだ。恐ろしい展開の最後の仕上げに、テラーは紙の上の血を手でこする。すると紙の端から端まで太い血の筋が出来上がり、まるで肉の加工で汚れたエプロンのようになる。テラーは観客をじっと見つめ、ライトが消えていく。

このように「シャドウズ」の進行を書いて説明しても、バカルディの出来の悪い盗作と同様、すごい経験を十分に表現することはできない。実際には暗い会場で鳥肌が立ち、思わず椅子から飛び上がった。その瞬間に魔法は効果を発揮する。そこで観客が抱く感情が何よりも大切だから、テラーは裁判に訴えてでも守ろうとしたのだ。バカルディがマジックのメソッドを学んだかどうかは重要ではない。すごいマジックの真髄はメソッドであり、観客に美しいものを提供するための手段よりも重要だと思ったら、カヴァノーと同じ間違いを犯すことになる。テラーはこれまで「シャドウズ」を、三つの異なるメソッドで演じてきた。そして「メソッドは重要ではない」と、もどかしげに語った。結局のところ、メソッドは科学だ。知ることができる事実であり、基準であり、データである。

テラーは芸術や芸術創作の価値を理解していた。彼が「シャドウズ」を実演するとき、会場は実際にパチパチと火花が立ち、隣に座っている赤の他人に電流が伝わっていくように感じられる。席から飛び上がる人、恐れおののく人、目を覆う人、瞬きできなくなる人など様々だ。私のまわりでは泣き声も聞こえ、すすり泣きを必死でこらえているのもわかった。テラーのマジックのすごいところは、手や器具を使って物体に行なうマジックではない。あなたがどんな人間だろうと、彼のすごい想像力で圧倒してしまうところだ。

本質的にテラーは、マジックを盗まれたことではなく、安っぽい形で模倣され、手抜きされた状態で演じられたことに腹を立てて訴訟を起こした。陳腐なものが大量生産される風潮に逆らい、特別なものや人間らしいものを守るために戦ったのである。アイデアは著作権で保護できないが、アイデアが表現されると著作権で保護される。「シャドウズ」は、イリュージョンの構造に関する通常のルールに一通り従っている。しかしその典型的な枠組みのなかでテラーは、マジックへの愛情を表現する特別な方法を発見した。それがマジックの芸術であり、その芸術を彼は守りたかった。ホタルをつかまえて虫かごに入れておくように、大切にしまっておきたかったのである。

私は当初、この訴訟が本気なのか、それとも生まれながらの詐欺師の巧妙な企みか、確信が持てなかった。そもそも私はバカルディと、直接のつながりがいっさいなかった。テラーを介して手に入れた知識がすべてだった。そして、天敵のいない人物に対して、バカルディは単なる引き立て役だったのではないかと思うときもあった。結局、バカルディを相手取った訴訟はいたって本気で、最終的にはテラーが勝利を収めた。それまでマジシャンが窃盗を理由に同業者を訴えて成功したことはなく、このケースはマジック業界にとって重要な先例となった。ただし、「シャドウズ」の私への影響力はその後も続いたが、テラーのもうひとつのトリックを見てからは、そちらの印象のほうが強くなった。当時それは彼にとって、ひいては世界にとって新しいマジックだった。この「レッドボール」のことが、私は頭から離れなかった。

テラーがトリックを披露する前に、相棒のペンがステージに歩いてくる。目に見える小道具は公園のベンチしかない。ペンは観客のほうを見ながら、「つぎのトリックには糸が使われます」と、テラーの代わりに説明する。彼はステージ上ではいっさい話さないからだ。

やがてステージに登場したテラーは、片手にサッカーボールよりもやや小ぶりの赤いボール、もう一方の手に木のフープを持っている。ボールを弾ませてから、観客のひとりに放り投げると、相手はそれを弾ませてから投げ返す。つぎにテラーがステージを歩き回ると、なぜかボールはそのあとをついてきて、まるで足のない犬が紐につながれているような印象を受ける。やがてボールはベンチに飛び乗ると、その上で行ったり来たりする。時には、テラーの指や腰のくびれに惹きつけられる。さらに彼は、ボールをフープにくぐらせる。テラーが糸を使ったとしても、「レッドボール」の一連の動きは不可能だ。ペンは嘘をついているとしか思えない。

そこがマジックの真髄だと、テラーからは聞かされた。「罪のない嘘をつくのさ。原因と結果が物理の法則で結びつかない世界を、観客に見てもらうために」。目の前の出来事が起きるはずはないとわかっているとき、マジックは特に効果を発揮する。わかっていても、起きるはずがないことが実際に起きているのだと、心のどこかで期待したいときや信じたいときがある。優れたマジックはあなたの頭と心のあいだに対立を引き起こす。そして最高のマジックを見せられると、心の勝利を願うようになる。(30)

マジックを大好きになった原点は何か、私はテラーに尋ねた。すると彼は、戯曲『エクウス』の一節を何も見ずに引用した。私はそれ以来、この一節を呆れるほどたびたび思い出すようになった。『エクウス』はたくさんのテーマを取り上げているが、馬を盲目的に愛する問題児の少年を中心にストーリーは展開する。彼を診察したマーティン・ダイサートという精神科医は、この子がいったいどんな少年で、どのような経過をたどって愛情が苦悩に変化したのか理解しようと努める。しかし思うように進まず、問題児の「治療」という本来の使命への熱意を失う。少年の愛情がどこから生まれるのか上手に説明できないのだ。結局のところ発端をわからなければ、結末を理解するのは難しい。

ダイサートは語る。「子供が生まれてくる現象界では隷属の論理が働き、あらゆるものが平等である。子供は匂いを嗅ぎ、しゃぶり、目をこすり、数えきれないほど多くのものがあふれる世界全体を観察する。すると突然、何かがピンとくる。なぜか。そしてそれをきっかけに、まるで磁石に惹きつけられたかのように様々な瞬間がつぎつぎとかみ合い、鎖がどんどん連なっていく。なぜか。私には、それをたどっていくことができる。時間をかけて、再びバラバラにすることもできる。しかしそもそも、なぜ惹きつけられたのだろう。色々な経験をしているのに、そのときに限って惹きつけられたのはなぜか。それは私にはわからない。[31]」

「私にはわからない」とテラーも語る。「私にはわからない」と言いながら、あふれ出る涙を抑えることができない。定量化による説明が難しいのは、小さなお気に入りだけではない。もっとスケールの大きなことにも当てはまる。私たちが人生のなかで特定のものに強くこだわり愛情を抱く理由は、言葉で説明するのがおそらく最も難しい。

正確には、テラーは「レッドボール」を考えついたわけではない。彼のバージョンは、かつての偉大なマジシャンの素晴らしい持ちネタを参考にして作られた。それはネブラスカ州オマハ出身のデイヴィッド・P・アボットで、脱出王として有名な奇術師フーディーニもわざわざ料金を払ってショーを見に来たほどだ。アボットは金色に塗ったフローティングボールでマジックを披露するが、ここでは実際に糸が使われる。耳と壁のあいだに垂直ではなく水平に糸を張っているおかげで、フープがボールの上を通過するように操作できる。アボットはこのトリックについて、死後に出版された『Book of Mysteries』〈魔法の書〉で説明しており、本を買ってくれた誰にでも種明かしをした。それを実演できるかどうかは、読んだ人の学習能力にかかっている。

そのためには、ひとりでコツコツ取り組まなければならない。テラーはマジックの説明書を書斎の譜面台に置いて、赤いボールでトリックの練習を始め、それが「レッドボール」の誕生につながった。彼は、ボールを浮かせるのではなく転がすことにした。誰が見てもそのほうが簡単そうだが、マジシャンだけはむしろ難しいことを知っている。テラーはトロントにある鏡張りのダンススタジオや、森の奥深くにあるキャビンで練習を続けた。さらに一年半にわたり、リオでペン&テラーのライブショーが終わったあとのステージでかならず特訓をした。

「いまでもやはり、これまで挑戦したなかで最も実演が難しいマジックだよ」とテラーは語った。毎

(30) 私がエスクァイア誌のオリジナルの記事でこの結論に達すると、それを読んだテラーから、自分もこの一節を使いたいというメールをもらった。これは光栄の至りだ。

(31) 『エクウス』は一九七三年、すでに故人となったピーター・シェーファー（ナイトを授与される）による戯曲で、一九七五年にトニー賞の最優秀作品賞を受賞した。シェーファーは、実際の出来事から着想を得た。サフォークで一七歳の馬丁が、六頭の馬の目をつぶしたのだ。どうしてこんなことが起きたのか、シェーファーは懸命に想像した。愛情を説明するのは難しいが、このような恐ろしい出来事は、おそらく愛情でしか説明できない。

晩ステージで披露するといっても、僅か数分間で終わるのだから、大きなエネルギーを注ぐのは馬鹿げているし、正気の沙汰とは思えない。テラーも反論はしなかった。「他の人なら合理的に考えて踏みとどまるのに、それができずに多くの時間を費やすのがマジックなんだよ」という。

ラスベガス・ストリップの埃っぽくて人気《ひとけ》が少ない裏通りに、ビル・スミスという人物がビル・スミス・マジックベンチャーズというワークショップを開いている。スミスはトリックを発明しない。インジュニア、すなわちイリュージョニストではなく、優れたマジシャンの夢をかなえてやるのが仕事だ。これまでにもデイヴィッド・カッパーフィールドやランス・バートン、さらにはペン&テラーがトリックを完成させる後押しをしてきた。彼は支援したマジックの秘密をすべて理解している。彼に会いにいくと、「レッドボール」が話題にのぼり、これがどんなに素晴らしいトリックかということで盛り上がった。テラーがどのようにトリックを成功させているのか、スミスはぜひとも知りたいという。「うまくだますね。糸を使わないんだから」。

うまくだますことこそ「レッドボール」を成功に導いた真実である。これは、アリソン・ジョーンズというキャスティングディレクターにも言える。彼は一〇〇〇人もの原石のなかから本物のスターを何人も創造している。『フリークス学園』や『パークス・アンド・レクリエーション』や『ブルース一家は大暴走』でクレジットに名前が載った途端、無名俳優のほとんどが超有名になった[32]。あるいは、ダニエル・デイ＝ルイスが「役作りの研究に生涯をかけて取り組んだ」背景にも同じ真実がある。おかげで彼は、脳性麻痺を患った画家、猟奇的で冷酷な石油業者、そしてアメリカ大統領の役を演じ、アカデミー主演男優賞を三度受賞した[33]。そして、リン＝マニュエル・ミランダもこの真実を理解したうえで、『イン・ザ・ハイツ』の製作に一〇年間、『ハミルトン』の製作にさらに七年間を費やした。合わせて一七年の歳月と引き換えに、ふたつの並外れて素晴らしい作品が出来上がったのである。[34] あなたのハートを摑むアート作品のほぼすべては、同じ真実に支えられている。

世の中に魔法など存在しない。むしろ年長者の知恵や他人の成功は参考になるし、過去には多くの教訓が詰まっている。芸術にさえ歴史的パターンは存在する。しかし、何か光るセンスを身につけることは何物にも代え難い。世界中のどのコンピュータもこれを真似ることはできないし、願望をかきたてることもできない。ライアン・カヴァノーは、あくせく働かなくてすむ近道を見つけたと考えた。愛情を模倣できるコードを書けると思い込んだ。こうした認識のギャップは、相手に好きになってもらいたいものと、実際に相手が好きなもののあいだに存在するだけではない。標準的なクリエイティブワークと、素晴らしいクリエイティブワークのあいだにも存在する。たとえ僅かな違いでも、時としてそれが重要な要素になれば、情熱を搔き立てられる。私たちはみんな、このギャップを意識しなければならない。いま自分たちや他の人間には何ができるか、それは無機質な機械ができることと何が違うのか認識したうえで、将来自分たちにしかできないことを確認するのだ。その能力を養う方法はひとつしかない。他の人なら合理的に考えて踏みとどまるのに、そんなことは考えずに多くの時間

(32) Elyse Roth, "How CD Allison Jones Discovers the Comedy—and Now Drama—Stars of Tomorrow," *Backstage*, January 24, 2020.
(33) Peter Stanford, "The Enigma of Day-Lewis," *Guardian*, January 13, 2008.
(34) Rebecca Mead, "All About the Hamiltons," *New Yorker*, February 2, 2015

ったりするが、魔法は秘密を重んじる。テラーはたくさんの嘘をついているが、マジックの虜《とりこ》になった理由については誠実に語っている。なぜだか説明できないが、マジックに魅せられたのである。

ちなみにペンは嘘をついていない。

テラーは実際にマジックで糸を使っている。

第二章　スポーツ——ラブ・アンド・WAR

アナリティクスを支持する人たちは、数字は絶対に間違わないと考えるときが多すぎる。そして、疑問への納得できる回答は数字だけだと思い込む。しかし正解に絶対の自信が持てないときにも、同じ方法に頼ってよいものだろうか。むしろ、他にどのような見方があるのか、他にどんなものに注目すればよいか理解しようと努め、世界の美しさや混乱を見る目を磨くべきだ。これからは、新しいアイテスト〔データだけでなく、人間の独創性と想像力も駆使して評価を行なうこと。本書の原題は『The Eye Test』〕に合格しなければならない。

二〇一二年、マイケル・ルイスは母校のプリンストン大学で学位授与式のスピーチを行なった。彼が書いたもののなかでも、このスピーチは私のお気に入りのひとつだ。自らの人生を含め、人生で幸運が果たす役割について取り上げ、ユーモアを交えて簡潔にまとめ、感動的な内容である。(1) ルイスは卒業生たちに、自分は正しい時に正しい人たちと出会ったおかげで正しくブレイクすることに成功し、つぎつぎと幸運な出来事に恵まれ、それが積み重なって素晴らしいキャリアを築いたと語った。もち

（1）　ルイスは自分のスピーチに、「フォーチュンクッキーを食べてはいけない」というタイトルを付けた。このスピーチが行なわれたのは二〇一二年六月三日で、その内容はプリンストン大学のウェブサイトならびにユーチューブチャンネルで確認できる〔https://www.youtube.com/watch?v=CiQ_T5C3hIM〕。私は自分の職業人生でいかに幸運に恵まれてきたか、やや感傷的にツイートしたことがあったが、そのあと二〇二〇年六月二四日、友人のセス・ウィッカーシャムからルイスのスピーチを見逃さないようにアドバイスされた。そこですぐに読んでみると、本書に完璧にふさわしい内容であることがわかった。これは本当に幸運だった。

ろん行動を起こしたのは本人だが、ルイスは謙虚な姿勢を崩さず、自分の成功は自分ひとりの手柄ではないと認めた。「人生の結果にだまされてはいけない。完全にランダムというわけではないが、かなりの部分は幸運に左右される」と言った。

私たちは、自分の運命をコントロールできると考えたい。正しく選択して良い仕事をすれば、報われると思いたい。物事がうまくいくときに特にその傾向が強いのは、自分の努力でトップまで上りつめたと信じられれば満足感を得られるからだ。確かにそんなときもある。男女を問わず最高の人間が多大な努力を払って能力を磨いた結果、圧倒的な成功を収める可能性はある。成功を引きつける力に個人差があるのは事実だ。しかし、よく似たふたりの人物が同じ指示通りに行動しても、結果が異なる可能性は考えられる。なぜなら、私たちはシャーレのなかで暮らしているわけではないからだ。世界はシャーレのなかとは異なるから、私たちはおのおのの実験室を準備する。自分だけの宇宙を創造しようとするが、他人の行動や様々な力の影響をすっかり排除するのは不可能で、コントロールすることなどできない。戦略は結果に影響するが、他にもチャンスや特権や偶然など、厄介な問題が結果には関わってくる。

ルイスは二〇一二年のプリンストン大学の卒業生に対し、自分たちの幸運を思い出してもらいたかった。「きみたちほど幸運な人間は一握りしかいない」と彼は語った。「親に恵まれ、国に恵まれ、プリンストンのような場所に恵まれた。プリンストンは幸運な人間を集め、幸運な人間同士を紹介するから、さらに幸運になるチャンスが増える」。ほとんどの卒業生は裕福な家庭で育ち、自分はすべてを与えられて当然だと信じているかもしれない。実際、そんな学生も少しはいるだろう。しかし卒業生たちが――そして私たちの誰もが――自分たちは人生をひとりで切り開いてきたと考えるなら、うぬぼれも甚だしい。きわめて理路整然とした指示に従って行動したとしても不可能だ。私たちはほぼ常に成功の確率を増やすことができるが、実際に成功できる保証はほとんどない。

私は二〇〇二年の春からエスクァイア誌で働き始め、最初はスポーツコラムニストになった。私がこの仕事を手に入れるまでには、幸運な偶然がいくつも奇跡的に重なった。私の好きなスポーツは野球で、かつてトロントのナショナルポスト紙に在籍していたときは野球の記事を書いていた。エスクァイア誌での初仕事ではバリー・ジトを取り上げた。オークランド・アスレチックスに所属する若くて風変わりなピッチャーだ。私はバリーと会って意気投合し、まるで恋に落ちたように大好きになった。彼に抱いた愛情のおかげで、良い記事を書くチャンスは増えたのではないかと考えている。つぎに私はビリー・ビーンとも知り合いになった。彼は球界の異端児として知られるアスレチックスのゼネラルマネージャーで、野球の能力の評価にアナリティクスを取り入れた革新的なアプローチで有名になった。私がエスクァイア誌での二本目の記事について編集長に売り込むと、ビーンについてもっと読んでみたいと言われた。そこで本人に電話をかけると、車を運転しながら話してくれた。その話し方は生粋のカリフォルニア人を連想させた。彼がオープンカーに乗っていたのかどうかわからないが、声の調子からはそのような印象を受けた。

取材の場を設け、仕事についてお話をうかがい、エスクァイア誌で特集記事を書きたいのですが。私はビーンにこう切り出した。

「いいよ」とビーンは快諾してくれた。しかしつぎに、もうひとり別のライターが最近自分に付きまとうようになったと教えてくれた。イヤなやつだという。話の様子からすると、最初にやって来た人物への評価は間違いなく低そうだった。「でも心配はいらない。おそらく大した記事にはならない」。だから、こいつが興味を失うまで、少し待ってほしい。「時間の問題だ。すぐにきみの番になるさ」と励まされた。

ところが不運にも、この人物はマイケル・ルイスで、結局のところ彼の仕事は大成功を収めた。二〇〇三年に出版された『マネー・ボール』は書評で絶賛され、二〇〇万部ちかくも売れた。しかも映画化までされ、ブラッド・ピットがビーンを演じた作品は大ヒットした。この時点ですでにルイスは有名人だったが、映画の『マネーボール』をきっかけにさらに大物になった。そして、周囲の世界に対する私たちの見方に大きな変化を引き起こしたのである。

私は気持ちを整理して、他の記事を書いた。しかし『マネー・ボール』が最初は小さな企画で、大成功が予想外だったことは決して忘れられなかった。ルイスによれば、「ちょっとしたものを書くつもりだった。でも、これはすごいものになるという確信が生まれてからは、ずっと付きまとった。あんまりしつこいから、ぼくを追い出すのも気まずい雰囲気になったんだ」[2]。ルイスが住んでいたバークレーは、オークランド・コロシアムからそう遠くない。そして、資金力のあるチームからアスレチックスがしばしば勝利を挙げるのを見て、なぜなのか、どうしてなのかと疑問を抱いた。そこでビーンに面会を求めた。彼はルイスの最初の著書『ライアーズ・ポーカー』〔東江一紀訳、早川書房、二〇一三年〕を読んでいたので、自分も何か学べるのではないかと考えて承知した。初対面のきっかけは、お互いが相手に抱く好奇心だったのだ。ビーンは気難しい人間で、自分のことは話したがらなかった。

そのため雑談から大した成果は得られず、お互いが相手に抱く好奇心に基づいて友情を築くのがせいぜいだった。ルイスは野球の統計に関する本を書けないし、誰もそんなものを読まない。だから本の主人公が必要だったが、ビーンがふさわしいとは思えなかった。ところが彼のなかに潜むきわめて重要な要素が明らかになって、ルイスはそれに抵抗できなくなった。

ビリー・ビーンは一八歳のとき、ふたつのかなり良い選択肢のあいだで難しい決断を迫られた。スタンフォード大学からは、全額支給奨学金のオファーがあったが、ニューヨーク・メッツからは一二万五〇〇〇ドルの契約金を提示され、承諾すればプロとしてキャリアを始めるチャンスが開かれる。映画のなかのシーンと同様、ビーンは中流階級の謙虚な両親と食卓を囲んで話し合い、メッツへの入団を決めた。結局、選手としては大した実績を残せなかった。二七歳になるころにはメッツからとっくに忘れられ、四番目のチームのアスレチックスでくすぶっていた。そして選手を引退すると、アスレチックスのスカウトに転身した。後に彼は自分が下した決断で有名になるが、あとから考えてみると、教育よりも野球をとったのは悪い選択だったのではないか。その部分だけ取り上げれば、確かに悪かったかもしれない。しかしいかなる選択も、他の要素を完全に切り離しては考えられない。その証拠に、ビーンのその後の人生に注目してほしい。彼は大学に進学しなかったから向上心を掻き立てられ、もっと賢くなろうと頑張った。そしてフロントオフィスの階段を上り、とうとう一九九七年にはチームのゼネラルマネージャーになったのだ。「スタンフォードに進学しなかった決断をちょっぴ

(2)　Simon Kuper, "Inside Baseball: Michael Lewis and Billy Beane Talk *Moneyball*," Slate.com, November 13, 2011.

り後悔していることが、彼にとって非常に大きなアドバンテージになった」とルイスは語る。だからビリー・ビーンからは面白いストーリーが生まれる。自分の人生の進路を修正しようと試みた人物が、偶然にも全世界を修正したのだ。

『マネー・ボール』は発売と同時に高い評価を受けたが、ルイスもビーンもこれほど評判になるとは予想しなかった。私は読むと大好きになった（エスクァイア誌に書評を依頼されたのは、傷口に塩を少々擦り込まれるようなつらい経験だった）。ルイスの本の多くと同様、好奇心をそそる愉快な話だ。私は映画も大好きになったが、ブラッド・ピットの髪がフサフサだったことには違和感を抱いた。監督のベネット・ミラーは現在までに三本の映画を製作しているが、『カポーティ』『マネーボール』『フォックスキャッチャー』のいずれも素晴らしい。ミラーは失敗しない監督なのだ(3)。

しかし『マネー・ボール』の成功は、中心人物にとって未だに謎としか思えない。出版からほぼ二〇年が経過したが、ビリー・ビーンによれば、アナリティクスを考案したのは自分の手柄ではない。自分は単なるアーリーアダプター（初期採用者）で、まだ著作権のない他人の素晴らしいアイデアをうまく拝借しただけだという。ほとんどはビリー・ジェイムズのアイデアだった。彼はポークビーンズの工場でボイラー係として働いているあいだに脳の萎縮《いしゅく》を防ぐため、野球の新しい統計を発明したのだ。ビーンは、自分が本の一部になったことを後悔していない。「私の人生は本のおかげで大きく変わった(4)」と認めるが、先見の明を評価されても喜べない。『マネー・ボール』が革命を起こしたとは考えないし、自分が先陣を切ったとも思わない。「すべては公開情報で、我々は何も発明しなかった」という。一連の出来事は、いずれは起きることが運命づけられていた。本も映画も、回避できないプロセスの進行を早めただけである。

点火剤と燃料のいずれにせよ、『マネー・ボール』をきっかけにスポーツの世界は後戻りできないほど劇的な変化を遂げ、それに他の多くの世界も巻き込まれた。毎年三月にボストンで開催されるMIT〔マサチューセッツ工科大学〕スローン・スポーツ・アナリティクス・カンファレンスには産業界のリーダーや学生たちが三〇〇〇人以上集まり、最新のスポーツ科学や情報について話し合う（第一回めの二〇〇七年だけは、参加者が僅か一四〇人にとどまった[5]）。あらゆるメジャーなスポーツのほぼすべてのプロチームのフロントオフィスから派遣された数千人の参加者は、会議で大きな刺激を受けて本拠地に戻っていく。その結果、いまではアナリティクス部門の設置が標準となり、統計の分野で革新的な手法を発見して利用するため、さらなる努力が重ねられるようになった。二〇一三年には、ニューヨーク・ヤンキースだけでも定量分析の専門家をフルタイムで十数人も雇用するようになっていた。彼らの共同作業によってゲームの進行を様変わりさせ、もはやその影響は野球の枠を超えて広がった。

（3）　これは私の誇張ではない。辛口の評価で有名なレビューサイト「ロッテントマト」で、『カポーティ』は肯定的なレビューが九〇パーセント、『マネーボール』は九四パーセント、いちばん低い『フォックスキャッチャー』も八七パーセントだった。ベネット・ミラーの映画に対する私の愛情は、科学的に正当性が立証されている。

（4）　Josh Lewin and Jon Heyman, interview with Billy Beane, *Big Time Baseball*, Podcast audio. July 22, 2019.

（5）　Michael Silverman, "How the Sloan Sports Analytics Conference Grew from a Defunct MIT Class to a Really Big Deal," *Boston Globe*, March 5, 2020.

変化の波はバスケットボールにも押し寄せた。かつてはミドルレンジ・ジャンパーの妙技が試合の展開を左右したものだが、良かれ悪しかれ現代のバスケットボールには、当時の面影がまったく見られない。シュートの効率を強調した結果、スリーポイントシュートを何度も放ち、リング下でリバウンドを取る作戦が重視されるようになったのだ。ヒューストン・ロケッツはかつてのゼネラルマネージャーであり、スローンの共同創設者でもあるダリル・モーリーのもとで、NBAの新しいスタイルの典型例であるクールなプレーを実践し、ほどなくこれはモーリーボールと呼ばれた（マイケル・ルイスはモーリーについて、「人生を手探りしながら進むよりも、数字を数えているほうが好きな人物」だと評した）。二〇一二年から二〇一三年にかけてのシーズンでは、制限区域のなかやスリーポイントエリアからロケッツのプレーヤーが放ったシュートの数は驚異的で、七三・六パーセントにもなった。こうしたイノベーションにもかかわらず、ロケッツはチャンピオンリングを手にしなかった。しかし多くのチームが後に続き、そのひとつゴールデンステイト・ウォリアーズは、二〇一五年から二〇一九年にかけてNBAファイナルで三回の勝利を収め、他の二回は僅差《きんさ》で敗れた。ウォリアーズの勝利には、ステフィン・カリーの驚異的なスリーポイントシュートが大きく貢献した。[6] ボストン・レッドソックスやシカゴ・カブスは、過去の呪いの影響からワールドシリーズで優勝できないと噂されてきた〔レッドソックスはベーブ・ルースをトレードで放出したため、カブスは熱心なファンが連れていたヤギの入場を断ったため、呪いによって優勝から遠ざかったと言われる〕が、ビーンの信奉者のテオ・エプスタインが指揮を執ったおかげでジンクスを破った。同様にウォリアーズも本家のロケッツを見習い、本家を上回る大活躍をすることができたのである。

大西洋の向こう側では、イングランドのプレミアリーグでリヴァプールが強さを発揮するようになったが、その活躍の一因がマージーボールだ。サッカーという伝統的なスポーツにデータ重視のアプローチで臨んだのである。痩せ型で眼鏡をかけたウェールズ人のイアン・グラハムは、ケンブリッジ大学で理論物理学の博士号を取得した人物だ。彼は一〇万人のプレーヤーのデータベースの構築と維持を担当し、プレーヤーの獲得や配置について熱血漢の監督のユルゲン・クロップ〔二〇一三-二四シーズン限りで監督を退任〕に提言を行なう。グラハムは二〇一五年、先ずはクロップを監督として採用することを勧めた。ドイツのクラブのドルトムントでは、ピッチでの活躍以上に指導者として結果を残していたからだ（グラハムは、ドルトムントのプレーを見ていない。「ビデオは好きじゃない。先入観を持つから」という）[7]。サッカーはロースコアで決着がつくので、他のスポーツよりも運に左右される部分が大きい。そしてドルトムントはなかなか運に恵まれなかった。クロップはリヴァプールに採用されると、激しい攻防の行方を読みにくいこのスポーツに関して鋭い勘を働かせた。そんな直観力とグラハムの分析を組み合わせたおかげで、リヴァプールは三〇年ぶりのリーグ優勝を果たしたのである。

個人スポーツも呆れるほど数量化を重視するようになり、ときには思いがけない効果がもたらされ

（6）　Jared Dubin, "Nearly Every Team Is Playing Like the Rockets. And That's Hurting the Rockets," FiveThirtyEight.com, December 20, 2018.

（7）　Bruce Schoenfeld, "How Data (and Some Breathtaking Soccer) Brought Liverpool to the Cusp of Glory," *New York Times Magazine*, May 22, 2019.

る。ゴルフ界では、二〇二〇年初めにマッドサイエンティストと呼ばれるブライソン・デシャンボー[8]の成功をきっかけに、激動の時代が幕を開けた。（デシャンボーはアマチュア時代、アイアンのシャフトの長さを統一して物議を醸した。こうすれば、どの番手でも同じ感覚で振ることができる。代わりに彼は、ヘッドの重さを変えて区別した）。バスケットボールではスリーポイントシュートが重視されたが、それと同様にデシャンボーは、ドライバーの飛距離を最優先した。そして二シーズンかけて体重を四〇ポンド〔約一八キログラム〕増やすと、二〇二〇年にデトロイトで開催されたロケット・モーゲージ・クラシックで優勝した。このとき彼のドライバーの平均飛距離は三五〇・六ヤード〔約三二〇メートル〕で、PGAのそれまでの記録を更新した。「僕は肉体を改造し、ゲームでのマインドセットを変化させた。従来とはまったく違うスタイルのゴルフで、優勝することができた。大勢の人がインスピレーションを受けてほしいよ」と後に語った。その年の九月には、難関コースのウィングドフットで開催された全米オープンで二位に六打差をつけて優勝した。このときアンダーパーでフィニッシュしたのはデシャンボーだけで、まるで親の仇のようにボールを強打し続けていた。

　デシャンボーのアプローチには、『マネー・ボール』のような洗練された要素は明らかに欠落している。力任せのマッシブボールからは、残念だが病的な印象を受ける。しかしどんな呼び方をしようと、彼が計算を行なったのは事実だ。いまやスポーツ界では誰もが計算を行なうようになり、それは重大な結果を招いた。そう、スポーツは二度と元の姿に戻らない。不思議な巡り合わせから、『マネー・ボール』は道を踏み外す手段になった。ルイスはプリンストンの卒業生に対し、そのことを忘れないよう強く訴えた。『マネー・ボール』の乱入はすべてを変化させた。偶然の出会いは、マイケル

・ルイスやビリー・ビーンだけでなく、あらゆる人の人生の進路に変化を引き起こしている。

ルイスの本が批判されるとしたら、それは賞賛に値する人物を選別したことだ。肘を痛めたスコット・ハッテバーグの選手としての価値に、ビリー・ビーンだけが注目した点をクローズアップした。チームはプレーオフでは結果を出せなかったものの、ハッテバーグはチーム二〇連勝を飾るホームランを打ち、ビーンのモデルがうまくいったことを証明した。[9] あるいは映画では本と異なり、アスレチックス監督のアート・ハウがビーンの強敵として登場する。ロバート・マッキーによれば、どんな映画にもライバルが必要だからだ。敵にたとえられる人物を、ヒーローは克服しなければならない。しかし実際のハウはナイスガイで、ずいぶん痩せている。だからフィリップ・シーモア・ホフマンが彼の役を演じるため、体重を増やして太鼓腹になった理由が私は理解できない。しかしもっと重要なのは、本も映画も数量化の魔力を絶賛しておきながら、物語の進行に関して同じ重大な罪を犯していることだ。当時アスレチックスで活躍していた三人の若手ピッチャーの存在が無視されている。ティム・ハドソンとマーク・マルダー、そして私から見ればバリー・ジトには注目すべきだった。

二〇〇二年に二六歳のハドソンは、ＷＡＲ《ウォー》（打撃、走塁、守備、投球のすべてで選手の貢献度を示す指

（8）　Jim Gorant, "Bryson DeChambeau, the Mad Scientist of Golf," *Popular Mechanics*, April 23, 2019.

（9）　映画では、まだ無名のクリス・プラットがハッテバーグの役を演じた。ハッテバーグはかつて捕手だったが、ホームから二塁に送球できなくなったため、一塁にコンバートされた。

標）が六・九となり、その見返りに八七万五〇〇〇ドルの年俸を提供された。まだ二四歳のマルダーのWARは四・七で、年俸が八〇万ドル。そしてやはり二四歳のジトは、フルシーズンを戦うのは二年目だったが、二三勝を挙げて防御率は二・七五、WARは七・二で、アメリカンリーグのサイ・ヤング賞を受賞したにもかかわらず、年俸は二九万五〇〇〇ドルだった。[10] 才能溢れる三人組のWARは合計すると一八・八になるが、年俸の合計は二〇〇万ドルに満たない。これに対し、同じシーズンにハッテバーグは攻撃面でのWARが二・七、守備面での評価もごく平凡だったが、その見返りに九〇万ドルもの年俸を提供され、ビーンから良い条件を勝ち取った。しかし実際には、三人の先発ピッチャーの価値にはおよばない。そしてなかでも最も価値が高いのは、バリー・ジトだった。

なぜ私はバリー・ジトをそんなに好きなのか。テラーがマジックを愛したのと同様、理由を説明するのは難しい。そのシーズンの成績は、実際のところ関係ない。私たちふたりはちょうど同じころにそれぞれの職場の新人だった。しかし彼は、私のキャリアを間違いなくアップさせてくれた。クラブハウス以外の場所での取材を申し込んだとき、最初に応じてくれたアスリートがジトだったのだ（私たちはブランチを食べた）。このとき私は、彼が遠征にぬいぐるみや香り付きキャンドルや特別な枕を持っていっていることに好印象を受けた。チームメイトが彼をよく理解できないところや、自己弁護に執着しないところには好感を持った。父親のジョー・ジトはナット・キング・コールのオーケストラの指揮者で、フランキー・アヴァロンやボビー・ライデルに楽曲を提供した。そして息子のバリーには音楽と同様、アスリートとしての血が流れていると信じていた（「野球はピアノの演奏と同じだと思う。上手になるためには、とにかく練習あるのみだ。少しでもたくさん練習するんだ」と、私はジョーから聞かされた)。バリーは左投げで、豪速球が持ち味ではない。決め球のカーブは大きく落ちるので、失恋で心が落ち込むところが連想された。

しかし何よりも私は、野球選手のバリー・ジトに何をどのように行なうのか尋ねたときに返ってきた答えに好感を持った。「ミュージシャンにせよ、アーチストにせよ、ライターにせよ、クリエイティブな人間が良い仕事をしようと思ったら、何もかも自分ひとりでできるわけではない。自分が、何か他の目的を達成するためのツールになったところを想像するんだ。僕はマウンドに立つとき、体を楽器のように動かしたい。意識的に無意識になるのは難しいけれど、そこまでしないとね。そして信じることが大切だ。なぜならこのなかで考えるものが」と彼は、側頭部を指さしながら続けた。「外の世界で実現する。僕はマウンドからボールを投げるけれど、バッターがボールをめがけてバットを振ると信じれば、相手はバットを振ってくる。何かが起きると思えば、その通りになる。実現させるのは自分だよ[11]」。

野球を職業にする初対面の人物に私が抱いた愛情は、このような発言を理由に正当化されるのだろうか。それはわからない。かりに正当化されるとしたら、そもそも誰かのこうした特性を賞賛する大人に成長したのはなぜだろう。それもわからない。見えないことが積み重なった結果としか言えない。わかっているのは、バリーが引退するまでずっと目を離さなかったことだけ。彼の活躍に注目すると、

(10)　野球関連の統計と年俸の数字は、この部分を含めてすべて baseball-reference.com からの引用である。
(11)　"He Came from Outer Space," by me. *Esquire*, June 2002.

懐かしい歌を聴いたときのように確証バイアス〔自分の仮説や信念を支持する情報ばかり集め、反証する情報を無視する傾向〕が働き、いまの自分は正しいのだと安心感に包まれる。

　最後にバリー・ジトのプレーを見たのは二〇一五年だった。彼はキャリアの終わりに近づいており、アスレチックス傘下のトリプルＡサウンズのホームであるナッシュビルで、別のピッチャーとキャッチボールやロングトスをしていた。ここではめずらしく、バリーが最も興味深い人物ではなかった。むしろ相手のパット・ベンディットのほうに注目した。右投げのピッチャーだが強い意志でトレーニングに励み、左手でも上手に投げられるようになった。当時はマイナーリーグから昇格し、メジャーリーグで数十年ぶりのスイッチピッチャーとして活躍することを目指していた。このときジトは三七歳だった。二〇〇七年にアスレチックスからサンフランシスコ・ジャイアンツに移籍したがふるわず、古巣に戻って再起を目指していた。ＦＡではピッチャーとして野球史上最高額で契約したものの、七シーズン続けて良い成績を残せず、防御率が四・〇〇を下回ることはなかった。勝ち数が負け数を上回ったのも一シーズンだけだった。アスレチックスはジトとマイナー契約を結び、まだ活躍できるかどうか様子を見ることにした。

　しかし活躍はできなかった。アスレチックスに戻って出場したのはわずか三試合で、投球したのは合わせて七イニングのみ。ヒットを一二本、ホームランを八本打たれ、六人のバッターを歩かせた。

　それでもやはり、私は彼が大好きだった。

　バリー・ジトがジャイアンツと契約を交わしたときのエージェントはスコット・ボラスだった。彼は野球界で最も強力なエージェントである（ジトがキャリアをスタートさせたときのエージェントもボラスだったが、アスレチックスでの六年間はそれほどクセのないアーン・テレムが担当し、フリーエージェントになると再びボラスに変更した。人柄に問題がなくても、ビジネスに情け容赦は禁物だ）。ボラスは自社ビルを拠点にして事業を展開する。カリフォルニア州ニューポート・ビーチには、目立つ立方体のビルが建てられている。弁護士、スカウト、調査員、定量分析の専門家を雇い、この小さな集団が現役選手の契約更改の交渉に当たるだけでなく、有望な新人の発掘に取り組む。彼は野球界でライアン・カヴァノーに匹敵する存在だが、紛れもない成功者である点だけが異なる。

カヴァノーと同様にボラスも、ビルの地下に温度と湿度が調整された部屋を持っており、そこでは大型汎用コンピュータが音を立てている。データベースには、一九七一年以来メジャーリーグで行なわれた試合におけるすべてのピッチャーとすべてのバッターの対戦記録が蓄積されている。ボラスは、このデータベースの情報をクライアントである選手に提供する。契約の途中で良い成績を残していることがわかれば、つぎに契約を更改するときもっと良い条件を引き出せるからだ。「自分がいまどんな選手なのか理解してもらいたい」のだという。さらにボラスは、このデータを使ってエビデンスに基づく論拠を組み立て、なぜそれだけの価値があると思うのか、統計学的に説明する。そして自分が集めた情報は、チームの仲間と共有する。

ジトのケースでは、大きな青いバインダーに情報がまとめられている。表紙には、「バリー・ジト、フリーエージェント概要」と銀箔でよく目立つように書かれている。なかは、複数のセクションに分かれている。最初の部分には、アスレチックスに入団してから六年間のシーズンの統計が集められており、そのレジュメの内容は素晴らしい。怪我で休んだ日はまったくない。おそらくそれは、豪速球を投げなかったからだろう。チームが三本以上のホームランを打ったときの成績は九三勝一一敗。それまでの二五年間で、最初の六シーズンに一〇〇勝を挙げ、しかも合わせて二〇〇イニングを投げた先発ピッチャーは、彼を含めてふたりしかいない。もうひとりはフランク・バイオーラだった。まだある。この最初の六シーズンに、ジトは先発回数、勝利数、奪三振の数、オールスターへの出場回数のいずれに関しても、グレッグ・マダックスを上回った。マダックスと言えば、やはり選手寿命の長い技巧派のピッチャーで、最後は野球殿堂入りした。

ボラスは実際に集められた統計を利用して、ジトの残りのキャリアを予想した。もちろん、これはデータマイニングの基本だ。これまでに起きたことを数量化したら、そこからパターンやトレンドを見出し、将来何が起きるか予測していく。ボラスの計算にはひょっとしたらバイアスがかかっているが、それはともかくジトは最初の六シーズンに、エッパ・リクシーよりも先発回数が多く、レフティ・グローブよりも登板イニングが多く、ウォーレン・スパーンよりも奪三振の数が多く、あらゆることでサンディー・コーファックスを上回り、グレッグ・マダックスと同じように野球殿堂入りの盾をもらってもおかしくなかった。

ボラスはバインダーの資料を配り、オフシーズンの冬は積極的に動き、有望な四球団からかなり良いオファーを受けた。サンフランシスコ・ジャイアンツ、テキサス・レンジャーズ、シアトル・マリナーズ、ニューヨーク・メッツだ。ジャイアンツはエースのジェイソン・シュミットをフリーエージェントで手放しており、どこよりも獲得に熱心だった。しかもジトは、ジャイアンツのゼネラルマネージャーのブライアン・サビーンと個人的に親交があった。ふたりはディナーで長い時間を過ごし、どちらも相手を大好きになっていた。

ボラスは方程式に愛情を加えたい。愛情を感じるのは、数量化しづらい才能がクライアントに備わっているからだ。彼は数量分析に熱心だが、数字に心を動かされるだけでは十分ではないことを理解している。「何か特別なものに恵まれたプレーヤーをいつも探している。野球で選手の価値を評価するためには、できないことではなく、できることに注目しなければならない。ひとつだけ長所を持っている選手は、メジャーリーグにたくさんいる」とボラスは語る。その特別の才能には希少価値があり、交渉の手段として効果を発揮するのだ。供給できるのはひとりでも、需要には事欠かないし、相手の好奇心は際限なく刺激される。バリー・ジトのカーブボールが絶好の例だ。数字に置き換えられないものを評価するためには想像力を最大限に膨らませると、最後はそれが本当の姿のように思える。ブライアン・サビーンはジトのカーブを神聖視したから、七年間で一億二六〇〇万ドルの契約を結んだのである。

しかしこれは、現代の野球史上最悪の契約のひとつになった。ジトがキャリアに幕を閉じたときには、先発した試合はエッパ・リクシーよりも一三三回少なく、登板したイニングはレフティ・グローブよりも一三六四回少なく、奪三振の数はウォーレン・スパーンより六九八個少なかった。そんな選手を、いかなる形でもサンディー・コーファックスと比較しようとするのは気の毒だ。二〇二一年、バリー・ジトは野球殿堂入りする条件を満たしたが、賛成は一票だけで[12]、呆気なく落選した。ちなみに、バリー・ジトと拮抗する成績を残したひとりが……フランク・バイオーラだ。先発の回数はジトが四二一、バイオーラが四二〇で、ひとつしか変わらない。勝率はジトが五割三分六厘、バイオーラが五割四分。しかしバイオーラは、キャリアの後半でジトよりも良い成績を残した。一九九〇年にメッツで活躍したときは三〇歳で、通算WARは四七・〇の評価を受け、ジトの三一・九を上回った。全体としては、バイオーラのほうが良いピッチャーだったが、だからと言ってバリー・ジトを侮辱することにはならない。フランク・バイオーラは確かにすごいプレーヤーだった。ボラスの青いバインダーは、野球殿堂入りの可能性ではなく、バイオーラのキャリア通算成績を参考として含めていたほうが、予測はもっと正確になっていただろう。もちろん、その場合には、ジトは野球史上で最も高給取りのピッチャーにはならなかっただろうが。

そして、ジトがジャイアンツと契約さえしなければ、バインダーで予測されたことはすべて的中したかもしれない。彼は友人と刺身を食べているとき、ボラスからのメールで7／126（七年で一億二六〇〇万ドル）という条件を知らされ、思わず刺身を喉に詰まらせた。彼はすごい契約に衝撃を受け、あるいはその後のプレッシャーに潰され、二度と回復できなかったのだと私は確信している。野球をもっと冷静に観察できる人は、移籍した途端にだめになった理由をこのように好意的に説明しても受け入れないだろう。でも私は、若者の人生にいきなり訪れた衝撃的な出来事は無視すべきでないと思う。この大型契約とそれに伴う注目がおよぼした影響は数量化できないが、その理由だけで考慮する対象から外すことはできない。おそらく、バリー・ジトとの契約に動いたジャイアンツに落ち度はなかったが、バリー・ジトにとっては悪い決断だった。契約そのものが彼のプレーヤーとしての軌跡に変化を引き起こし、マイケル・ルイスが学生たちに強調した「幸運」が逃げてしまった。おそらく突然、ピッチングしている自分を楽器ではなく、物体にしか感じられなくなったのだろう。大きな期待に押し潰され、自らは何かを実現できると信じられなくなったのではないか。

私はバリーがどんな人物なのか自分なりに理解したうえで、いま述べたように感じた。これは、専《もっぱ》ら感情的な評価だ。科学的な証明によって理論の正しさを裏付けられないし、一連の出来事に対する様々な説明に反論できるだけの具体的な証拠もない。たとえば産業の空洞化が進んだ結果、かつての安定した民主主義国家は崩壊し、いまやあちこちでポピュリズムが幅を利かせ、政府が混乱状態に陥ったのだろうか。一部の賢明な人たちはそう信じている。では、それは正しいのだろうか。正しそうに見えるし、説得力のある証拠を挙げて主張の正しさが説明される。ならば私たちは、それが正しいと確信してよいのだろうか。いや。まだ議論の余地は残される。

少なくとも二流の数量分析専門家は、自分たちは絶対的な確実性に支えられているふりをする。誰がどこで何を行なうのか説明するとき、数字は確かに無敵だ。私もそれは無条件で認める。過去にどんなことが起きたのか、疑いようのない事実で立証し、いかなる記憶よりも確実な情報を提供する。『マネー・ボール』は死刑宣告のように多くのものを葬り去り、なかには消えて当然だったものもある。本が出版されると、打点の多いクラッチヒッターの評価は地に落ちた。大事な場面で活躍しているような印象を受けるが、むしろ大事な場面でしか活躍できないのではないかと信じたくなったのだ（クラッチヒッターが評価されるためにはもう少し努力して、緊迫した場面以外でも活躍できるよう

(12)　それは私ではない。

になるべきだ）。

しかしあらゆる革命と同様、残念ながらアナリティクス革命にも巻き添えの被害があった。正義の名のもとで行なわれた粛清に、罪のない傍観者が巻き込まれてしまった。最近では度を越したやり方への不満の声が高まり、合理的に容赦なく物事を修正する姿勢そのものが間違っていると指摘されることも多くなった。アナリティクスへの反論の決定打となったのが二〇二〇年のワールドシリーズで、数字へのこだわりが強いタンパベイ・レイズがロサンゼルス・ドジャースに敗北を喫した。レイズの監督ケヴィン・キャッシュが好投していたブレイク・スネルを交代させたのは、数字に基づく判断だった。数字にこだわらず、素晴らしいピッチングを応援していたファンは猛烈に怒った。このひとつの決断は、重大な転機だったように感じられた。実際のところは、時がたたなければわからない。しかし事態の悪化を恐れたメジャーリーグベースボールは、ほかならぬテオ・エプスタインを顧問としてほどなく採用し、美の喪失が顕著な状態の立て直しを任せた。いまや試合時間は四時間におよび、ピッチャーは何人も交代し、奪三振率は跳ね上がっていたが、いずれも彼のような人物がデータ分析にこだわった結果だ。エプスタインの新しい役割は、多少は過去への償いのようにも感じられた。しかしそれまでの破壊行為のスケールを考えれば、とても償えるとは思えなかった。

映画の『マネーボール』で私が嫌いな場面は、ビリー・ビーンがアスレチックスのベテランスカウト陣に向かって落ち度を指摘するところだ。みんなスカウトの典型で、昔ながらのやり方にこだわり、新しい波に翻弄されている。白髪頭で背中は丸くなり、老眼鏡と補聴器を手放せず、誰もが勘に頼って選手を評価する。そして、古くから業界で使われてきた表現を使って楽しそうにこんな会話を交わす。「あいつはいいね。ケツに毛が生えているんじゃないか」「ブスの女と付き合うのは自信がないからさ」「あか抜けているし、イケメンだよ」。「見た感じは合格点だ」と、あるスカウトは言って、こう続ける。「有望だね。準備は整っている。あと必要なのは、プレーする時間を少し与えることだな」。

するど別のスカウトが反論する。「でもな、あいつの彼女はどう見ても平凡だな」。

野球界にでたらめな発想が生き残っているのは事実だが、もうそろそろ、偏見のない賢明な評価を下す方針に改めるべきだろう。大きな注目を集めるために、かつてのアイテストでは外見で高い評価を受ける必要があったが、人物を評価する基準として、それはもう時代遅れだ。外見や下あごの輪郭の強さに基づいてプレーヤーを評価するなど、愚かさの極みだ。それは当然だろう。ジョー・ディマジオと外見がそっくりでも、同じようにボールを打てない選手が増えてしまう。見た目の美しさを評価しないなら、選手を判断する多くの場面に加える価値はない。

だからと言って、野球界で古くから続いてきた評価方法のすべてが間違っているわけではないし、目の肥えたベテランスカウトの経験に基づく主張に価値がないわけでもない。自分の全人生を野球に捧げてきた人たちには気骨があり、彼らの話からはどんなスプレッドシートよりも役に立つ真実が明らかになる。だから私たちはそれを見倣うべきで、軽蔑の対象にしてはならない。アナリティクスの熱烈な支持者によれば、ブライアン・サビーンの間違いは、バリー・ジトのカーブボールに魅せられたことだった。こんなすごいものは見たことがなかったので、見た瞬間にバイアスがかかってしまった。ジトを高く評価する数字は幻だったのだろうか。アナリティクスが注目した対象は、突然姿を消した可能性があるのだろうか。実験室の条件下では、これから何が起きるか予測するために統計は役に立つかもしれない。しかし実際の予測の成果は、完璧からは程遠い。むしろ、数字にこだわってその効果を無条件に信じると、時にはとんでもない間違いを犯す。アナリティクスの限界については様々な発言があるが、長らくアイスホッケーのコーチを務めたポール・モーリスのつぎの言葉は、私のお気に入りのひとつだ。「とんでもない。あいつらは五人のプレーヤーがリンク上で何をするのか得意げに話すが、全部たわごとだよ」(13)。シンプルなシステムのモデルを作るのはかまわない。しかし人生は複雑に変化するものだ。それをどう説明すればよいのか。最も難しい疑問にどのように答えればよいのか。

これからは新しいアイテストを行ない、それに合格することを目指すべきだ。実際に合格した人は、従来よりも高い評価を受けるべきだ。このテストの適用範囲はスポーツに限らず、仕事や遊びの様々な分野に広がる。いまでは成功と失敗の違いは、驚くほど微妙になった。それをきちんと見分けられる能力は非常に役立つ。この映画を作るべきか。優れた芸術には何が必要か。誰にサードを守らせればよいか。雨はどれだけ激しく降るか。この人物は嘘をついているか。なぜあの飛行機は墜落したのか。こうした疑問には数字だけでは答えられず、人間に頼らなければならない。人間の独創性と想像力が欠かせない。ただし、手相占いを勧めるわけではない。審美眼、好奇心、柔軟な発想、専門知識、愛情といった要素が重要になる。見た目の美しさが長所にならなくても、鋭い観察眼は長所になる。

データ分析へのこだわりを共有する集団と、熱烈なロマンチストの集団は発想が大きく異なるが、その対立を野球で最も象徴するのは、ローリングスGGゲーマー・シリーズの一一・五インチ〔約二九センチメートル〕のグローブ、デレク・ジーター・モデルだ。ジーターはニューヨーク・ヤンキースで活躍して野球殿堂入りを果たしたが、名ショートとして鳴らした。ヤンキースがアレックス・ロドリゲスを獲得したとき、ショートストップとしての評価はジーターのほうが高く、非の打ちどころがなかったため、ロドリゲスはサードにコンバートされた。二〇〇四年から二〇一〇年までの七シーズンで、ジーターはゴールドグラブ賞を五回も受賞している。ゴールドグラブ賞では毎年、守備に卓越した選手がポジションごとに選出される。二〇一〇年シーズンの彼の守備率――伝統的なディフェンス指標――は九割八分九厘。これには、野球史上どのショートストップもかなわない。このとき彼がエラーしたのは六回だけ。少なくともこの数字を見る限り、ジーターはおそらく最高のショートストップだろう。

しかもジーターは、奇跡を起こしてほしいとチームから期待されるとき、超ファインプレーで貢献する才能にも恵まれていた。チャンスに強いクラッチヒッターがもはや存在しないとしても、ジーターを見る限り、クラッチ野手は未だに存在しているような印象を受ける。二〇〇四年にレッドソックスとの対戦で、延長一二回にトロット・ニクソンのフライをキャッチしたあと、彼がスタンドに飛び

(13)　これは、当時ウィニペグ・ジェッツのコーチを務めていたモーリスが、二〇二一年二月三日に行なった発言。氷上で致命的なミスを犯して非難されたキャプテンのブレイク・ウィーラーを弁護したものだが、統計的にはウィーラーのエラーだった。プレー全体を確認したモーリスが、非難の矛先を別のところに向けたのだ。「誰かのいまいましいバックチェックによって、彼はピンチに陥った」とモーリスは解釈した。

込んだプレーをファンは忘れない（ヤンキースは延長一三回で勝利を収めた）。あるいは、二〇〇一年のアメリカンリーグのプレーオフ第三戦で、ビリー・ビーンのオークランド・アスレチックスと対戦したときのホームベースへの送球も見事だった。一塁側のファウルグラウンドまでダッシュすると、ジェレミー・ジアンビをホームで刺した。これは、歴史に残る名プレーとして記憶されている。

ジーターの才能は、統計的有意性の面からも、計測できない要素の面からも、高く評価できるようだ。しかし最近では、従来と異なる守備指標が支持されるようになった。それはアルティメット・ゾーン・レーティング、略してＵＺＲだ。これは、野手がどれだけ失点を防いだかによって、守備の優劣を判断する評価指標だ。ＵＺＲはゼロを平均として、プラス一五からマイナス一五の範囲でシーズンを通じてのプレーが評価される。その目的は、守備率よりも詳しく野手の守備力を把握することだ。守備率と同様にエラーは考慮されるが、内野手がダブルプレーを取る能力や、同じポジションの他のプレーヤーと比べた守備範囲にも注目する。

守備は打撃と比べて数量化がずっと難しい。二〇〇二年から始まったＵＺＲが完全ではないことは、統計へのこだわりが強い人たちも認めている。サンプルのサイズが非常に大きくないといけないだけでなく、守備位置の違いについても、近年増え続ける極端な守備シフトについても対応していない（守備シフトは、アナリティクスが招いた予想外の悪しき結果のひとつだ）。さらに打球がヒットかエラーかの判断は、各球場の記録係に委ねられる。それでもＵＺＲは、守備率だけで判断するときと比較して、野手の守備力を正確に判断できると思われているし、間違いなくそれは事実だ。そしてデレク・ジーターに関して、ＵＺＲとその支持者たちの評価は厳しい。これまでの理想像については忘れるべきだと考えている。

たとえば、ゴールドグラブ賞を受賞した二〇一〇年を思い出してほしい。ジーターのエラーは僅か六個で、ダイヤモンドのように輝いていたではないか。しかしUZRによれば、その記憶は間違っている。ジーターのUZRはマイナス四・七。これはアメリカンリーグのショートストップのなかで三番目に悪い成績で、シカゴ・ホワイトソックスのアレクセイ・ラミレスより一五ポイントも劣る。ジーターのエラーは六個だが、ラミレスのエラーは二〇個。そもそもエラーは目立つし印象が悪い。しかしラミレスはエラーが多い代わりに、刺殺はそれよりも五個、アシストは一〇個多いので、エラーは簡単に相殺される。FanGraphs.com によれば、ジーターはキャリア後半の一二年間で、平均的なショートストップに比べて許した得点が六六・一ポイント多い。これでも最高のショートストップにたとえられるだろうか。守備に関して、デレク・ジーターはお荷物だった。

アナリティクスの厳格なアプローチを支持する人たちは、現役引退後のジーターに対する評価の変化によって、人間の観察には限界があることが証明されたと主張する。私たちは従来、彼を守備範囲が大きく限られたショートストップとは見てこなかった。彼の前をボールが抜けていくようなら、誰も同じ場面で捕球できないと思い込んでいた。でも、それは間違っていた。同じシーズンのあいだにアレクセイ・ラミレスなら何度となく、同じボールをキャッチしていたはずだ。UZRのおかげで記録は修正された。デレク・ジーターのように注目度が高い人物の評価を大きく誤る可能性があるなら――目撃した内容に関する証言と、冷静な統計が突き付ける現実が乖離《かいり》しているなら――目が作り出す虚構を見せられている場面がいかに多いか想像してみてほしい。

アナリティクスは業界全体が、あなたの知識はすべて間違っているという概念に基づいて構築されてきた。これに対して私は、あなたはうまくやっているが、もう少し改善される可能性があると忠告したいが、アナリティクスの助言のほうが魅力的に感じられるのは確かだ。そのため、すでに知っている内容を聞かされたときでもアナリティクスを美化し、どんな小さな発見であっても、素晴らしい知性から生み出されたブレークスルーだと考える。第五二回スーパーボウルで、ダグ・ペダーソンがフィラデルフィア・イーグルスを率いてニューイングランド・ペイトリオッツを破り、優勝に導いたとき、イーグルスが合理的な意思決定を積極的に導入しているチームだという事実は大きく注目された。ニューヨーク・タイムズ紙には、EdjSportsを賞賛する記事が掲載された。このアナリティクス関連企業は、GWC―Game-Winning Chance―という新しい統計に基づく予測モデルを利用して、イーグルスなどのクライアントに対してゲームに勝つための助言を行なっている[14]。では、新しい統計からはどんな素晴らしい啓示があったのか。攻めに徹する姿勢の大切さだ。チームは勝利を目指して頑張るべきで、四つ目のダウン《フォース》〔攻撃〕には特に力を入れなければならない。一度もパント〔攻撃権を放棄して行なう陣地回復のためのキック〕しなくても、何年も成功してきた高校チームのコーチはひとりではない。ところが、ヘッドコーチのダグ・ペダーソンが同じアプローチをとるためには、数量分析専門家の許可が必要だという[15]。ニューヨーク・タイムズ紙によれば、アメフトの基本的な計算に従ったイーグルスは、「直観に反する発想を受け入れるだけでなく、それを奨励する組織になった[16]」。新しい統計手法を考案し、それに適切な頭字語を当てはめれば、それは神聖視されるようになる。

ザ・ジーター・ガルフ（TJG）は、認識と現実のギャップを説明するために広く使われるが、実際のところここで注目しているのは外れ値で、中央値ではない。全体的な傾向から大きく離れた値だ。ちなみにメトリクスを重視するベースボール・ジャーナリストであり、作家であるジョー・ポズナンスキー（私の友人でもある）は二〇一八年、守備に関する実際の統計の数字が、Fangraphs.com の読者の意見とどれだけ食い違うか調査を行なった。[17] 調査では守備の七つのカテゴリーに基づいて、彼ら——プロのスカウトではなく、一般のファン——に選手を評価してもらった。反応、加速、走力、手の使い方、フットワーク、送球の強さ、送球の正確さの七つだ。このランキングを点数に変換したうえで、わざわざ数量化されたUZRなどの結果と比較した。ジョーは通常、高度な統計を擁護するが、「アイテストの結果と守備に関する統計の数字は、大体が非常によく似ている」ことがわかった。[18]

(14) Ben Shpigel, "How the Eagles Followed the Numbers to the Super Bowl," *New York Times*, February 2, 2018.
(15) アーカンソーのプラスキ・アカデミーのヘッドコーチであるケヴィン・ケリーは、パントに頼らない姿勢に関して二〇一五年から全国的に報道されていた。
(16) イーグルスは二〇二〇年のシーズンを四勝一一敗一分けで終えたあと、従来の方針に立ち返り、二〇二一年一月一一日にダグ・ペダーソンを解雇した。ペダーソンがイーグルスの指揮を執った五シーズンの成績は四六勝三九敗一分けで、オフェンスに関してはリーグで最悪の部類だった。フィラデルフィアでは、統計分析による奇跡は実現しなかった。スーパーボウルでの勝利は外れ値であり、統計分析を採用すれば成功が約束されるわけではない。
(17) Joe Posnanski, "Hosmer, Trout and Defensive-Metric Dilemmas," MLB.com, February 22, 2018.
(18) たとえば、ショートストップのアンドレルトン・シモンズの場合は二〇一一年から二〇一七年にかけて、守備でセーブした失点数〔守備失点〕が九六だとファンは推測し、UZRの評価指標は九九だった。内野手のマニー・マチャドの場合、高度な守備指標によると守備失点は八一で、ファンはおそらく八〇だと考えた。

なかには例外的な場合もあって、たとえば上手でも地味な内野手は観察者からの評価が低い。マイク・ナポリのような強肩のプレーヤーは、華麗さはなくても安定感のある内野手として評価されるべきだ。そしてジーターのように、逆が成り立つ可能性もある。ファンがプレーヤーを過大評価するのは、実際よりも素晴らしいアスリートに見えるからで、理想像が勝手に出来上がってしまう（ジョーの執筆中にサンディエゴ・パドレスが獲得した一塁手のエリック・ホズマーは、最もギャップが大きい。いかにもすごいプレーヤーのように見えるし、ゴールドグラブ賞を四度も獲得しているが、UZRは最悪だった）。

しかしそれよりは、選手に対する私たちの認識と統計が示す事実のあいだには、顕著な違いがほとんど存在しないほうがずっと多い。「守備の評価に関して、統計の数字と人間の観察眼では大きく異なるケースが僅かに存在し、それが誤解を招いている」とジョーは書いている。野球の守備の評価に関して、人間の目は実際のところほぼ完璧な手段である。

サラ・シーガー博士は、ユニークな目を持っている。めずらしいハシバミ色で、ほとんどの人と違って頻繁に瞬きをしない。そしてその目は人生の大半で、望遠鏡を通して宇宙を観測するために使われてきた。[19] 現在シーガー博士はMITに所属する宇宙物理学者であり、惑星科学者だ。彼女のオフィスはスローン・スポーツアナリティクス・カンファレンスの会場から遠くない場所にある。ここで講演を依頼される機会はないが、会議の参加者は彼女から多くのことを学んでいる。何しろ物理学で数々の賞を受賞しており、マッカーサー財団から天才助成金を供与されている。そして、宇宙で他の生命体が存在する証拠を発見する最初の人類は自分だと確信している。つまり、私たち人間の視覚に内在する厄介な欠陥の修正に、自分は最初に成功するとも確信している。

シーガー博士と同僚の天文学者たちは、きわめて難解な研究テーマに取り組んできた。それは光だ。生命体が地球以外の惑星やその衛星に存在していれば、宇宙でかすかな光を放つ。しかし、強烈な光はかすかな光を常に圧倒する。恒星が発する強烈な光は、それを反射して光る惑星の存在を見えにくくするのだ。太陽の明るさは地球の一〇〇億倍だが、宇宙には太陽の一〇〇倍の大きさの恒星が存在する。たとえるなら、眩しい光を発する灯台のまわりを飛ぶホタルを見つけるようなもので、普通では不可能だ。

そのため、天文学者は私たちの太陽系の外で別の惑星を「見る」機会がなかった。少なくとも、ほとんどの人が考えるような「見方」では不可能だった。しかし幸いにもシーガー博士は、自身の脳を普通よりも幅広く考えられるように訓練した。膨大な宇宙を観察するためには、大きく柔軟に考える必要がある。宇宙にはおそらく一〇〇〇億個の銀河があって、私たちの天の川もそのひとつにすぎない。しかもひとつの銀河には何千億もの恒星と何兆もの惑星が存在する。シーガー博士によれば、「恒星の数は、地球の砂粒の数に匹敵する」。「私たちは宇宙で孤独なのか」と問われれば、「まずその可能性はない」と彼女は答える。生命が存在する惑星は地球だけだという可能性を信じるのは、

(19)　私はシーガー博士について、ニューヨーク・タイムズ・マガジンで記事を書いた。それは"The Woman Who Might Find Us Another Earth"というタイトルで、二〇一六年一二月七日付の同紙に掲載された。

想像力の欠如も甚だしい。「私たちが宇宙で唯一の生命体だと考えるのは傲慢だ」という。砂丘や浜辺や砂漠ではなく、ひとつのバケツに入れた砂の数でさえ、ほとんどの人には正確に把握するのが難しい。しかしシーガー博士は凡人とは違う。誰もが認める天才であり、そして自閉症である。

実は私の長男のチャーリーも自閉症で、いまでは一五歳になった。自閉症の子供を育てる経験は素晴らしい贈り物であると同時に、大変な挑戦でもある。彼の世界観は私と違う。ほとんどの人たちと、さらには自閉症を持つほとんどの人たちとも異なる。いつかチャーリーが自立する姿は想像しにくい。というのも、彼に物事を教えるのは困難で、規律正しい社会を支えるルールを教えるときには、特にその傾向が顕著になるからだ。そもそもチャーリーは、人々や出来事に対して一般的な反応を示さない。たとえば、体に関する羞恥心をいっさい持たない。人前で裸になれるし、それがまったく気にならない。気にする理由がわからないのだ。程度の差はあるが、どの人の体もほとんど同じだとチャーリーは考える。その発想はある意味で賞賛に値するが、もしも彼がスクールバスでパンツを脱いでも、賞賛されるとは思わない。あるいはチャーリーは、歯並びが悪いのはどうしてなのか、身長が四フィート〔一二二センチメートル〕しかないのはなぜか、本人に尋ねるのは礼儀に反するということが理解できない。お金についても、二〇ドルが五ドルよりも価値があることもわからない。なぜなら数字の仕組みを理解しないからだ。そして歴史的な出来事を時系列に並べられないので、一九八五年は一九九四年よりも以前だと言われても理解できない。

他にもチャーリーは単語を綴れないが、読書はずっと大好きだ。どこへ行くときも、本をどっさり持参する。読むものがなくなり、知らない世界に放り込まれるリスクを冒したくないのだ。それでも基本的な単語さえ綴れない。彼が小さいときには、あれだけ読書に貪欲なのに文字を綴れないのはどうしてか、理解できなかった。本来あるべき関連性が欠如している状態に納得できなかった。読書するためには、単語の綴り方を覚える必要があるはずだ。

何年もカウンセリングとセラピーを続けたすえ、関連性はかならずしも必要でないことを家族は理解した。少なくともチャーリーには当てはまらない。彼の読書の仕方は、普通とは異なるのだ。彼はひとつひとつの単語について考えない。普通の人は単語を順番に目で確認し、語彙《ごい》を連鎖させながら意味を解釈するが、そんなやり方はしない。「この単語は何？」と、何度も繰り返し尋ねてくる。それに対して私が「落ち着いた」〔poised〕、「アトランティス」〔Atlantis〕、「トンボ」〔dragonfly〕と答えると、読書を再開し、その単語については二度と尋ねない。チャーリーに関して、私たち家族はつぎのような認識に至った。いや、実際に確かめることはできないので、おそらく認識に至ったと思う。彼は単語の形を記憶するのだ。彼にとって英語は北京官話や象形文字のような存在である。文字や音節の集合ではなく、意味のある形であり、どの単語も他の記憶と同じように脳に刻印される。ちょうど目に見えないインクでタトゥーを入れるような作業なのだ。あなたはおそらく、知っている人のリアルな肖像画を描けないだろう。チャーリーが字を綴れないのもそれと同じだ。彼にとっては、あらゆる単語があなたにとっての顔の記憶と変わらない。どの本も、顔と同じように認識された形の集合体なのだ。

要するにチャーリーは、映像記憶だけでなく、並外れたパターン認識力を持っており、このいわく言い難い能力のおかげで、変わった作業を信じられないほど上手にこなす。彼の学校の先生が野原を指さし、四つ葉のクローバーを見つけてきてと頼んだことがあった。すると彼は、すぐに五つも見つけてきた。そのあとも、この魔法を何回となく繰り返している。どういうわけか、チャーリーにとって四つ葉のクローバーはよく目立つ。あなたや私にとって、空でいちばん明るい星がよく目立つのと変わらない。まるで四つ葉のクローバーが光を放ち、呼びかけているようだ。対照的に弟のサムはほとんどの物事を生まれつき上手にこなす。チャーリーは生きるのが難しいときがあるが、同じような苦労をサムは経験しない。サムに劣らず、チャーリーにも優れた資質が備わっていることを示したいときは、四つ葉のクローバーをできるだけたくさん摘んできてと言ってふたりを外に出す。するとチャーリーは手にいっぱい摘んでくるが、サムはひとつも見つけられない。

チャーリーが四つ葉のクローバーをいとも簡単に見つけられる理由はわからない。実際、物事をどのように見ているのかもわからない。間違いなく、私とは見方が異なる。彼と私は同じ瞬間に同じものや同じ人物を一緒に見ることができるし、父親と息子という親しい間柄だが、見る方法はまったく異なる。世界の見方が異なれば、真実の解釈も異なってくる。たとえばふたりで同じ交通量の多い通りを眺めていて、私が危険を感じる場所をチャーリーが逃げ道だと解釈すれば、私は恐ろしくなる。しかしふたりで同じ草原を眺めているとき、チャーリーには四つ葉のクローバーしか見えない事実には驚嘆するばかりだ。

同様にサラ・シーガー博士からも、思いがけない事実がつぎつぎと明らかにされる。彼女が参加する天文学者のチームは、私たちの太陽系の外で何千もの惑星の存在を確認した。それは、従来と異なる観測方法を学んだからだ。あるいはシーガー博士の場合には、チャーリーが四つ葉のクローバーを簡単に見つけるように、星の見方が最初から普通とは違った。

天文学者は時として、何かが欠如していることを手がかりに新しいものの存在を確認する。ブラックホールが発見されたのは、もしも存在しなければ光が見えるはずだからだ。あるいは、惑星が何か他のものにおよぼす影響を発見した結果、惑星の存在が確認されることもある。たとえば惑星の引力のせいで、恒星は周期的に「ふらつく」。恒星がふらつくには、惑星の存在が必要だ。したがって恒星がふらついていれば、近くを惑星が周回しているはずなのだ。あるいは、何か他のものの存在が新しいものの発見につながるときもある。この場合には、お互いに相手の存在なくして存在することができない。私はシーガー博士から、周囲に椅子を並べたテーブルを想像してみるとよいと言われた。時々誰かが座ると考えるのは当然だろう。

新しい惑星は、データとトランジット法と赤外線を組み合わせて発見される。天文学者には使い慣れた観測手段があるが、トランジット法はシーガー博士らによって発明された。ここでは、惑星が恒星の前を通り過ぎる〔トランジットする〕とき、恒星の一部が隠れて影が見える点に注目する。天文学者は同僚の研究成果の正しさを確認し合うが、そこではしばしば別の方法が使われる。広い宇宙で新たな生命体を発見する作業では、正しさを裏付ける証拠はいくら多くても十分ではない。

地球上では時として、従来のやり方では見えなかった物事が統計によって明らかにされる。統計から確実な証拠が提供されると、真偽は確定する。さらにデレク・ジーターの守備の評価のように、記録の間違いが修正されるときもある。

しかし答えが見つけにくいときも、ひとつの方法にこだわり続けるのはいかがなものか。アナリティクスではしばしばそんな姿勢が奨励され、これが唯一最善の方法だと断言される。しかし天文学者を見習い、ありとあらゆる方法で解決策を探すべきではないだろうか。自分では何かを見ているつもりでも、本当に見ているのかどうか確認するには、そんな姿勢が大切ではないだろうか。そもそも全員が同じレンズを通して物事を見ることに、どんな利点があるだろう。若いデータアナリストもベテランのスカウトも野球への情熱は同じで、どちらの観察からも同じ結論が得られる割合は九五パーセントに達する。意見が分かれる残りの部分に関しては、複数の見方を採用してもかまわないのではないか。別の視点を拒む理由はない。おそらくあなたには、他の人たちよりも明確に予測できるものがあるだろう。良い映画かどうか、料理に塩がもう少し必要かどうか、がんが命に関わるかどうかなど、はっきり予測できる分野があるはずだ。あなたが自分のユニークな視点を大切にして、才能を最も上手に生かせる機会を探し出し、自分独自の手法をもっと独創的に利用するほうが、自分にとっても他人にとっても良い結果が導き出されるのではないか。何を行なうにしても、最善の方法がひとつだけあると、私には確信できない。読書にも最善の方法がひとつではないことを、私はチャーリーから教えられた。

本書執筆の時点で、ジャスティン・ジャーシェルはプロ野球史上最年少の監督だ。シカゴ・ホワイトソックスからノースカロライナ州のシングルAのカンナポリス・インティミデーターズの監督に任命された二〇一七年には、二七歳だった（いまはキャノンボーラーズと呼ばれている）。それからしばらく最年少の監督として活躍し、三〇歳になった二〇二〇年、アラバマ州のダブルAチーム、バーミンガム・バロンズの監督に引き抜かれるが、この年のシーズンは新型コロナウイルスの影響で試合が中止された。二〇二一年にマイナーリーグが再開されると、バーミンガムに移籍した最初の一二試合のうち、九試合で勝利を挙げた。二二歳年長の監督が率いるチームと戦った六試合では、五勝の成績を残した。

ジャスティンの野球人生は、ウィスコンシン州クリントンヴィルで始まった。マイク・ジャーシェルとシェリーのあいだに二人目の息子として生まれた。父親のマイクは選手と監督としてマイナーリーグで三六年間を過ごし、二〇一四年にはカンザスシティ・ロイヤルズの三塁コーチとなり、二〇一五年にはワールドシリーズのリングを勝ち取った[20]。まだ幼かった頃、ジャスティンは肩にタオルをかけただけで、裸のままクラブハウスじゅうを歩き回り、あこがれのプレーヤーの物まねをして楽しんだものだ。あちこち渡り歩いた父親のもとを訪れるが、いちばん多かったネブラスカ州オマハは、父親のマイクがトリプルAのストーム・チェイサーズの監督を一二シーズンにわたって務めた場所で、ロイヤルズの有望な若手プレーヤーを数多く育てた。最後にロイヤルズのコーチになったときには、

---

(20)　ジャーシェル親子との初対面は、*ESPN The Magazine* の取材のため、父親のマイクがカンザスシティにやって来たときだった（"A Long Journey into Spring," 二〇一四年三月一九日号）。ふたりとも、一度会った人には毎年かならずクリスマスカードを送るような義理堅さがある。つぎに私は、息子のジャスティンの監督としての歩みについてニューヨーク・タイムズ・マガジンの記事で紹介した（"Can Baseball Turn a 27-Year-Old into the Perfect Manager?" 二〇一七年九月一四日号）。私たちは話をするとかならず「アイ・ラブ・ユー」と声をかけ合うが、その機会はかなり多い。彼はすごく誠実で、よそよそしさを感じさせない。

登録された四〇人のプレーヤーのうち、二四人が自分の教え子だった。

ジャスティンは長じてセカンドやショートを守るが、才能よりは頭でプレーするタイプだった。ホワイトソックス傘下のマイナーリーグで四シーズンを過ごしたあいだには、恵まれない体を鋭い洞察力で補う努力を惜しまなかった。こうした知恵は、父親とゲームを長年にわたって観察し続けた結果、いつのまにか身についたものだ。「才能に恵まれない選手のなかでは、おそらく彼がベストだろう」と、ホワイトソックスで選手育成の責任者を務めるニック・カプラから私は聞かされた。ジャスティンを観察したコーチたちは、彼には選手よりも監督としての才能があるという結論に達していた。彼のマイナーリーグ時代の監督のひとりトミー・トンプソンに、ジャスティンのなかに何を見出したのか尋ねると、こんな答えが返ってきた。「野球の偉大な血が流れている。指導者になるために生まれてきたような逸材がいるが、彼はまさにそんな人物だと思う」。ジャスティンが二四歳のとき、ホワイトソックスは彼をマイナーリーグの打撃コーチに任命した。そして三年後、初めてチームの監督に抜擢したのである。

ジャスティンは間違いなく野球に関して博学だが、私は彼が監督にまで上りつめたことよりも、従来のような形での評価が多いことに驚かされた。ホワイトソックスは、野球ではアナリティクスの採用に特に熱心なチームである。そのホワイトソックスとカブスが本拠地を置くシカゴは、マネーボール王国の中心都市のひとつに数えられる。（少なくとも本書執筆時には）ホワイトソックスのゼネラルマネージャーだったリック・ハーンは、かつてはエージェントだった人物で、ハーバード・ロースクールとケロッグ経営大学院で学位を取得している。実際にプレーをした経験はない。それでも、ジヤスティン・ジャーシェルのなかに何を見出したのか尋ねると、ハーンたちからは血統や家系といった言葉をたびたび聞かされ、まるで貴重な馬を賞賛しているような印象を受けた。

世界から無形のものを取り除こうと強い決意で臨んでも、無形のものは存在し続ける。スポーツでそれが最も顕著に見られるのは――露呈すると表現するほうがふさわしいかもしれない――アメフトのクォーターバックだろう。概してナショナル・フットボール・リーグ（ＮＦＬ）は、他のスポーツに比べるとアナリティクスへの抵抗が強い組織だ。多くの人たちが、未だに鋭い観察眼を最優先する。

「これはアナリティクスではなく、嘘っぱちのアナライティクスと呼ぶべきだろう。もっとじっくり観察することが必要だと思う」と、スポーツ専門ケーブルテレビ局ＥＳＰＮのアナリストのメル・カイパーは語る。(21) もちろんほとんどのチームは、才能ある人材を徹底的に数量化する。ドラフト候補の大学でのキャリアは、従来の統計によって事細かく分析され、ヤード・パッシング、パスの成功率、タッチダウン、インターセプションなどの数字が割り出される。そしてＮＦＬスカウティング・コンバイン〔ドラフト候補生に対する運動能力ならびにメンタル面のテスト〕では、走る速さ、ジャンプ力、身

(21) カイパーのこの発言は、バッファロー・ビルズでクォーターバックとしてプレーしたジョシュ・アレンの二〇二〇年から二〇二一年のシーズンの成績について、ＥＳＰＮのケヴィン・ヴァン・ヴァルケンバーグと話し合ったときのものだ。ほとんどの観測筋はアレンがＮＦＬで大して活躍しないだろうと予想したが、それは統計の平凡な数字が大きな理由だ。特にスローイングの精度に関しては数字が悪い。しかしカイパーはアレンの他の部分に注目し、常に彼を高く評価した。"How Buffalo Bills QB Josh Allen Went from Mediocrity to NFL MVP Contender," appeared on ESPN.com on January 6, 2021.

長、体重、手の大きさが測定される（手が大きいほうが理論上、ボールを摑み損なう可能性は低い）。そして仕上げにワンダーリックテストが行なわれる。何かと論議を呼ぶこの筆記試験では、知能が評価される。なぜこれが重要かと言えば、現代のＮＦＬのオフェンスは外科手術のように複雑だからだ。これだけのプロセスを経た結果、関心を示したチームに選ばれた将来有望な選手は、きわめて重要な面接に臨む。ただしこれだけ細かく分析しても、腕っぷしの強い若者が所属したチームをスーパーボウルまで導くか、あるいは一巡目で指名されたクォーターバックがまったく期待外れに終わるかどうかは、やはり偶然に左右される可能性がある。ライアン・リーフなどは一巡目で指名されたが、まったく振るわなかった。逆に六巡目で指名されたトム・ブレイディは、七回もチームを優勝に導いた。ベテランコーチのブルース・エリアンスによれば、有望な新人を選ぶ作業のおよそ三〇パーセントは、相変わらず勘に頼る。「やるべきことを一通りすませたら、あとは幸運を祈るしかない。最も評価が難しいのは、心と頭だよ」という。(22)

　これは、野球の監督の評価にも当てはまる。何よりも重要なのは、心と頭なのだ。このふたつは、監督業に欠かせない手腕である。そしてどちらにも数量化できる要素はない。監督としての成績を測定できるものは勝率しかないが、そんなものの統計はマイナーリーグでまったく役に立たない。勝敗よりも、プレーヤーの育成のほうがはるかに重要なのだ。実際、あずかった素晴らしい選手の能力がさらに向上して自分の元を離れれば、成功を高く評価される。そして管理能力の欠如が目立てば、監督失格の烙印《らくいん》を押される。「勝率など見ない。それよりは、ダッグアウトでのコミュニケーション能力のほうが大切だ。選手に現場で教え、彼らを正しく評価する能力が求められる。これは数量化できないから厄介だ。もっとソフトなサイエンスを相手にするのだからね」とハーンは語る。

さらに監督は、フロントが立てた計画をフィールドで実現させることを期待されるが、これもまた統計による分析を受け付けない。そもそも分析の対象になり得ない。何ができるかじっくり考えてから、偏見にとらわれず冷静に行動するハーンでさえ、チームの監督が客観的な分析に基づいて指揮を執る姿は容易に想像できない。「監督の仕事のなかで、満足できる勝率を残すことはほんの一部だ」という。監督は言うなれば野球界の貴族のような存在で、アイビーリーグを卒業したデータアナリストと並べば見劣りする。データアナリストはフランチャイズの主人《マスター》であり、神のように崇められる。

私がハーンと話したときに監督だったリック・レンテリアは、科学と芸術の妥協点を大胆に見出した。(23)「私だって数字は大好きだし、数字を使う。私にとっては重要な指標だ。だがその情報には、独自の生命を吹き込まなければならない。それは人間的な要素だ」と話してくれた。

その点、ジャスティン・ジャーシェルの監督としての軌跡は人間的でユニークだ。監督に就任したあとは父親に毎晩電話をかけ、お互いのゲームについてかならず何時間も会話を交わした。自分たち

---

(22)　Tim Keown, "Jordan Love's NFL Draft Prospects Illustrate the Mystery of Drafting a Quarterback," ESPN.com, April 8, 2020.

(23)　レンテリアとホワイトソックスは、二〇二〇年一〇月一二日に「袂を分かつことで同意した」。そのシーズン、ホワイトソックスはアメリカンリーグで首位となり、参加チームの数が拡大されたプレーオフに進出したが、ビリー・ビーンのオークランド・アスレチックスの前に屈した。レンテリアは、選手控室の雰囲気の改善に貢献した点を賞賛されたが、ゲーム中の意思決定が細かすぎる点を非難された。特にリリーフ投手陣の管理は問題視された。

に必要だった選択や、相手チームの監督が行なった選択を話題にして、なぜ選択したのか、それは正しかったか、じっくり話し合った。(24) インティミデーターズの試合が始まって、選手のポジションを決めたあとは、ランナーをホームまで走らせるか、それとも三塁にとどめるか、どちらにすべきかが監督として最初に下す決断になる（マイナーリーグでは、監督は三塁コーチも務める）。ジャーシェルの家族のあいだでは、これが誘導尋問の形で進行する。

マイク・ジャーシェルのロイヤルズでの最初のシーズンは、ワールドシリーズの七戦目が最後だった。その九回の裏、彼はベースの横に立っていた。ロイヤルズはサンフランシスコ・ジャイアンツとホームで戦っていたが、三対二で負けており、ツーアウトで誰も走者はいなかった（ブライアン・サビーンはビリー・ビーンほどアナリティクスのアプローチにこだわらなかったが、ワールドシリーズに進出したことは、ビーンには成し遂げられなかった快挙だった）。アレックス・ゴードンが打ち上げたボールは、センターのグレゴール・ブランコの守備範囲を僅かに外れた場所に落ちた。レフトのファン・ペレスはブランコが捕球するものだと思い、ブランコをカバーするポジションにいなかった。そこであわてて、ウォーニングトラック〔外野のフェンスが近いことを示す芝生のない部分〕までボールを必死で追いかけた。そのあいだ、ゴードンはセカンドを回り、サードに突進していく。ペレスはようやくボールを捕ると、強肩のショートストップのブランドン・クロフォードに送球する。彼もポジションを離れ、レフトの浅い位置まで移動していた。ゴードンがちょうどサードを回り始めたとき、クロフォードがボールを捕ると、マイク・ジャーシェルはゴードンがホームへ向かうのを止めた。つぎのバッターのサルバドール・ペレスはフライを打ち上げ、ロイヤルズはサードに同点のランナーを残したまま、ワールドシリーズに敗北した。

私はこのゲームを球場で観戦していた。試合後、ジャーシェル一族は近くのホリデイ・インで残念会を開き、いつもと同じく大事な場面について振り返った。こうした機会に、ジャスティンは時間を制約されず野球について学んだものだ。この日、マイクは三塁走者を止めた決断について何度も尋ねられていたが、ゴードンをホームに突っ込ませればよかったとみんなが考えていることが信じられなかった。つぎのバッターのペレスが凡フライに倒れたから、それなら止めるべきではなかったと指摘するのは簡単だ。しかしマイクは、ゴードンがサードに到達するまでの一三秒間であらゆる点を考慮したすえに決断したのであり、そのすべてを息子のジャスティンに話した。まずマイクは、クロフォードがペレスの送球を受け止めた場所を正確に確認した。それはグローブのポケットにすっぽり収まった。つぎに彼は、クロフォードの足の位置にも注目する。彼の専門家としての目から見ると、ホームに正確な送球をするためには完璧な位置にあった。後に独自に行なわれた分析からも、マイクの決断の正しさは証明された。ゴードンが突っ込んでいれば、ホームの数フィート手前でアウトになり、マイクは新しい仕事を探していた可能性があった。しかし彼は、咄嗟《とっさ》に正しい判断を下したのである。

別の見方をすれば、マイクが走者を止めた重大な決断には、それまでの三六年間のキャリアが集約されていた。野球はゲームの進行が遅いような印象を与えるが、意思を決定する際には咄嗟の決断が

(24)　これを執筆している時点で、マイク・ジャーシェルは復帰して、ロイヤルズの若手選手の指導に当たり、ハイAのクアッドシティーズ・リバーバンディッツでベンチコーチを務めている。

求められる。これこそが、ジャーシェル親子ならではのスキルセットの真髄だと私は理解した。ふたりは長年にわたって経験を共有してきた結果、言うなれば知識の筋肉を発達させ、その働きを脳に記憶させた。そのため意識的に考えなくても、過去に獲得した知識を適切に選び出し、それをうまく組み合わせ、つぎに何が起こるか予測することができる。息子のジャスティンも最初に出塁した走者を三塁にとどめるが、それはホームで刺されてアウトを取られたくないからだ。それでは、そのイニングに大量点を取る展開を思い描いても、実現するチャンスは少なくなる。彼にとってはあらゆる判断が、過去の教訓を未来に応用するチャンスなのだ。その未来は、自分にしか見えない。だから現在がいかに混乱を極めていても、うまく対処することができる。

そしてジャーシェル父子は、球場に向かうときにかならず感情を深く揺さぶられる。ジャスティンの祖父母のドンとメアリーには八人の子供がいた（ドンはクリントンヴィルでアマチュアチームの監督を長年務めたので、地元の球場は彼にちなんで命名された。ジャーシェル家では、野球の血が三世代にわたって受け継がれている）。八人の子供のうち、マイクを含めて息子は四人、娘も四人だった。長男のダグは一一歳になると、歩き方がおかしくなった。検査の結果、筋ジストロフィーと診断され、最初にアキレス腱に症状が現れたのだ。娘たちは全員がキャリアだったが、症状は出なかった。しかし医者からは、息子たちは全員が将来は車椅子の生活になり、長生きはできないと宣告された。次男のマイクはどういうわけか病気を逃れたが、弟のピートとジムは病魔に襲われた。ジャスティンの叔父は三人とも四〇歳まで生きたが、そのあとは長くなかった。ジャスティンには懐かしい思い出がある。祖父母、叔父たち、母親、兄弟姉妹から成る家族全員が、夏になるとバンにぎゅう詰めになり、オマハまでのドライブを楽しんだ。バンの後部には、複数の車椅子が折りたたまれて乗せられた。その目的は父親と会うこと、そしてみんなが大好きなゲームを観戦することだった。「この旅行は、何よりも大切な思い出だ」とジャスティンは、私に断言した。

ジャスティンが野球の監督をしているところを見ていると、今、この瞬間に意識を向けることの大切さを教えられる。彼は未だに野球に魅了され、話すときにはその気持ちを隠さない。野球の無限の可能性に心を奪われている。予想と実際の結果のあいだのスペースには、様々な可能性が存在すると考えている。父親と夜に会話を交わすときには、試合全体を細かく分析する。ふたりにとって、試合はシンフォニーのようなものだ。先ずは全体の動きを確認し、つぎに音の調子を細かく点検する。不協和音は何よりも目立ち、耳が良ければ失望する。一方、チャンスに気づかないのは罪悪だとも、ふたりは確信している。

二〇二〇年に新型コロナウイルスが猛威を振るうと、ジャスティンはウィスコンシンの自宅で久しぶりに夏を過ごし、妻のリズと生まれたばかりの娘と一緒の時間を楽しんだ。祖父のドンは故人になっていた。ドンのガレージには、ティーバッティング用のティーとネットが残されている。ジャスティンはメジャーで通用するバッティングフォームを身につけるため、これを使った練習に何時間も費やした。しかし結局、ゲームの別の側面で素晴らしい才能を開花させた。ジャスティンが受けた教育は独特で、因習にとらわれず、しかも正確だった。こうした要素が組み合わされた結果、彼は唯一無二の存在になることができた。世界中のどのマシンも実行はむろん、判断さえできない仕事を完璧にこなすようになったのである。祖父のドンの家には、勝利と苦しみの痕跡があちこちに残されている。

家族写真に写る人数は、だんだん増えてから少なくなっている。室内には車椅子用のスロープが作られている。棚にトロフィーが飾られていると思えば、成長した子供を浴槽に入れたり、衣服の交換台に乗せたりできるプーリーシステムが設置されている。それは二階の浴室にもあって、壁には小さな額がかけられ、なかにはつぎの言葉がプリントされている。「愛は決して絶えることがない」。

デレク・ジーターは九九・七パーセントの賛成票を獲得して殿堂入りを果たすが、それからほどない二〇二〇年一月、『MLBトゥナイト』の「ザ・フリップ」(名場面集)にハロルド・レイノルズと一緒に出演した。まず彼は、「僕の仕事は走者を観察することだ」と挨拶がてら語った。その夜に取り上げた試合では、ジェレミー・ジアンビが気の毒な走者として注目された。両手を腰に当ててファーストベースに立っているが、これからどんな運命が待ち受けているか、お気楽にも気づいてはいない。

アスレチックスのテレンス・ロングがライト線にボールを運んだ。ジーターはその軌跡を見守り、咄嗟に頭のなかで計算をした。それによれば、これは明らかに長打コースだった。このようなシナリオに対してヤンキースは準備をしており、そのなかでジーターは、一塁側に移動して、サードへの送球のカットオフマンになる練習をしていた。それだとこの場合、ジアンビをホームで刺すことはできないが、ロングのサードへの進塁は阻止できる。しかし、この場面でジーターにはふたつの可能性があり、どちらを選ぶべきか頭のなかでさらに計算を行なった。そして「ジアンビは強打者だが走力はそれほどでもない」点に注目した。そこでヤンキースでの練習については忘れ、ジアンビをアウトにできる可能性のほうが高いと判断した。そう決めると、もはやその一点だけに集中した。

ところがジーターが内野を横切って一塁側に向かい、そこでふたりのカットオフマンが待機しているのに、外野手のシェーン・スペンサーの返球はふたりの頭上を越えた。レイノルズはリプレイを見ると、スペンサーの腕の角度を指摘した。先入観にとらわれたジーターは、これを見過ごしたと思われた。「新しいアナリティクスでしょう。腕の角度なんて。そんなところは見ないよ！　ボールだけに集中していた」とジーターは説明した。ロングが打ったボールの軌跡から、これは長打コースになると判断し、スペンサーはボールを手から離すときに力んだのだと考えた。

ジーターの頭には臨機応変な対応が記憶されていて、それは千里眼のような力を発揮する。本物の千里眼と違うのは、先天的なものではなく、苦労して身につけたところだけ。同じように素晴らしいのが、ベテランの大工マーク・エリソンだ。彼の驚異的なスキルに注目したニューヨーカー誌の優秀なライターのバーカード・ビルジャーは、数カ月にわたって現場で作業する姿を追いかけた。(25) あるときビルジャーは、エリソンがテーブルソーですごい作業を行なうところを目撃した。このテーブルソーは、本来は直線をカットするためのものだ。ところが彼は歯の部分ではなく側面を使い、きれいな曲線をカットした。しかもそのあいだ、弟子としゃべり続けている。周囲で進行する出来事には関心がなく、回転するブレードが指先に危険なほど近づいても気にしているようには見えない。ビルジャ

(25) Burkhard Bilger, "The Art of Building the Impossible," *New Yorker*, November 23, 2020. このストーリーはぜひ読むことをお勧めする。見事な職人技をテーマにした完成度の高い内容だ。

ーがそのことについてエリソンに話すと、野球選手のロベルト・クレメンテも同じだと言われた。クレメンテは、打球がどこに落ちるかわかっているとしか思えない。打球が飛ぶと体の向きをくるりと変え、予想される着地点までダッシュすると、再び体の向きを変えて捕球する準備を整える。「どうすればよいか、体がわかっているんだ」とエリソンはビルジャーに語った。「頭には理解できない方法で、体は重さや力やスペースを理解できる」のだという。エリソンがテーブルソーですごい技を披露しているあいだ会話に興じることができるのは、切断するときに頭を使わないからだ。「こうしようと決めたら、あとは考えない。あとは頭を使わない」。この素晴らしい能力は超能力ではなく、努力の賜物である。ビルジャーは熟慮のすえ、これを「筋肉の記憶」にたとえないことにした。ジャーシェル親子は訓練の結果、過去を細かく分類する作業を通じて未来を予測する能力を手に入れ、私はそれを筋肉の記憶という言葉で説明したが、ビルジャーはこれを使わなかった。むしろ、気力が充実した状態がいつまでも続くと、理解し難いフロー状態に入り、完璧な行動が実現する点に注目し、「分析の具体化」と呼んだ。

あの夜に取り上げた対アスレチックス戦でジーターは、分析の具体化を行なった。一塁線までダッシュすると、悪送球をジャンプして摑み、ホームに向かって投げた。ジアンビはタッチアウトとなった。ヤンキースはこのゲームを一対〇で勝ち取り、最終的にはこのシリーズを三勝二敗で制した。

デレク・ジーターは、野球史上最高の野手だろうか。いや違う。アナリティクスのデータに議論の余地はない。では、いま取り上げたプレーには幸運の要素が含まれていただろうか。間違いなく含まれていた。もしもジアンビがホームに突進しなければ、ジーターは打球をさばいてからピッチャーに投げていた。その結果、セカンドとサードにランナーを残してこのイニングは続いていた。

野球殿堂はあのゲームでのジーターのプレーに理解を示し、咄嗟に作戦を変更した決断を評価したのだろうか。それは間違いない。いまでは彼の守備力が正確にわかるようになったが、そのせいで、あのプレーが色褪せることはない。間違いなく素晴らしいプレーで、たゆまぬ努力がすごい結果につながる何よりの証拠だ。もしかしたらジーターの守備範囲は限られているかもしれないが、それを補って余りある鋭い判断力の持ち主なのだから、やはり偉大な選手だと評価してよい。ストーリーテラーとしての才能に恵まれたマイケル・ルイスは、ビリー・ビーンを本で取り上げ、彼が普通とは異なる目でゲームを分析する点に注目した。その鋭い視点は、一〇〇年以上続いてきたゲームのなかに意外な要素を発見した。一方、同じように独自の解釈にこだわるマイク・ジャーシェルは、三塁走者のアレックス・ゴードンをホームに走らせなかった。そしてこの比類なき洞察力を息子のジャスティンに伝えた。最終的にジャーシェル父子は、野球に関する隠された真実を発見した。それができたのは、視野がゲームに限定されていなかったからだ。ただの木材から美しい形状を創造するマーク・エリソンも、星を眺めるときに光ではなく生命を探し求めるサラ・シーガー博士も、四つ葉のクローバーを大きな豆の木のように見分ける私の息子のチャーリーも、みんな同じように固定観念にとらわれず、広い視野を持っている。

第三章　天気——不確実性の確率は一〇〇パーセント

典型的な情報が入力され、結果が予想の範囲内のときには、コンピュータ・モデリングは最もよく機能する。しかしいまは何もかもが極端な時代で、その顕著な例が気候だ。ここでは人間は、持ち前の順応性を発揮しなければならない。私たちはポジティブな意味でもネガティブな意味でも、モデルが状況を理解できない可能性を想像できる。つまり、もっとチャンスを見出せるし、もっと良い救済策を思い描くこともできる。実際、状況が異常になればなるほど、人間の高度なスキルが機械に勝る可能性は高くなる。人間が最も輝くのは、人生が嵐に見舞われているときなのだ。

二〇〇八年九月二二日の午前中、ロサンジェルスにあるCBSテレビジョン・シティのボブ・バーカー・スタジオでは、元気象予報士とその妻がそれぞれ004と005のシートに座り、クイズ番組『ザ・プライス・イズ・ライト』の収録のためにスタンバイしていた(1)。まもなく還暦を迎えるテリー・クニースは、テレビの天気予報の世界で出世の階段を順調に上った。当時はマイナーリーグ級だったラスベガスからスタートし、テキサス州ウェーコー、ミズーリ州スプリングフィールドと場所を移るたびにキャリアを重ねた。ローカル局では、KSPRテレビでの予測の「驚くべき精度」が紹介さ

（1）　私は二〇一〇年八月、エスクァイア誌でテリーについての記事を初めて書いた。このストーリーには、「テレビの最高の瞬間」というタイトルが付けられた。テリーは自分の経験について *Cause and Effects*〈因果関係〉という著書で紹介している。私たちは長年にわたって交流を続け、私は彼と知り合ったことを楽しんでいる。彼のストーリーは映画の原作に選ばれたが、まだ映画化は実現していない。すでに紹介したが、いまではハリウッドでの映画作りは非常に難しいのだ。

れた。やがてついにアトランタでブレイクし、南東部の地域エミー賞を二度受賞する。その後、気象予報士を引退すると、テリーは妻のリンダと一緒に砂漠に戻った。砂漠はいつでもふたりが最もくつろげる場所で、低い湿度は何よりも快適だった。

テリーは気象予報士として非常に優秀だった。テレビ映りがよく、話が的確で信頼感があり、深みのある力強い声をしている。しかも、予測能力も話し方と同様に安定していた。今日テレビに登場する気象予報士の多くは、専門的な訓練を受けていない。国立気象局（NWS）をはじめとする中央予報局からコンピュータが生成した予報を提供してもらい、それを伝えるだけだ。しかしテリーがキャリアを始めたころは、テレビ出演する前に自分で天気を予測して、説明する準備をする必要があった。

ラスベガスでは友人たちが、テリーの仕事は楽なものだ、「きょうは日差しが強くて暑いでしょう」と話すだけだとひやかした。しかしラスベガスは昔から正しい予測が困難な場所で、それは天気も例外ではない。何日も雨が降らないかと思えば、いきなり猛烈に降り始める。そんな場所で働くうちに、テリーは砂漠の嵐の予報に精通した。彼は、天気予報に不可欠なパターン認識の能力が優れていたのだ。特定の気圧配置に強い風が加わると、道路に水があふれる時間帯がかなりの割合で増えることを知っていた。他の予報士と違い、テリーはいつ雨が降るか理解していたのである。

テリーは気象予報士を引退すると、素晴らしい能力を発揮する新しい場所を見つけた。それはカジノだ。最初は監視員として働き、サーカス・サーカスで夜のシフトに入った。ここは目抜き通りでは大衆向けのカジノだ。モニターが所狭しと並ぶ窓のない部屋で、テリーはかつて前線について分析した要領で、いかさま師の独特の癖を正確に読み取った。たとえば彼らは、混雑している週末にやって来て、人込みのなかに紛れ込む。席を決めるために旅行客よりも長くフロアを歩き回り、弱そうなディーラーを探す。そしてかならず、良いカモを見つけ出す。カードを取るときにパームタックではなく、ピンチタックしていることが見分ける基準だ。そこをプロの目で見極めれば、相手よりも優位に立つことができる。(2) さらに、いかさま師はドリンクを少しずつゆっくり飲み、不自然な方法で賭ける傾向も目立つ。どんなに優秀な人物も決まった手順を繰り返すものだ。人間にとって、身についたリズムを手放すことは難しい。

カジノでいかさま師と呼ばれる人種を、テリーは日和見《ひよりみ》主義者と見なした。システムの欠陥を探し求めるのは、そうしないと自分が痛い目に遭うからだ。システムに欠陥があるのは、決して彼らのせいではない。そして、テリーはかつての経験を無駄にしなかった。ほどなく自宅のキッチンテーブルにトランプを一通り並べ、真剣に研究するようになった。彼のような人物にとって、ブラックジャックは隙だらけのゲームだった。何枚の絵札が引かれたか、あるいは何枚のエースが残されているか記憶できれば、それを小さな突破口にして、カジノでは優位が生み出される。カジノ側の勝率がたった五一パーセントでも、あなたはプレーを続けるかぎり持ち金を使い果たしてしまう。しかしあなたの

(2)　ブラックジャックのディーラーが持つ二枚のカードのうち、一枚は表向き、もう一枚は裏向きに置かれる。もしもディーラーが裏向きのカードをデッキから指先でつまみ上げれば——カードをピンチすれば——すぐ右側のプレーヤーにカードの表側が見えるかもしれない。指先ではなく手のひら（パーム）を使うとカードが手で隠れるので、それと比べ、こっそり確認できる可能性が高い。どんなにシンプルに見える技にも微妙な改善の余地が、あるいは都合よく利用する余地がある。

勝率が五一パーセントならば、これで暮らしを立てることも可能だ。

テリーは自宅でトランプを使い、方法を完璧に理解できるまで練習を重ねた。そこにテレビのスタジオやサーカス・サーカスで学んだスキルが加わり、万全の準備を整えてカジノに乗り込んだ。彼は慎重に席を選んだ。そこならば、右利きの弱いディーラーがほとんどの情報をうっかり漏らすはずだった。実際、彼はブラックジャックで相手を圧倒したため、ラスベガスのカジノに出入り禁止になった。

二〇〇八年の夏になっても悪いことは続き、テリーとリンダはマルチーズの愛犬クリスタルを安楽死させ、深い悲しみに沈んでいた。「特別な犬だった。後ろ向きに歩くことができたんだ」とテリーは回想した。さらにクリスタルは、彼の天気予報を助けた。嵐の接近を人間よりも早く察知して、安全な場所に隠れたのだ。

ちょうどそのころ、『ザ・プライス・イズ・ライト』に出演した友人から、思いがけない気分転換になるから出演してみないかと、テリーとリンダは誘われた。これはクイズ部門の最長寿番組だったが、その理由のひとつが変化のなさだった。故意に意外性を避けているようにも見えるが、万年同じパターンの繰り返しは、何百万人もの視聴者に安心感を与えていた。『ザ・プライス・イズ・ライト』は一九五六年にスタートし、一九七二年にはリメイクされた「現代」版が登場した。それ以来、司会を務めたのはボブ・バーカーとドリュー・キャリーのふたりだけ。どちらも同じ細いマイクを前後左右に動かしながら、ペットの避妊手術や去勢手術をお忘れなくと呼びかけた。

エンタテインメントの例に漏れず、『ザ・プライス・イズ・ライト』も英雄の冒険を追体験するパターンを踏襲し、リスクと報酬を繰り返しながら進行していく。まず、騒々しい会場から一見ランダムに選ばれた四人がゲームに挑戦する。[3] 最前列に設置された四つの解答席にひとりずつ座り、小さなアイテムの値段を当てる。ここで最も正解に近い金額を答えた人物はステージに上がり、プライシングゲームに挑戦する。プリンコ、エニ・ナンバー、クリフ・ハンガー、シークレット「X」などで、どれもお祭りのように盛り上がり、主婦や学校をさぼった学生が嬉しそうに参加する。少し前まで座っていた解答席には別の観客が補充され、最終的には六人がステージに上がる。プライシングゲームの勝ち負けが決まると、参加者はビッグ・ホイール〔ホイールは二〇分割され、五から一〇〇までの五刻みの数字が書かれており、それぞれセントを単位とする金額を表す〕と呼ばれる巨大なスロットを回す。これはまったくのランダムで、参加者はスロットを二回まで回せるが、矢印が示す数字の金額の合計が一ドルを超えると失格になる。合計金額が最も一ドルに近かったふたりが勝者となり、最後のショーケースへの出場権を獲得する。ここでは車や旅行など、複数の豪華賞品の入ったふたつのショーケースが準備され、それぞれが別のショーケースのなかにあるものの合計金額を当てる。合計金額は、何万ドルにも達する。ここでも、回答金額が正解金額以下で、かつ正解との差額が少ないほうが勝者となる。しかも、二五〇ドル以内の差額で勝利した場合には、ふたつのショーケースのなかの賞品を総

（3）　実際には、無作為に「ステージに呼ばれる」わけではない。スタジオに向かう途中の観客を、プロデューサーは小さな集団に区切って全員に話しかける。挑戦者はいつカメラが回って撮影されるかわからない。だから常に笑顔を絶やさないタイプをプロデューサーは好み、顔の表情が明るい人を選ぶ。怒ったような無表情な顔は、確実に排除される。

取りできる。これは滅多にあることではない。そして、正解をピッタリ当てた人はまだいなかった。テリーとリンダのクニース夫妻は友人のアドバイスに従ったが、友人の予想よりも少し真面目に取り組んだ。毎朝この番組を録画して、毎晩ベッドで見ることにしたのだ。リンダの頭も夫に劣らず優秀だったが、彼女は数字に強かった。実はラスベガス観光局でスタッフのスケジューリングを担当するだけでなく、二六〇人のパートタイムのスタッフと彼らの勤務時間を記憶していた。数字に強いリンダとパターン認識を得意とするテリーの組み合わせは強力で、番組を初めて見る運命的な瞬間から、ほとんどの人と目の付け所が違った。ほぼ直感的に勝利の鍵を探し求め、自分たちの優れたスキルを新しい機会に応用した。アイテストを無意識のうちに実践し、他の人には見えない可能性を探し求めたのである。

ほどなくテリーはゲームの最大の弱点を見つけたが、それは最大の長所でもあった。実は、『ザ・プライス・イズ・ライト』はまったく変化していない。最初、彼はある豪華賞品に注目した。それはビッグ・グリーン・エッグというグリルで、それが二度も三度も登場し、値段は一一七五ドルだった。繰り返し登場する賞品は他にもあった。実際、ほぼすべての賞品が一度ならず登場している。その数は多く、おそらく一〇〇〇種類にのぼり、登場する回数は制約されるものの、どれもローテーションの一部になっていた。

テリーとリンダはお互いの長所に注目し、力を合わせればチャンスは訪れると考えた。何よりも複雑な天気を予測するだけでなく、ブラックジャックでディーラーから勝利を収めるのだから、一〇〇〇種類の賞品の値段を暗記することなど朝飯前だ。それまでにテリーはブラックジャックでカードカウンティング〔既出のカードを記憶すること〕を行ない、リンダは職場でスタッフのシフトを頭に叩き込んできたが、その要領で、今度は賞品の値段をどんどん記憶していった。そしてこのプロセスに、どちらも不思議なやりがいを感じた。それは、銀行強盗が計画中に味わうスリルにも似ていた。「良いテレビはリハーサルが徹底している」と好んで語るテリーは、四カ月の準備期間を経て、いよいよ挑戦する態勢が整ったと判断した。そこで車でロサンジェルスに向かった。収録の日の朝、CBSのゲート前には行列ができていたが、ふたりは四番目と五番目に並んだ。ゲートが開いて会場に向かう途中、ふたりは番組のプロデューサーに話しかけた。このときプロデューサーは、テリー・クニースは声も顔もテレビ向きだということを頭に入れた。幸いテリーは、最初の挑戦者のひとりに選ばれた。解答席につくと、値段を当てる最初の賞品の登場を待った。知っている賞品ならしめたものだ。

最初に登場したのはビッグ・グリーン・エッグで、テリーは一一七五ドルと解答した。みんなが答えたあと鐘が鳴り、誰かが正解の金額をピッタリ「言い当てた」ことを会場に知らせた。四人の挑戦者のうち三人は、それが自分であるようにと祈った。そしてひとりは、それが自分だとわかっていた。

ところがテリーはつぎに、スイッチ？　と呼ばれるプライシングゲームで失敗した。これは一見シンプルで、ふたつの賞品が並び、ふたつの値段が準備される。賞品に正しい値段をつければ、どちらも手に入れることができる。テリーの前には、アップルのコンピュータと二台のエアロバイクが並んだ。そこで、コンピュータのほうが値段は高いとドリュー・キャリーに答えるが、それは不正解だった。「バイクが二台だったことを忘れていた。それに一テラバイトとか言われたら、メモリがたくさん積まれているみたいに思うじゃないか」と、後にテリーから聞かされた。それでも何とかビッグ・

ホイールへの挑戦まで漕ぎつけるが、これは運に左右される。せっかくのマスタープランが頓挫する可能性があり、彼には祈ることしかできなかった。幸い、矢印が示す数字の金額は一ドルを下回る九〇セントで、無事にショーケースへと進んだ。彼は能力だけでなく、運にも恵まれていることが証明された。

テリーの対戦相手はシャロンという女性だった。彼女はプライシングゲームに勝っていたので、テリーよりもアドバンテージがあった。最初のショーケースを選択して賞品の合計金額を解答するか、それともこちらをテリーに譲り、自分は二番目のショーケースに挑戦するか、好きなほうを選ぶ権利があった。最初のショーケースの中身は、カラオケマシン、ビリヤード台、そして一七フィート〔約五メートル〕のキャンピングカー。シャロンはこれをパスしたので、解答者はテリーになった。彼は賞品を観察し、つぎに観客に目を向けてから、目の前のマイクに身を乗り出した。それから、まるでプロンプターを見ているように、暗記している数字をよどみなく読み上げた。彼の予想は二万三七四三ドル。

「ほう、これはまたずいぶん細かい」とキャリーは感想を述べた。

つぎにシャロンが二番目のショーケースに目を向けた。そこにはシカゴ、カナダのアルバータ州バンフ、スコットランドのエディンバラ、南アフリカのケープタウンへの旅行が準備されている。彼女は三万五二五ドルの値段を付けた。

「皆さん、少しお待ちください。まだ会場を離れないでくださいね」とキャリーは観客に語りかけた。

それから番組は中断した。

実はテリー・クニースが出演する以前から、長い歴史を持つ人気番組『ザ・プライス・イズ・ライト』は混乱していた。まず司会者が、人気者のボブ・バーカーからキャリーに交代していた。バーカーは番組の熱心なファンを誠実な真の友と呼び、みんなから愛されてきた人物だ。さらに、長年プロデューサーを務めてきたロジャー・ドブコヴィッツも、若返りのため番組を降ろされた。ファンは不満を募らせ、報復が計画されているという噂もあった。そしてこの日、すべての賞品の金額設定を任されているキャシー・グレコという女性は、午前中の収録のあいだずっと気分が悪かった。テリーがスイッチ？　で失敗したことを除けば、その日の挑戦者は全員が勝利を収めていたのだ。番組で提供される賞品の購入には、制作予算が使われる。そしてすでに、この日は予算をオーバーしていた。車が二台、娯楽施設への招待、二〇〇〇ドルの現金、ビッグ・グリーン・エッグなどの賞品が、つぎつぎと奪われていく。

『ザ・プライス・イズ・ライト』は坂道を転げ落ちていた。

グレコが手元のリストを確認してみると、シャロンは信じられないほど正確な予想を立てていた。旅行にはたくさんの変数が含まれるので、金額を言い当てるのが非常に難しい。それでも正解との差は僅か四九四ドル。シカゴ、バンフ、エディンバラ、ケープタウンのどこにでも、ほぼいつでも行けることが約束される金額だ。

しかしそこにテリーが立ちはだかった。テリーは金額をピッタリ言い当てたのだ。

グレコが楽屋で狼狽しているところをキャリーは目撃した。あとを追いかけ、何か大変な事態が発生したことをすぐに理解した。「キャシーは顔面蒼白だった」とキャリーは語っている。

「あの人、ピッタリ当てたのよ」とグレコはキャリーに説明した。

「前にもそういうことはあったの」

「ないわよ」

「まずいな」

これは八百長だと、グレコは判断した。キャリーも異論はなかった。さもなければ、テリーが完璧に解答できるわけがない。二万三七四三ドルという金額は、正解と完全に一致している。

「あいつにだまされたと、みんな考えた」とキャリーは言った。「とんでもない。最低だな。最低なやつだよ。『いっそ放送をやめようか』と考えたよ。そうすれば、誰にもわからないだろう。絶対に放送しちゃいけない。あいつにだまされて、もう番組は終わりだと覚悟した。我々関係者は処分され、おれは失業するだろう。あいつのせいだ。だから勝者を発表する時間になると、こう考えた。どうせ放送されないなら、あいつを侮辱してやれ」。

キャリーはステージに戻ると、最初にシャロンの結果を発表した。それを聞いてシャロンは、勝者は自分だと考えたはずだ。

つぎにキャリーはテリーのほうを向き、「あなたは二万三七四三ドルでしたね」と不機嫌に語りかけた。「正解は二万三七四三ドル。ピッタリです。ショーケースはふたつとも、あなたのものだ」とだけ言うと、あとはお祝いの言葉をひとつもかけなかった。いずれにせよテリーとリンダは、総額が五万ドル以上の賞品をゲットしてラスベガスに戻った。

悲惨な収録が終わると、ボブ・バーカー・スタジオは落ち着きを取り戻した。その後の調査からは、不正行為はなかったことが明らかになった。とてつもなく意志の強い気象予報士が、常人には考えられないほどの強い熱意を持続して、じっくり時間をかけて努力した成果が表れただけだった。結局のところ、CBSはテリーが出演したエピソードを放送したが、視聴率が低迷する一二月まで延期した。キャリーは、金額がピッタリだったことを発表するときの不機嫌な態度を非難された。誠実な真の友、すなわち熱烈なファンからは、まだ始めたばかりのせいか、それとも性格が悪すぎるせいか、クイズ番組の歴史を理解していないと軽蔑された（「いや、僕だって絶対同じようにしたよ」とボブ・バーカーからは聞かされた）。

番組の混乱をよそに、テリーとリンダはカラオケマシンとビリヤード台とキャンピングカーを売り払い、残りの賞品にかかる税金の支払いに充てた。旅行には「ファーストクラスを使い、素晴らしかった」とテリーは感想を述べた。ビッグ・グリーン・エッグは手元に残し、いまは裏庭のプールの近くで太陽の光を浴びて輝いている。私が訪問すると、テリーはその裏庭に私を案内してくれた。暑い日で、強い日差しが眼鏡のメタルフレームに反射している。

テリーはしみじみこう語った。「本当に、人生は何があるかわからないね」。

いまでは衛星画像とコンピュータ・モデリングを使えば、「可能性の高い」天気を以前よりも正確に予測できるようになった。スマホの天気アプリを月曜日にチェックしたとき、その週の土曜日の予報の正確さは、一九八〇年の翌日の天気予報と変わらない。(4) 気圧や輝度温度（高温の固体表面から放射

（4） Eric Berger, "Modern Meteorology Was Born 60 Years Ago Today," Ars Technica, April 1, 2020.

される、ある波長の光の輝度と等しい輝度の黒体の温度。真の温度より低い」など大量の入力情報の処理を、アルゴリズムは人間よりもはるかに上手に迅速にこなす。そもそも機械には休日がない。

しかし天気は異常な傾向を強めている。嵐は独特のリズムに従い、発生する頻度も激しさもエスカレートしている。一九八〇年以来、アメリカでは極端な気象・気候現象が二〇〇件以上も発生しており、そのたびに一〇億ドル以上の損害をもたらしてきた。[5] こうした災害を予測したうえで、生命や財産への壊滅的な影響を減らす作業に中心的に取り組む機関が、アメリカ政府には三つ存在している。竜巻を監視するオクラホマ州ノーマンのストーム予測センター（SPC）。雨と洪水を監視するメリーランド州カレッジパークの気象予測センター（WPC）。ハリケーンを警戒するマイアミの国立ハリケーンセンターの三つだ。しかし最近発生する嵐の多くは以前よりも激しく、おまけにパターンが複雑なので、三つの機関の力を結集して対策に取り組まなければならない。しかもコンピュータだけでなく、コンピュータを監視する高度なスキルを備えた人間の力も必要とされる。

極端な気候現象のなかでも、アメリカの気象予報士を最も悩ませるのが竜巻だ。国立気候データセンターによれば、アメリカでは極端な気候現象の四〇パーセントが雷雨によって引き起こされる。雷雨などめずらしくないが、それでも気象予報士は、漏斗雲がいつどこに竜巻を起こすのか正確に予測できず苦労する。たとえばゴルフのラウンド日の計画には、データを駆使したモデルが役に立つが、これと同じモデルを導入することで、ある程度の進歩は達成された。この四〇年間で竜巻警報が発令される時間は、平均すると三分前から一四分前まで延びた。「研究者の努力のおかげで、竜巻予測のリードタイムは大幅に改善された」と、ペンシルバニア州の気候・大気科学部門の責任者デイヴィッ

ド・ステンスルードは語るが、「しかし多くの人たちにとって、一四分ではとても足りない」と補足する。(6)

観客の欲求は気まぐれで移ろいやすいが、それと同様、天気もターゲットを絞れない。(7) それはアメリカ南東部で特に顕著で、いまや漏斗雲が発生するホットスポットになった。テキサス州東部からジョージア州、メキシコ湾からテネシー州にかけての一帯は竜巻の発生が急増しており、気象学者からディクシー・アレー〔竜巻の路地〕として知られる。これは、大草原地帯に広がる従来の竜巻街道にちなんだ呼び方だ。(8)

竜巻街道は、竜巻の発生が未だに全米で最も多い。一九八四年から二〇一四年にかけて、テキサス州では竜巻の発生件数がどの州よりも多く、毎年およそ一四〇件にのぼった（言うまでもなく総面積は要因のひとつで、面積が広いほど発生件数は増える）。カンザス州は毎年およそ八〇件だ。しかし

（5）二〇二〇年、私はカナダの住宅保険会社からつぎのような通知を受け取り、保険料の値上げについて説明された。「二〇一三年からはそれまでの六年間と比べ、火事、洪水、嵐などの天災に対する損害賠償請求が倍増しました」。たとえばアルバータ州のフォートマクマレーという町は二〇一六年、山火事によって壊滅的な被害を受け、二五七九軒の家屋が全焼した。

（6）Penn State, "New Weather Model Could Increase Tornado-Warning Times," *ScienceDaily*, October 1, 2018.

（7）ここでは、これについて議論するつもりはない。数字に基づいた証拠や科学的コンセンサスは多数あるので、参照してほしい。

（8）Madison Park and Emily Smith, "Tornadoes in the Southeast Are Getting Worse—and They're Often the Deadliest," CNN.com, March 4, 2020.

ディクシー・アレーは竜巻の発生件数が多くなっているだけでなく、以前よりも激しさを増している。同じ一九八四年から二〇一四年にかけて、アラバマ州では竜巻による年間死亡者数の平均がどの州よりも多く、一四人だった。ミズーリ州、テネシー州、アーカンソー州も死者数に関しては、竜巻街道で真っ先に思い浮かぶテキサス州を上回る。テキサス州の年間死亡者数の平均は四人にとどまる。

いま述べたのは議論の余地のない事実だ。ではつぎに、厄介な部分について考えてみよう。ここでは、データを参考にしてみよう。ディクシー・アレーの竜巻が、平均すると他の場所よりも猛威を振るうのはなぜだろう。南東部の竜巻は、他よりも移動するスピードが速く、地表にとどまる時間が長い。さらに、夜に発生する可能性が高い。アーカンソー、ケンタッキー、テネシーの各州では、竜巻の四〇パーセント以上が暗くなってから発生している。これに対し、大半は西部に位置する一四州では、夜に発生する竜巻が全体の一六パーセントに満たない（南東部では竜巻が冬になっても発生するが、冬は明るい時間が短い）。暗くなってから竜巻が発生すると気づきにくい。眠っているあいだにやって来る可能性が高く、数分前か数秒前に出される警報に気づかないことも多い。

ディクシー・アレーの竜巻が致命的な理由については、他にも説明が考えられる。だがここで、今度はデータではなく、ナラティブな分析を試してみよう。物事を感覚的にとらえ、そこから理由を明らかにするのだ。ひょっとすると竜巻街道は広々としているので、山がちな南東部と比べて竜巻が通過しやすいのかもしれない。南東部の竜巻は大草原地帯の竜巻よりも「雨を伴う」傾向が強いので、気づきにくいのではないか。アラバマ州などの家屋は、地下に竜巻のシェルターが作られていない可能性が高い。南東部の州は人口密度が高い。木が多く、倒れれば深刻な被害をもたらす。要するに、猛烈で動きの速い竜巻が山にはさまれた地域を夜に雨と共に襲い、木々をなぎ倒すところを想像してみよう。少なくとも直感的には、これは大量破壊兵器だと思うだろう。

しかしディクシー・アレーで最も危険な側面は、その新しさかもしれない。ひょっとすると住民は、竜巻を十分経験していない。カンザス州やオクラホマ州の住民は竜巻への心構えがあるが、ディクシー・アレーの住民は何がやって来るのか理解できず、実際に襲われたときに対処する方法もわからない。そして地元の気象予報士も、従来では考えられない現象を目《ま》の当たりにする。二〇二〇年三月には、竜巻がナッシュビルの近郊を立て続けに襲い、二五人の死者を出し、一〇億ドル以上の損害をもたらした。三四時間で少なくとも一四本の竜巻が襲来する事態など、予測するのは不可能だ。この殺人的な竜巻は、警告する余裕がほとんどなかった。シェルターに避難するよう警報を発令することはできなかった。さらに、従来の気象の枠組みに収まるものでもなかった。

歴史は、常に過去を土台に築かれるわけではない。成果が着実に積み重ねられるわけでもない。そのいい例が、バリー・ジトのキャリアだ。サンフランシスコ・ジャイアンツと契約した途端、すべてが変わってしまった。あるいは二〇〇八年のサブプライムローン住宅危機は、もっと強烈な変化をもたらした。僅かな例外が周期的に見られたものの、不動産の価値はほぼ常に上昇し続けていた。人間が創造した巨大な力、すなわちサブプライムローン市場によって、歴史的真実は歪められ、嘘がまかり通った。さらに、二〇二〇年の大量失業について考えてみよう。パンデミックがこうした事態を引き起こすなど、どのモデルも予測できなかった。それまでの売り手市場は、いきなり逆転した。

このように発生する確率が低くても、実現すれば大きな影響力を持つ出来事について、統計学者のナシーム・ニコラス・タレブは二〇〇七年に出版された著書『ブラック・スワン』のなかで取り上げている。さらに、あとから振り返り、こうした出来事は回避できなかったと結論する傾向についても指摘している。(9) そこからは、厄介な疑問が導き出される。何か大変なことが発生すると予想され、それが引き起こす結果が事前に明らかなのに、何も対策をとらないのはなぜか。どちらも問題なのは、想像力の欠如だろう。だから予め何もせず、災難《ブラック・スワン》に見舞われて大騒ぎする。しかしタレブの考えによれば、少なくとも気候変動は本物の予期せぬ出来事ではない。理解の範囲を超えるものはわからないという言い訳は通用しない。これから何がやってくるかわかっている。だから未来が過去と異なっても、大騒ぎするべきではない。

ここでちょっと小休止して、『ザ・プライス・イズ・ライト』に話題を戻そう。深刻な環境破壊について考えるよりは、こちらのほうが愉快だ。テリー・クニースがボブ・バーカー・スタジオで大量の賞品を稼いで嵐のように去ったあと、番組のプロデューサーたちはクイズのやり方を変えるべきだと悟った。彼のようにひとつの目的に向かって努力すれば、誰でも同じことができる。テリーはこの番組の弱点を大勢の人たちの目の前で暴露して、その離れ業はナショナル・エンクワイアラー紙でも取り上げられた。こうなると小さな変更を加えるだけでは不十分で、大胆なイメージチェンジが必要とされる。かくして、もっと良いクイズ番組を作るための計画が動き出したのである。

『ザ・プライス・イズ・ライト』はそれまで常に、目に見えない形で強化されてきた。そもそもプライシングゲームのなかには、賞品の値段を当てにくいものも含まれる。たとえばレンジゲームやザッツ・トゥー・マッチでは、解答者がこれなら正解に近いと思った時点でゲームは終了する。ほとんどの解答者は中盤あたりで予測を立てる傾向があるが、レンジゲームの場合はこれだと早すぎ、ザッツ・トゥー・マッチでは遅すぎる。その週は出費を抑えようとプロデューサーが決断すれば、価格はうんと高く、あるいはうんと低く設定される。だから回答者が間違える可能性は高くなる。

テリーが賞品の金額をピッタリ当てると、番組のプロデューサーはそれを口実にして、極端な価格設定から有利な立場を確保する方針を徹底させた。ゲームに偶然の要素を多く取り入れ、賞品にも変更を加えた。豪華賞品を増やしたので、番組を自宅で見る視聴者の楽しみは増え、番組の進行に多少の魅力が新たに加わった。しかしその一方、挑戦者はどんなに準備しても直観を働かせにくくなった。『ザ・プライス・イズ・ライト』の収録でクイズに参加しても、バーバリーのコートの値段をたまま知っている可能性は消滅した。そして車のような豪華賞品が繰り返し登場するときは、フロアマットやステレオなどのオプションを追加したり外したりして、価格が変化するように操作された。本質的に、ゲームの歴史を塗り替えたのだ。その結果、参加者が未来を予測するのは不可能になった。従来の方針が取り除かれたため、ほとんどの挑戦者は推測することしかできなくなった。値段を正しく予測できたとしたら、それは高いスキルではなく、偶然のおかげだった。

ディクシー・アレーでの天気予報も、『ザ・プライス・イズ・ライト』のクイズと変わらない。違うのは、成功や失敗の影響がずっと大きいところだけ。バーバリーのコートの値段はもちろん、二〇

(9)　邦訳：ナシーム・ニコラス・タレブ『ブラック・スワン　不確実性とリスクの本質』上・下、望月衛訳、ダイヤモンド社、二〇〇九年

二〇年にナッシュビルを連続して襲った一四本の竜巻でさえも比べものにならない。気象予報士が予測するのは、これまでの人生で経験したことがないような竜巻なのだ。たとえば二〇一一年五月にミズーリ州のジョプリンを襲ったEF〔竜巻の強さの尺度〕5の巨大竜巻を想像してほしい。これは一九四七年以来、アメリカで最大の被害をもたらした竜巻である。その僅か一カ月前には、竜巻のスーパーアウトブレイクに見舞われた。このときはテキサス州からカナダにかけて三六〇本の竜巻が発生したが、一度にこれだけの数が記録されたのは初めてだった。しかも四月二七日にミシシッピ、アラバマ、ジョージア、テネシーの各州を直撃した竜巻は、いずれもEF5と最大規模で、連続発生した竜巻による一日の死者数は、一九二五年以来最も多くなった。

そして現代の異常現象は竜巻だけではない。国立気象局は二〇二〇年九月九日、ツイッターでサンフランシスコに速報を発令し、近郊で発生した山火事の煙が地元の天気や大気の質に影響を与えると警告する一方、これほどすごい煙は「自分たちのモデルの想定外」だったと認めた。[10] 一方ワシントン州の大気汚染測定器は煙に関する予測が不正確で、微調整が必要になった。「アルゴリズムは厳しい現実に合わせなければならない」と、ワシントン州煙情報はブログを投稿して認めた。いまや山火事が焼き尽くす面積は年々増えている（面積の広さは二〇一八年が最大だったが、二〇二〇年夏の終わりの恐ろしい火事によって記録は塗り替えられた）。そのうえ、以前とは異なる形で深刻な被害をもたらすようになった。そのため、火の勢いを予測するために以前から使われてきた方程式は、いまでは不適切になった。今日の火事は規模が大きくて温度が高いので、火事そのものが独自の天気を創造する。モデル制作者が参考にできる最も身近な存在は、第二次世界大戦の爆弾による空襲火災だろう。[11]

まだ発生したことがない出来事について人間が予測するのは難しいが、言われたとおりにしか行動しないコンピュータにとって、そんな予測は不可能である。普通の情報しか入力されていないモデルは、異常な状況では機能しない。「典型的な」状況の外側に存在する空白を埋めるためには、人間が想像力を働かせるしかない。異常な気象に限らず、他にも様々な側面の異常事態によって私たちは存在を脅かされ、有害な現象に翻弄されている。だが幸いにも私たち人間は、おとなしく服従するだけでなく、逆らうことにも同じように才能を発揮してきた。だから今回もうまくタイミングを見極め、大胆に行動すればよい。

二〇一四年一月二八日、アラバマ州の中部と北部では、雲が低く垂れこめた空から雪が降り始めた。バーミンガムにいるジェイムズ・スパンは、雪が舞う様子を窓越しに眺めた。南部で雪が降るのはめずらしいが、彼もまた同じようにユニークだった。この地域で、彼の天気予報は誰よりも信頼されている。地元のテレビ局に登場したのは一九七八年で、その翌年には僅か二三歳で、ＷＡＰＩ‐ＴＶの気象予報士のチーフに任命された。当時これは、全米でもきわめて若い年齢での抜擢だった。気候に関して正式な訓練は受けていないが、その仕事ぶりは高く評価され、エミー賞をはじめ複数の賞を授

（10）　ワシントン・ポスト紙の気象レポーターのサラ・カプランは、つぎのようにツイートした（@sarahkaplan48）。『これは我々のモデルの範囲を超えている』。二〇二〇年の最悪の事態だ」。まったく同感だ。

（11）　Daniel Duane, "The West's Infernos Are Melting Our Sense of How Fire Works," *WIRED*, September 30, 2020.

与された。

ほぼ順調な長いキャリアの後半で、スパンは二度にわたって全米の注目を集めた。まず二〇〇四年、彼は悪天候の際の安全対策をテーマにした特別番組の司会を務めた。ここでは特に、竜巻での生き残り戦略が大きくクローズアップされた。実際、彼の地元アラバマ州では深刻な竜巻の発生件数が増えており、彼は現場の惨状をじかに目撃していた。一九八九年、一九九四年のパーム・サンデー[12]、一九九八年、二〇〇〇年の秋の終わり、二〇〇一年、二〇〇二年に現場を訪れている。その結果、準備不足の住民への啓発に使命感を持つようになった。

その後、アラバマ州では竜巻がつぎつぎ発生するだけでなく、二年間で三つのハリケーンに見舞われた。そんなときにスパンは、普通とは異なる発言で再び全米の注目を集めた。気候変動は人災だという説への疑問を公の場で投げかけたのだ。スパンによれば、気温は以前も上昇や下降を繰り返してきた。現代は間違いなく上昇傾向だが、それは地球の生態系の進化の一環として考えるべきで、いまはたまたまその時期が来たのだという。今日では、二酸化炭素排出量の増加が天気の変化の原因だと信じる人が増えているが、その説には科学的根拠がないとスパンは考える。「多くの人が、地球温暖化は金のなる木だと考えている」という。気候は神の領域であり、気候を操作できるのは神のみだ。神が激しい怒りをぶつけてきたら、人間は身を守ることが精いっぱいだ[13]。

スパンは遠慮のない発言のおかげで、同業者のなかで一匹狼として見られることになった。彼は敬虔な南部バプテスト派の信者で、同郷であるアラバマ州の住民の命をディクシー・アレーの竜巻の猛威から守ってやりたいと、心の底から願っている。その一方、ほとんどの気象学者が異常気象の原因と考えるものを否定する。それでもアラバマ州では、世間の常識と矛盾する主張を誠実かつ真剣に繰り返す姿勢が評価され、スパンは幅広い層から支持された。テレビの視聴者が彼を神と混同することはないが、最も信頼できる神のメッセンジャーという評価は定着していた。

二〇一四年一月二八日、スパンの天気予報に迷いはなかった。「雪はちらつきますが、バーミンガムの交通機関への影響はないでしょう」と予測した。万が一の可能性も指摘されないまま、アラバマ州北部の市民は学校や職場に出かけた。神に選ばれた気象予報士の言葉を信じるなら、外出を控える理由はなかった。除雪機は、積雪が予想される南部に運ばれた。北部では、普段と同じ一日が始まった。ところが雪は激しくなり、積もり始めた。スパンは雪がちらつくと予想したが、数インチの積雪になった。アップステート・ニューヨーク〔同州北部、中部、西部〕の吹雪なら、これは許容範囲の誤差だっただろう。しかし何千人ものアラバマ州民にとって、これは無事に帰宅できるかどうかの大問題だった。必要な場所に除雪機はなく、インターステート六五号線をはじめとする幹線道路は凍結し、車やトラックが立ち往生した。五人が死亡し、数十人が怪我をして、大勢の人たちが職場や学校や車

---

(12)　この嵐は、チェロキー郡のゴシェン・ユナイテッドメソジスト教会で礼拝していた二〇人の命を奪った。スパンは特別番組の一環として、打ちひしがれた元牧師とその夫へのインタビューを行なった。

(13)　スパンは「地球温暖化に関する福音派宣言」に署名した著名人のひとりだ。この宣言は以下のように謳っている。「地球とその生態系は、神の聡明な設計と無限の力によって創造され、誠実な神の摂理によって維持されている。したがって頑丈で復元力があり、自己調整と自己修正の能力を備え、人間が繁栄して神の栄光を表現する場所にふさわしい。地球の気候も例外ではない」。

で夜を明かした。ちなみに連邦緊急事態管理庁は、嵐の程度を示す非公式の尺度として、いわゆるワッフル・ハウス指数を使っている。[14] これは、レストランチェーンのワッフル・ハウスの営業状況を目安にしたもので、閉店すれば何か重大な事態が発生した証拠だと見なされる。そしてこの日、バーミンガムでは二店舗が閉店した。アラバマ州は、非常に深刻な事態に見舞われたのである。

ジェイムズ・スパンも、外れた予報の影響を受けた。前の晩、彼はぐっすり眠った。そして翌朝、中学校での講演に向かっている途中、大混乱に陥った交通機関の映像がツイッターのフィードにどんどん表示され始めた。そこで車を路肩に止めるが、顔は恐怖で引きつった。「どうしてこうなったのか、まったく理解できなかった。ずっと天気予報をやってきて、こんな失敗は初めてだった」と回想している。[15] そこで職場に引き返そうとするが、すぐに渋滞にはまった。仕方なく愛車のトヨタ4ランナーを乗り捨て、一マイル〔約一・六キロメートル〕先のテレビ局まで徒歩で向かった。スパンは自分が歩いている様子を自撮りしたが、トレードマークのサスペンダーはコートに隠れて見えなかった。「これはまいった」と、お馴染みのバリトンで嘆いた。「三五年間のキャリアで最悪の失敗をして、いまその報いを受けているところです」。

スパンは乗り捨てられた車の長い列の横を歩きながら、すでに自己分析を始めていた。いまでは天気が従来のパターンに従わない傾向を強めているが、この日の天気もまさにそうだった。かつては計算も簡単だったが、過去に例のない天気が増えて複雑になった。通常、バーミンガムでは気温が華氏二〇度〔およそ摂氏マイナス六度〕を超えなければ——この日もそうだった——乾燥が激しいので雪は積もらない。氷点〔華氏三二度、摂氏〇度〕のあたりで大量の雪が降る。この日の気温は予報通りだったが、積雪量は外れてしまった。

「僕の口から、雪が『ちらつく』という言葉は二度と聞かれないよ。この失敗は生涯忘れられない」とスパンは語った。最後は視聴者に謝罪文をしたためた。そして「予報を外した気象予報士」というニューヨーク・タイムズ紙の記事では反面教師として詳しく紹介され、再び全米の注目を集めた[16]（予報を外したのはスパンだけではない。アトランタの予報も大きく外れ、やはり深刻な影響を与えた）。それでもスパンは気象予報士としての仕事を継続する決意が固く、一般市民も好意的で、大きな失敗を許してくれた[17]。そのあと、三カ月後の竜巻や二〇二〇年のイースターに発生した竜巻——二一本の竜巻がアラバマ州をつぎつぎと襲った——で多くの命を救った。それでもスパンは、過去の実績や天気に対する過信をいさめるための反面教師として、未だに取り上げられる。絶えず調整が必要な時代に、自分の流儀にこだわる危険を彼は身をもって示した。

(14)　Annie Blanks, "'Waffle House Index' Is a Real Thing during Disasters. How Does the Restaurant Chain Do It?" *Pensacola News Journal*, September 1, 2019.
(15)　Bob Carlton, "Watch James Spann Walk a Mile in the Snow and Apologize for His Snowpocalypse 2014 Forecast 'Bust,'" al.com, January 28, 2015.
(16)　Kim Severson, "Atlanta Officials Gamble on Storm and Lose, and Others Pay the Price," *New York Times*, January 29, 2014.
(17)　これを執筆している時点で、彼のツイッターのフォロワーは四三万人に達している。

少なくとも表面上、気象学者と宇宙飛行士はあまり共通点がなさそうだ。どちらも気圧や気流について理解していることぐらいだ。しかし、国立気象局のヒューストン事務局とジョンソン宇宙センターは、集まってくる人間のタイプが驚くほど似通っている。どちらでも、ゴルフシャツの裾をズボンにたくし込んだスタッフの姿をよく見かける。そしてどちらの仕事も現代では、一見すると対照的なふたつの個性を必要とする。それは適応力と回復力だ[18]。

宇宙飛行士の適応力は足によく表れる。本来住む場所ではないところに滞在していると、低レベルのストレスに常にさらされるが、そんな環境に宇宙飛行士の足は上手に適応する。私たち人間の体は地球で生きていくには理想的だ。足の裏は皮膚が硬いので、歩いてもつらさを感じない。これに対して無重力の空間では、宇宙飛行士は絶対に歩かない。国際宇宙ステーションには、私たちが考えるような「床」は作られていない。円筒形の船体のなかで上下感覚を漠然と経験しても、それは地球上での生活の名残で、心理的な理由から人工的に創造されたものにすぎない。したがって宇宙飛行士の足の裏は、何カ月もずっと何にも接触しない状態が続く。例外は、トイレの近くに垂直に搭載された無重力トレッドミルでトレーニングするときぐらいだ。宇宙では、あらゆる空間が壁になる。

人間の体は生来、必要のないものを機械のように冷静かつ効率的に取り除く。夏の暑い日にはセーターなど不要だが、それと同じで宇宙飛行士の足も、不要になった足の裏の硬い皮膚をいつのまにか取り除いてしまう。かかとの厚い皮膚が剝がれだしたとき、宇宙で塹壕足《ざんごうあし》〔凍傷に似た足の疾患〕にかかったのかと心配した宇宙飛行士もいた（「大丈夫だろうか」と、彼はヒューストンに尋ねた）。適応力がずば抜けている宇宙飛行士の場合、厚い皮膚は消えるのではなく、足の甲に移動する。足を手すりなどに引っかけてバランスをとるので、甲の部分にタコができるのだ。宇宙飛行士は無重力で、木々を移動するサルのような動きを習得する。安全ネットがなくても、アクロバットや空中ブランコを軽々と披露する。

ＮＡＳＡは宇宙に送り出す宇宙飛行士を選抜して観察するために、たくさんの精神科医と心理学者を採用している。長期間宇宙に滞在するクルーがどのように進化するか観察することに、関係者全員が興味を持っている。地球と同じように宇宙で暮らそうとすれば、どんなに意思の強い人の心も折れる。違いを受け入れて従わなければ、過酷な環境を生き抜くことはできない。足の甲に移動したタコは、苦労のすえの忍従のしるしなのだ。泳いでいるうちに激流に巻き込まれたら、解放されるまで流れに身を任せるべきだと言われるが、同様に宇宙飛行士も未知の環境に放り込まれたら、異質に感じなくなるまで逆らってはいけない。壁に固定された状態で睡眠をとり、ストローを使ってコーヒーを飲む必要がある。そして、排泄物が重力に助けられて落下しない現実を忘れてはいけない。新しい家で生き残るためには、ニューバージョンの人間にならなければいけない。

しかしＮＡＳＡの精神科医や心理学者は、他の厳しい要求に従うのを拒むことも宇宙飛行士に期待する。塹壕足よりも深刻な変化に見舞われたら、抗《あらが》う姿勢も大切なのだ。そこでは回復力が役に立つ。

（18）　私は長年、宇宙を執筆のテーマにしてきた。*Too Far from Home: A Story of Life and Death in Space* (New York: Doubleday, 2007) という本、エスクァイア誌の多くの記事、Netflix シリーズ『Away―遠く離れて―』の脚本を書いた。最初のシーズンのあと、『Away』はアルゴリズムによってキャンセルされた。本書は基本的に、私にとってのリベンジだ。

不幸な出来事には通常、急性のストレスが関わってくるが、それを耐え忍んで立ち直る能力が求められる。宇宙での生活は厳しい。家族や友人と長いあいだ離れ離れで暮らすのを苦にせず、地球で何か悪いことがあっても動揺しない人材が、NASAには必要とされる。さらにロケットの打ち上げや宇宙遊泳に伴う精神的・肉体的な負担を耐え忍び、困難な状況で自分やクルーメイトの命を守るために戦う気概も求められる。

要するに、優秀な宇宙飛行士は適応力があるので異質な環境に適応できると同時に、回復力があるので困難にくじけない。このふたつは正反対の長所であり、宇宙に送り出す人材のなかでも兼ね備えているケースは稀だ。どちらの長所にも同じように恵まれた者は滅多にいない。二〇一四年にNASAの幹部は、丸一年を宇宙で過ごす最初の宇宙飛行士を探すことになった。そこですでに所属している宇宙飛行士のなかから、適応力と回復力のどちらのカテゴリーでも得点が高い人材を探したが、多くは見つからなかった。

ここで注目されたのが、スコット・ケリーという五〇歳の男性だった。外見は平凡で、背が高くも低くもないし、肥満でも痩せ型でもない。髪はなく、眼鏡をかけている。しかし中身に関して、スコットは地球上のほぼすべての人間と異なっていた。悪名高い「ボックステスト」での反応は、NASAのなかでも有名だ。このテストで宇宙飛行士は、棺のような木箱に閉じ込められ、監禁状態をどれだけ耐えられるかテストされる。ここでスコットは眠り込んでしまった。そして、すでに六カ月間のミッションを無事に終了していた。このとき、地上からの助けが必要になると迷わず求めたが、それは弱さではなく強さのしるしだ。そろそろ我慢の限界が来たみたいだと、ミッションの四分の三が経過した時点でガールフレンドにメールで訴えた。この時期は、絶望感に打ちひしがれる可能性が最も高い。ちなみに、彼の双子の兄弟であるマークも宇宙飛行士だったが、いまではアリゾナ州選出の上院議員で、下院議員のギャビー・ギフォーズと結婚した。ギフォーズが同州ツーソンのスーパーマーケットの駐車場で銃撃されたとき、スコットは宇宙で六カ月のミッションの最中だった。何時間も何日も不安なときが続いたが、無事に宇宙で生き残れた。そうして体には、以前にはなかったところにタコができていた。

アル・ホランドというNASAの心理学者は、スコットを徹底的にテストしたうえで有力候補として推薦した。「適応力も回復力も非常に高い」と、最終報告書にホランドは記した。スコット・ケリーこそ、宇宙で一年間を過ごす最初のアメリカ人にふさわしかった。

スコットは、長期間の任務をもう一度完了できる自信がなかった。「一年は長い」と言って、十代のふたりの娘たちについて触れた。しかしその一方、自分には挑戦する義務があるとも感じていた。「誰かに何かを頼まれたら、それが難しいことなら特に、ノーと言うべきではない」という。彼のミッションには、有人火星探査の将来がかかっていた。一年間のミッションを生き残れる人類がいなければ、火星に向かう宇宙船を作る必要はない。

なぜかわからないが、いまや地球の生活は急激な変化に見舞われている。極端な出来事がいきなり大混乱を招いている。そのため誰もが、宇宙飛行士と同じ先の読めない状況に放り込まれるリスクが発生している。いまや、過去の方針を維持するか手放すか、自分で選択しなければならない。私たちはコンピュータと違い、自らの意思で進化することができるという、すごい自己調整能力を生まれながらに備えている。これは人間ならではの強みだ。二〇二〇年、カリフォルニアの火災は深刻で、空が火星よりも赤くなったが、住民は何とか乗り越えた。新型コロナの蔓延に伴うロックダウンはもしかしたら、軌道上での生活に最も近い経験だったかもしれない。スコット・ケリーは二〇一五年に宇宙へ行ったとき、毎晩ヒューストンの灯りを探そうとした。そして地上の多くの気象予報士と同じく、自分の帰る場所がたびたび嵐に見舞われていることに驚いた。

スコット・ケリーが地球に帰還してから一年後の二〇一七年八月二四日の木曜日、強力なハリケーンがテキサス州のメキシコ湾の沿岸へ向かって少しずつ前進し、まるで岸をゆっくりと目指す船のようにガルベストンに近づいていた。ディクシー・アレーは竜巻にあまり慣れていなかったが、それとは対照的にガルベストンは、一世紀以上にわたって猛烈な嵐に直撃されるのが習慣化していた。一九〇〇年には史上最大規模のハリケーンに見舞われ、経験豊富なキューバの予報官の警告をアメリカの予報官が無視した結果、一万二〇〇〇人もの死者を出した[19]。その後もガルベストンではカーラ（一九六一年）、アリシア（一九八三年）、アイク（二〇〇八年）といったハリケーンが猛威を振るった。そして今度はハーヴィーの番だった。

ハーヴィーは強い勢力を維持し、甚大な被害をもたらす可能性があったため、国立ハリケーンセンターはストーム予測センター（ＳＰＣ）および気象予測センター（ＷＰＣ）と話し合ったすえ、いつも通りコンピュータ・モデリングに基づいた重要な結論を公表した。それによれば、ハーヴィーはコーパスクリスティとポートオコナーのあいだのどこかに上陸するはずだった。ハリケーンセンターの気象学者は、ハーヴィーがその週末はヒューストンにかなりの強風をもたらし、瞬間風速は時速四〇マイル〔六四キロメートル〕に達すると確信した。その一方、壊滅的とまではいかないが激しい雨が降り、市内の一部で降水量がおよそ一五インチ〔三八〇ミリメートル〕に達すると予測した。ハーヴィーが予想通りの結果をもたらせば、全米第四の都市ヒューストンは確実に厄介な状況に陥り、場合によっては洪水の深刻な被害も考えられた。いまから思えば賢明な決断ではなかったが、ヒューストンは湿地に建てられた都市だった。洪水が発生しても予期せぬ出来事とは見なされず、数字を見て災難がまた増えたと思う人は多くない。

しかし国立気象局（NWS）のヒューストン事務局では、気象予報官のチームが刻々と入ってくる予報を詳しく調べた結果、不安の兆候を感じ取った。NWSには全米に一二二の事務局があって、NWSが出した予報を地域に合わせて微調整する業務を任せられている。そのなかでもヒューストン事務局は国の緊急事態管理部門と建物を共有する唯一の事務局で、ヒューストンが水に弱いことを再確認させられる要素がいくつか含まれている。たとえば建物は小高い丘の上に建てられ、事務局は意図的に上の階に設置されている。

ハーヴィーが接近してきたとき、事務局で警報の調整に当たっていた気象予報官は五二歳のダン・ライリーだった。それまで二四年間、彼はこの仕事を続けてきた。「何か悪いことが近づいてくると

(19)　Erik Larson, *Isaac's Storm: A Man, a Time, and the Deadliest Hurricane in History* (New York: Vintage Books, 1999).　これは本当に良い本だ。

きは、まさに最高の状態で迎え撃つ必要がある」という。そしてこんなときには、人間特有の才能が存分に発揮される。ライリーは全国的な予報に異議を唱えたわけではないが、無条件に受け入れたわけでもなかった。ハーヴィーの何が問題かと言えば、その大きさで、指数関数的に成長する現代のヒューストンへの深刻な影響が懸念された。ヒューストンは面積が広く、地域ごとに雨の降り方が大きく異なる可能性があった。ただし天気予報は、ライリーが抱く不安の半分にすぎない。誰も耳を傾けてくれなければ、自分の予報や警告がいかに正確でも意味はなかった。

一方、数マイル離れたリーグ・シティでは、エリック・バーガーという四四歳の男性が、自宅の仕事部屋で机の前に座っていた。性格は内気で、普段は物静かな人物だ。いまは赤ワインのカベルネをグラスから少しずつ飲みながら、コンピュータのタブを何度も切り替えている。この部屋を飾るものは、窓辺に置かれたガリレオ温度計しかない。エリックと妻のアマンダとふたりの娘たちは、近くのクリアクリークに夢のマイホームを建設中で、そのあいだ賃貸のアパートで暮らしていた。そのため、梱包した荷物をほどくつもりはなかった。エリックのまわりには、箱の山が砦の壁のように積み上がっていた。[20]

エリックは宇宙が専門のライターで、有人宇宙飛行に特に興味を持っていたが、気象予報士としての訓練も受けていた。二〇〇一年に熱帯低気圧アリソンが地元に上陸したのをきっかけに、天気に惹かれるようになったのだ。二〇一五年にはヒューストンを主な対象とするスペース・シティ・ウェザーというブログを始め、少数ながら熱心な読者と天気への関心を共有した。ハーヴィーが上陸する前夜、彼は「ハーヴィー、深夜の状況：木曜日の最終結論」というタイトルのブログ記事の仕上げに入っていた。そして、国立ハリケーンセンターの公式の予報にもう一度目を通した。国立気象局の事務局に勤務する知り合いと同様、その予報に異議を唱えるつもりはなかった。しかし雨に関してだけは意見が分かれた。

「ひとつわからないことがある。ハーヴィーが上陸したら、何が起きるのだろうか」と彼は書き始め、こう続けた。「ハーヴィーはどこへ向かうのだろう。速く通過するだろうか。ヒューストンの今後五日間の総降雨量はこれによって決まるが、どうなるかまだわからない」

余暇に天気予報を楽しむエリックには、プロの気象予報士と比べてふたつの利点があった。まず、彼は疑念を表明できる立場にあり、実際にたびたび表明した。テレビに出演する予報士は、ずっと多くのオーディエンスを相手にするので、確実な予報を提供することへのプレッシャーが大きい。「わかりません」という発言など、誰も聞きたがらない。つぎにエリックには、何か特別のモデルを使う義務がなかった。アメリカ政府に所属する予報官は、概してアメリカのモデルを利用するが、質の高いモデルは世界中のあちこちで作られている。そしてモデルを考案した人間と同様、ふたつのモデルがまったく同じ予報をすることはない。他より信頼できるモデルもあれば、一部の気象現象の予測が

---

(20)　エリックは私の友人で、カザフスタンでのロケット打ち上げの取材が初対面だった。後に私は、エリックの天気予報についてＷＩＲＥＤ誌の二〇一八年一月号で取り上げた。それには“Meet the Unlikely Hero Who Predicted Hurricane Harvey's Floods.”というタイトルが付けられた。私たちは定期的に連絡を取り合っている。彼はこの記事に少し困惑したが、私は功績を讃えることができてよかったと思う。エリックの発言は、まさに傾聴に値する。彼は専門家のなかの専門家である。

得意なモデルもある。そのためハリケーンの速報では「スパゲッティプロット」が使われる。ここでは複数の進路の比較や平均化を通して予測の不確実性の量が測定され、その結果が恐ろしい「不確実性コーン」と呼ばれる図によって表現される。

エリックが好んで使うハリケーンのモデルは、アメリカのものではない。彼が好むのは、ヨーロッパ中期予報センターの統合予測システムで、いくつかの明白な理由から、一般に欧州モデルとして知られる。ヨーロッパ中期予報センターの本部はイギリスのレディングに置かれ、欧州連合（EU）のなかの二二カ国の他に、協力関係のある一二カ国からも資金援助されているので、他のほとんどのモデルよりも資金が潤沢だ。さらに当時は、計算能力が他を圧倒していた。[21] エリックには、欧州モデルは国立ハリケーンセンターよりも正確に感じられた。大西洋をはさんで遠くから眺めるおかげで、視点が優れているようにも思えた。

例の木曜日の晩、欧州モデルの予報は雨に関してアメリカ政府の予報と大きく異なり、総降水量は一五インチではなく二五インチ〔六三五ミリメートル〕だと予想した。これほど大きな違いにエリックは戸惑った。そこで予報の基本に立ち返り、高層大気で優勢な気象パターンに基づいて自分で計算を行なった。ここで彼は、上空に強力な気流が不足しており、嵐が現在地に固定されたまま動けないような様子に不安を募らせた。嵐を動かすエンジンが明らかに確認できないのだから、ハーヴィーはヒューストンの上空にしばらくとどまる可能性が考えられた。そのため、降水量に関する欧州モデルの深刻な予報に対して強い危機感を抱いた。ハーヴィーには、メキシコ湾の暖かい湿った空気が大量に含まれる。もしも居座られたら、ヒューストンはトラブルに陥る。

エリックはワインをもう一口飲むと、信じたくないけれども信じなければならない予報を伝える準備にかかった。大洪水、テキサスを見舞うと書き出してから、ヒューストンの住民にふたつの可能性を示した。嵐はかなり激しくなるか、とんでもなく激しくなるか、いずれかの可能性である。

通常、エリック個人のブログの訪問者数は五〇〇〇人から一万人のあいだだが、洪水の警告を投稿すると、その後の二四時間で訪問者数は二〇万七三三四人にまで一気に跳ね上がった。一夜にして、エリックはふたつの選択肢を巡る混乱の真っただ中で信頼できる頼みの綱として注目された。自分の評判がどのように広まったのか本人にもわからないが、とにかく評判は広がり、いまや権威のある人物となった彼の発言には説得力があった。だれもが天気に関する具体的な質問を投稿し、自分たちはハリケーンからどんな影響を受けるのか尋ねた。もはや国立気象局のダン・ライリーの助言は求めず、検索エンジンにも頼らなかった。だれもがエリック・バーガーのもとに押し寄せた。よき父親であり夫であり、仮住まいのなかでガリレオ温度計の横に座って赤ワインを飲むバーガーを、だれもが頼ってきた。

もちろん、エリックの予測はトリックに頼ったものではない。入手できる範囲で最高の情報を利用しただけで、その多くはデータの形をとっている。データを獲得したら、経験と知識に基づいてそれ

(21)　二〇二〇年二月、米国海洋大気庁はスーパーコンピュータの大幅なグレードアップを発表した。容量は三倍、ストレージと処理スピードは二倍になる。新しい発表によれば、「解像度が高くなり、地球システムモデルが以前よりも包括的になったため、予報が改善される可能性が期待できる」ハードウェアは、二〇二二年初めにオンライン化された。

を独自の方法で解釈する。彼のブログの新しい読者は、エリックのそうした側面を理解したようで、ほぼすぐに彼を単なるメッセンジャー以上の存在と見なした。言うなれば彼をガイドに指名して、馴染みのない恐ろしい領域を進むための先導役を任せた。ある読者は、二〇〇マイル〔三二一キロメートル〕離れたサンアントニオの雨についての予報を依頼した。テキサス州コロラド郡の天気について尋ねる者、エリントンフィールド空港付近の天気について尋ねる者もいた。ある女性は、土曜日にフライトがキャンセルされる可能性についてエリックの意見を求めた。彼女の夫はその日、出張に行く予定だった。あるいはピーティー・ジェイムズという男性は、コナー・マクレガーとフロイド・メイウエザーの総合格闘技の試合が土曜日に予定されているが、地元のバーでの観戦をキャンセルすべきかどうか教えてほしいとエリックに尋ねた。それからデブ・ウォルターズという女性は、土曜日の午後にダカス近郊でパーティーを主催する計画だが、そのまま実施してもかまわないかと尋ねてきた。

振り返ってみると、大勢の人たちがエリックを一種の予言者と見なしたことには驚かされる。その多くは、ブログにたどり着くまで彼について何も知らなかった。日頃からのフォロワーは、彼が信頼できる人物だとわかっている。しかし、危険に直面して救いを求めてきた何十万もの人たちは、彼の助言に従うことの正しさを裏付ける証拠を大して集めないうちに、信用しても大丈夫だと決めつけた。このような不合理な意思決定に、データサイエンティストは動揺を隠せない。

「いまは危険な時代だ」と、研究者であり合衆国海軍大学教授のトム・ニコラスは指摘して、つぎのように記した。「これほど多くの人たちがこれほど大量の知識にアクセスした時代はなかった。同時に、何かを学ぶことにこれほど強い拒絶感を示す時代もなかった」(22)。要するに、専門家の助言への反発という危険な傾向が、ポスト・インターネット時代の生活をむしばんでいる。メディアに疎いため、フェイスブック〔現メタ〕のページを持っている変人が情報源として無制限にもてはやされ、「エリート」や従来のメッセンジャーへの不信感が高まっている。そこにダニング＝クルーガー効果[23]が加わった結果、実際に賢い人たちよりも、自分は賢いと信じ込む人の割合が大きく増えた。インターネットの片隅に閉じこもって数時間だけ調べ物をした人の意見にせよ、それとは反対の見解に達するために生涯をかけてきた人の意見にせよ、すべての意見は同じように重視される。しかし、新型コロナウイルスへのアメリカ人の反応の多くからもわかるように、情報と誤情報との境界がこれほど曖昧だったことはない。そして、正しい知識の価値がいまほど重要な時代はない。

不幸にも、『マネー・ボール』革命も問題の深刻化に貢献した。私たちの生活の多くの側面に貴重な貢献をしたのは事実だが、その半面、思いがけない巻き添え被害をもたらした。ポークビーンズの工場で働く男性が、野球の専門家と呼ばれる人物が多くの事柄で判断を誤っていることを証明できるなら、わざわざ権力者の判断を信用する必要はない。いまは誰でも専門家を装うことができる。

(22)　邦訳：トム・ニコルズ『専門知は、もういらないのか　無知礼賛と民主主義』高里ひろ訳、みすず書房、二〇一九年。

(23)　社会心理学者のデイヴィッド・ダニングとジャスティン・クルーガーは、ほとんどの人たちがすでに抱いている疑念の正しさを科学的に立証した。すなわち、能力が非常に低い人は、自分が非常に有能だと考えることが多いが、実際に有能な人は自分を過小評価する傾向がある。「賢明なので、自分が知らないということをわかっている」のだ。

幸いエリック・バーガーは、ヒューストンの住民の信頼に値する人物だった。ハーヴィーが上陸する前の不安な一日、彼は私たちの時代のスイートスポットを発見した。それは、何か重要なことを実行または創造して持続させたいと願うすべての人にとって、夢のようなシナリオだった。何年も前なら、彼のような人物が読者を統率するなど不可能だったが、現代のツールと鋭い感受性のおかげで、彼は読者に注目された。要するに、エリックには適応力があった。しかも、読者を摑むだけの才能と専門知識にも恵まれていた。混乱した状況を打開するため、誰かの直観に頼る必要に迫られたら、自分こそふさわしい人間であることも理解していた。自分は必要とされていることを自覚して、ニーズに応える心構えができていた。回復力にも優れていたのである。

エリックが問題の金曜日に目を覚ますと、ブログには大勢の訪問者があった。さらに天気予報のモデルが更新されていた。このモデルには、ダン・ライリーも目を通していた。いまやコンピュータは、前の晩よりもずっと激しい雨を予測している。モデルは恐ろしい予報に合わせて数字を変更し、ヒューストンの誰もが目を疑うようなものばかりが並んだ。降水量は二五インチ（六二五ミリメートル）から三〇インチ（七六二ミリメートル）に変更され、最後は五〇インチ（一二七〇ミリメートル）、つまり、四フィート（一二二〇ミリメートル）以上の降水量が予想された。モデルは通常、降水量を青の濃淡で表示するが、このときは真っ黒になっていた。

エリックのような慎重な人物にとって、過大評価する人物としての評判を立てられるのは、過小評価に対する非難にほぼ匹敵するほど悪いことだった。大げさにわめきたい気持ちはわかる。気象予報士がジェイムズ・スパンの「とんでもない」大失敗を繰り返したくなければ、いつも大惨事を予測すればよい。そのうち予報は当たる。悪天候はかならずやって来るのだから。しかしエリックは、激しい嵐の予報を「乱発する」つもりはなかった。常に興奮していると、本当に深刻な事態が発生したときに警告しても、耳を傾けてもらえない。

そのように考えるのは、以前に失敗した経験があるからだ。二〇〇五年に彼は、地元の新聞で時々天気予報の記事を書いていたが、他の多くの人たちと同様、ハリケーン・リタの危険についての予測を誤った。その結果、「皆さん、私は弁解するつもりはありません。ヒューストンの市民として、そして不動産所有者として、この失敗を心から後悔しています」という謝罪文を書いた。住民は、不要な避難を迫られた。そしてこの失態を、エリック本人は深く反省した。彼のサイトは「偉大なヒューストンのための誇大宣伝のない予報」をモットーにしていた。そしてこれをきっかけに天気予報に関して当たるのは一通り、外れるのは二通りあるということを学んでいたのだ。

問題の金曜日、ハーヴィーが上陸する最悪の事態が現実になる前に、エリックは気象モデルをもう一度確認し、ポストに投稿されたたくさんのコメントに目を通した。そこには隣人たちの名前があり、未だに何らかの計画を立てている。すでに嵐の先端はヒューストンに到達し、家の窓には激しい雨が打ちつけていた。エリックは雨を眺めてから、キーボードに置いた手に視線を移した。

「非常に深刻な洪水が発生する状況が迫っています」と彼は警告文を書いた。

そして差し迫った危険を強調するため、同じ警告文をさらに二回繰り返した。

「非常に深刻な洪水が発生する状況が迫っています」

「非常に深刻な洪水が発生する状況が迫っています」

時計を見ると、午後三時一五分だった。エリックはダカスのデブ・ウォルターズを思い出し、パーティーをキャンセルしてくれたことを願った。

エリック・バーガーやダン・ライリーにも、そして国立気象局にも国立ハリケーンセンターにも、ハーヴィーを止めることや雨の量を減らすことはできなかった。ある意味、天気は私たちの力のおよばない場所にあるというジェイムズ・スパンの発言は正しい。以前はともかく、いまは十分に理解できない。しかし、想像力や共感力がおよばないわけではない。このあと何時間も何日も恐ろしい状況が続いたが、気象予報関係者はヒューストンで大勢の命を救った。なぜなら想像を絶する天気に見舞われたとき、読者や視聴者が気象予報関係者の言葉を信じたからだ。気象予報関係者は住民と手を組んだわけではないが、信頼の絆で結ばれた結果、避難活動に力を発揮したのである。

活動の中心になったのがエリック・バーガーだ。彼は人間なので、発する警告もユニークだった。読者には、嵐が来る前にガレージを空っぽにしたこと、新居で使う予定の照明器具、電子レンジ、浴槽などの大事な所持品は、アパートのなかに運んだことを報告した。そして妻のアマンダとふたりの娘は、妻の妹の家に避難したという情報も共有した。それは小高い場所にあって、風の影響も受けにくかった。エリックは読者に情報を伝えるため自宅に残り、壁のように高く積まれた箱の後ろでコンピュータに向かった。雨は激しさを増し、まるで液体ではなく固体が叩きつけてくるようだった。近所の住民が自分の家族に倣って高台に避難してくれなければ、とても安心できなかった。土曜日の夜になるとハーヴィーは動きを止め、スパイラルバンド〔螺旋状の降雨帯〕が交通渋滞のように停滞したため、ヒューストンの一部では一時間に五インチ〔一三〇ミリメートル〕の降水量を記録した。そこでエリックは、彼のような人物しか使えない表現で状況をつぎのように説明した。「気象予報士が逆巻く憎しみの連鎖という的確な表現を使った現象が、いまここで発生しています」。

日曜日までには、スペース・シティ・ウェザーの読者は一〇〇万人に達し、ヒューストン・メソジスト・ホスピタルやベイラー医科大学の指導部までエリックの助言を仰いだ。いまやヒューストン全体が、人間の声を切実に求めていた。「いつ雨がやむのかお伝えできればよいのですが、それはできません。ですが、ひとつだけ確かなことがあります。雨はかならずやみます。そのあとは太陽が姿を現すでしょう」とエリックはブログに書いた。

ようやく「終わった」と報告したときは火曜日になっていた。七〇人ちかくの死者を出し、その多くは車に閉じ込められて溺れた。そして総額で七五〇億ドルの財産が失われた。エリックが不安を覚えたのは正しい反応で、彼の助言を読者が信頼したのは正しい判断だった。ただし、彼を大気現象の予言者や、天気の変化を感じ取る能力の持ち主と考えるのは間違っている。彼はそんな人物ではない。機械やモデルの予測のほうが正しかった可能性は考えられるし、実際に正しく予想するときが多い。確かに素晴らしい手段だ。しかしエリックは天気を予想したあと、どんな機械やモデルにもできないことをやり遂げた。それまでの人生で最悪の嵐に直撃されている最中に、人々の孤独感を和らげたのだ。彼は自分の不安や被害をみんなと共有した。ピーティー・ジェイムズにはバーに行かないよう忠告し、デブ・ウォルターズが実際にパーティーをキャンセルしたときは安堵した。

私たちは時として、単純で変化のないシステムを破壊しようと試みる。一例がテリー・クニースで、

『ザ・プライス・イズ・ライト』で賞品を勝ち取るチャンスを彼は摑んだ。しかし、最近のシステムは複雑で変化が止まらない。天気も野球も、宇宙での不思議な体験も、コロナ禍のあいだの生活も、複雑で目まぐるしく変化する。そんなときには、経験豊かな人間の観察眼と迅速な対応力が最大の効果を発揮する可能性がある。私たちは有利な立場を取り戻し、最大のチャンスを手に入れる。宇宙にいる宇宙飛行士と同じ気持ちになってほしいと言われたとき、前例を参考にできないとき、未来が過去と同じとは思えないとき。そんなときは最大のチャンスがやって来る。混乱状態のなかで、私たちはベストを求められる。そしてそこからは時として、シャイで慎重なエリック・バーガーのような最高の人物が見つかる。

第四章　政治——嘘、真っ赤な嘘、統計

数字の正しさには疑いの余地がないと、しばしば表現される。その通りなら、統計は絶対に嘘をつかない。しかしデータの数字を信じきると、間違った結論に達する可能性がある。いや、仲間の人間について危険な結論が導かれる可能性さえある。アルゴリズムのツールは、私たちがお互いに理解を深め合うことを目的として開発されるが、実際のところ私たちは判断力を奪われ、分断される。以前のもっと厳格な方法が復活するまで、本当の明確さは戻ってこない。良い近道がないときは、馴染み深いアナログの作業に立ち返る必要がある。

コナー・マクレガーは、私がこれまで出会ったなかで最高の政治家だ。このアイルランド人の総合格闘家と、私は二〇一五年初めに一緒に時間を過ごした。その少し前には、ドイツ人のデニス・シヴァーと対戦し、パンチを浴びせて勝利を収めていた。パンチをくらった顔は、まるでガラスで切りつけられたようにズタズタだった[1]。私はこの試合を観た途端、コナーに魅了された。そもそも戦い方が素晴らしい。背筋をピンと伸ばした立ち姿や、相手を挑発するようにこぶしを振り上げる様子からは、片眼鏡が流行した時代からやってきた紳士が、ボクサーとして戦っているような印象を受ける。しかし他にも彼には、人を惹きつける何かが備わっていた。危険なカリスマ性、あるいは野性的な魅力と

（1）　私はコナー・マクレガーについて、エスクァイア誌で数回にわたって取り上げた。このニューヨークでのストーリーは、"Conor McGregor Doesn't Believe in Death"〈コナー・マクレガーは死を信じない〉というタイトルで、二〇一五年四月号に掲載された。

言ってもよい。若いころには故郷のダブリンで配管工として働いていたが、そんな無名の存在から数奇な運命をたどり、私が出会ったときには世界的な有名人になる途中だった。前章で紹介したピーティー・ジェイムズはコナーの試合を観るために、悪天候を押して地元のパブに出かけてもよいかとエリック・バーガーに尋ねたが、それよりもずっと以前のことだ。(2) つぎに予定されている対戦相手は、ブラジルの総合格闘技のチャンピオンであるジョゼ・アルドで、ここで勝てば新たな勲章が加わる。コナーは、人間の心臓を食べるゴリラのタトゥーを胸に入れていたが、胃の部分にトラのタトゥーはまだなかった。凍てつくように寒い日のニューヨークで、私は二六歳の多忙なコナーと会うことになった。当時の彼は、超特急でスターダムを駆け上がっていた。

コナー・マクレガーのような人物と行動を共にするのは大変だ。精神的にキツい。一緒に時間を過ごしたあいだ、ずっと落ち着かない気分だった。彼はマンハッタンの歩道ではなく、車道の真ん中を歩いた。私たちの国のロードシェアシステムには、個人的に同意できないことが理由だった。食事のときは、海岸線に襲いかかる嵐さながら猛烈な勢いで食べる。そしてファッションに関しては、格闘技以外で他の人間にプレッシャーをかける手段のひとつだと考えていた。ミートパッキング地区にあるクリスチャン ルブタンの店に入ると、道化師が履くようなスニーカーに注目した。グレアホワイトで、ギザギザのプラスチックが全体にちりばめられている。値段は一七〇〇ドル。コナーはこれを履くと、鏡の前に立った。いまは結婚しているが、当時はガールフレンドだったディー・デヴリンが同行しており、「気に入ったなら、買っちゃえば」と勧めた。するとコナーは、スニーカーをもう一度眺めてからこう言った。「人から指図されるとムカつくんだよ」。そのあといきなり奇抜なスニーカーが宙を舞い、コナーは店の真ん中でそれに回し蹴りを食らわせた。私はこう思った。〝おいコナー、場所をわきまえろよ〟。しかし販売員は別の表情を浮かべた。〝頼むから、私の顔を蹴らないで〟と訴えているようだった。

私はコナーがすごい政治家だと言ったが、それは誰よりもキャンペーンがうまいからだ。彼は様々な信条を擁護する一方で反対する信条も多いが、それをみんなにすぐ受け入れさせたり、従来の信条を放棄させたりする力を持っていた。相手が生涯を通じて大切にしてきた信条であることなど、おかまいなしだった。私とはまったく違うタイプで驚いた。私はルールに従う。結局コナーは靴を買って履きつぶした。一七〇〇ドル払っても気にならないから、ぬかるみにも平気で入っていく。私だったら、高価なものを買ったら大事に使う！　だが、万事疑ってかかる人間と一緒にいると、自分にもそれが伝染し、自分自身のことまで何もかも気になってくる。「あいつといると、完全に感化される」と、アルティメット・ファイティング・チャンピオンシップ（ＵＦＣ）の代表ダン・ホワイトからはあとで聞かされた。コナーは、一緒に行動する私の動揺を感じ取り、「誰でも本当のことを言われる

（２）　実際のところ、フロイド・メイウェザーとの試合が実現するきっかけは、この日のニューヨークでの会話だった。このとき私はさりげなく、ふたりが戦ったらどちらが勝つだろうかとコナーに尋ねた。「フロイドと戦ったら、三〇秒もたたないうちに殺してやるよ」とコナーはすごんだ。「あいつに大蛇のように巻き付いて締め上げるのに、三〇秒もかからない」。これはいかにも筋が通っている印象を受けたので、私はこの発言を目立たない場所にこっそり挿入した。しかしこの引用は拡散し、それがメイウェザーの目に留まり、成り行きから試合が実現したのだ。それでも私は、九桁のファイトマネーの一部をもらえなかった。

と、取り繕えなくなる」と遠回しな言い方をした。そしてディーはもっと単刀直入に、私の耳にこうささやいた。「彼はね、あなたにもっとよくなってもらいたいのよ」。

そのうち、私たちは時間について話し始めた。私は時間厳守を徹底している。時間厳守の徹底した生活のなかで時間に遅れた経験はないが、それでも遅れないかと心配して過ごす時間が多い。一方、コナーは時計に従わない。疲れたら眠り、お腹が空いたら食べる。時間も分も秒も人間が発明した単位だ。人工的な構造によって制約を押し付けられても、受け入れる理由はないと考える。絶えず指示に従う必要はない。窮屈な生き方でいいのか。そう問われると、私はうまく答えられなかった。〝だってこれまでそうだったから〟としか考えられない。

コナーからは何度も繰り返し、古くからの慣習にこだわる姿勢のおかしさを指摘された。信念はネガティブで強い拘束力があり、従わざるを得ない。儀式なんて、不安が従来とは異なる形で表現されたものだという。それでも彼にとって信念は、時としてポジティブで強力な原動力になっている。彼は、自分が配管工ではなく、すごい人物になれると信じた。デニス・シヴァーを叩きのめすことができると信じた。まもなくジョゼ・アルドに勝てると信じた（実際、試合開始から一三秒でパンチを決め、ＫＯ勝ちした）。信念は、それを自分にとっての支配者と道具のどちらとして見るかによって、私たちに制約を課すことも、制約を取り除くこともできる。コナーはまるで昼食のオーダーを伝えるような調子できっぱりと、自分が死ぬとは思わないと私に言った。なぜなら、彼は死を信じないからだ。「死んでも世界を見る目は失われない。何でも見通せると言うからね」。

そのとき、私はとても愚かな行動をとった。

いまとなっては何を考えていたのか説明できないが、逆さまになりたいと心から願えば、天井だって歩けるというコナーの信念に影響されたことだけは確かだ。私たちはチョーク〔絞め技〕やアームバー〔関節技〕にかかってサブミッション〔ギブアップ〕することに関する話題で盛り上がっていた。そして私は、ひょっとしたらリアネイキッドチョーク〔後ろからの絞め技〕に耐えられるのではないかと考えた。抜け出せるはずはないが、就寝時間が過ぎても眠らないと決めた子供のように、とにかく試してみたい一心で、自分の信念を声に出して伝えた。するとコナーは私の提案に乗ってくれた。「じゃあ」と言って、服を脱いで下着姿になった。もちろん、技をかけるためだ。私の背中にまたがると、左足のかかとを私の臀部《でんぶ》に置き、右足のかかとを股間に突っ込んだ。胸のゴリラのタトゥーの顔が、私の左右の肩甲骨のあいだに潜り込んできた。つぎにコナーは、右腕を私の首の前に滑り込ませ、左腕と背骨のてっぺんでクロスした。両腕は、まるで巨大なはさみのようだ。彼の顔を見ることはできなかったが、口では笑いながらも、目は狂気をはらんでいただろう。そして絞め技をかけた。

コナーは正しい。私たちは、権威あるものをむやみに信じるべきではない。期待を裏切るべきだ。しかし、信念だけでは限界がある。現実――根本的な真実や重力の法則など――は、どんなに無視したくても見過ごせない。車と歩行者が競争すれば、かならず車が勝つ。時計は常に時を刻む。そして、MMAのプロの格闘家があなたの頸動脈に十分な圧力をかけ、心臓と脳のあいだの血流を断ち切れば、あなたは意識を失うのが現実だ。

数字は絶対に嘘をつかないというアイデアは道理にかなわない。数字は欺くための手段として日常的に使われる（加工されない数字は特に問題だが、パーセンテージや確率も、現実を操作するために使われる）。おまけに、統計は数字で嘘をつくので、福音として受け入れられる可能性が高く、通常の平凡な嘘よりも油断がならない。人間は、心地よくても意味のないたわごとを見分ける能力は優れているが、数字の嘘を見抜けず、それは多くの証拠によって裏付けられている。だが、誰が数字に反論できるだろう。数字は事実であり、白黒をはっきりつけてくれる。数字は絶対に嘘をつかない。

本書のようなジャンルで守護聖人として崇められるマルコム・グラッドウェルは、著書『トーキング・トゥ・ストレンジャーズ　「よく知らない人」について私たちが知っておくべきこと』（濱野大道訳、光文社、二〇二〇）のなかで、こうした罠にはまってしまった。ひょっとすると、それまでの著書が事例証拠に頼っている点を批判されたからなのか[3]――上手に選べば、どんな主張も正しさも証明できる――グラッドウェルは詩人のシルヴィア・プラスを取り上げた部分で、非の打ちどころのなさそうな統計を引用し、「詩人は早死にする。しかも、あらゆる職種のなかで、［詩人の］自殺率は群を抜いて高い――一般人の五倍にのぼる」と書いた。

五倍は、かなり切りのいい乗数だ。しかも少なくとも表面上は、正しい確率が高そうで、いかにも真実のように感じられる。そもそも詩人は変人で、内省的だ。黒っぽい服を好み、おそらくベジタリアンだろう。他の人たちより自殺の件数が多いのも当然ではないか。

ところがアンドリュー・ファーガソンという熱心な読者は、この主張に満足しなかった。しかもグラッドウェルにとって不幸だったのは、彼がこの本についてアトランティック誌で書評を書いたことだ(4)。そこでは、詩人の自殺率に触れた箇所の「職種」という表現がクローズアップされた。グラッドウェルは、プロの詩人に言及しているのだろうか。それとも、詩を書く人すべてを対象にしているのか。実際のところ、職業欄に「詩人」と記入する詩人は、何人いるだろうか。詩人のほとんどは、大成功を収めた人も含め、詩人だけでは生活できず、他の仕事を持っている。もしかしたら、他の仕事が自殺の引き金となる問題なのかもしれない。

ファーガソンは、労働統計局が情報源にしている標準職業分類システムに注目し、八六七種類の職種をチェックした。しかしそのなかに「詩人」はなかった。最も近いのは「作家と著者」で、カテゴリーとしてずいぶん広い。詩人やその独特の傾向について何か具体的な事実を探し当てようとしても、これでは役に立たない。ファーガソンによれば、このカテゴリーは、「いい加減な」という形容詞で表現するのがふさわしい。

しかしグラッドウェルは、いわゆる数学的事実をどこから引用してきたのか紹介している。その上付き文字〔横書きの場合、文字の横に上揃えで並べられた小さな文字〕には不思議な信頼感がある。脚注は読んで楽しむものではないが、その内容には無意識のうちに敬意を払う。ファーガソンは、自分が何

(3)　私は、本書も同様に批判されると思うが、受け入れるつもりはない。ここでは真のストーリーが紛れもない証拠になっている。

(4)　Andrew Ferguson, "Malcolm Gladwell Reaches His Tipping Point," *Atlantic*, September 10, 2019.

か見逃している統計的手法があるのではないかと考えた。そこで、引用された統計の出典を順番に確認した。するとグラッドウェルが、デス・スタディーズという不吉な印象の雑誌の一九九八年版から統計を探し出してきたことがわかった。これは、マーク・ランコという大学教授の「Suicide and Creativity」〈自殺と創造力〉というタイトルの論文に含まれていた。そしてランコも、自分がこれをどこから引用したのか記している。それは、ケイ・レッドフィールド・ジェイミソンという心理学者だ。「五倍」という統計は、彼女が著書『Touched With Fire』〈炎に触れて〉で紹介したものだった。

そこで粘り強いファーガソンは、今度はこう考えた。そもそもジェイミソンはどうして、こんな数字を思いついたのだろう。彼女が数字をでっち上げ、それを多くの人が信じた可能性も考えられたが、よく調べてみると、実際にはそうではなかった。ジェイミソンは、「一七〇五年から一八〇五年のあいだに生まれたイギリスとアイルランドの有名な詩人すべて」の生涯について研究したのだ。この限られた時代と場所に、現代の自殺率との関連性があるとは思えない。しかも、「有名な」詩人とそうでない詩人をどのように区別したのだろうか。実はジェイミソンは古い詩選集に目を通し、詩人の名前が取り上げられる頻度を調べた。その結果、一七〇五年から一八〇五年にかけての一世紀には、三六人の有名な詩人が誕生しているという結論に至った。どうやら有名な詩人は、平均すると二年九カ月ごとにしか誕生しないようだ。

一七〇五年から一八〇五年にかけてブリテン諸島で誕生した有名な詩人のうち、ふたりは自殺した。これについてファーガソンは書評のなかで、つぎのように指摘している。ひとりは医者だったので、医者の職業と関連した原因で自殺した可能性がある。もうひとりは一七歳だったので、もしかすると十代特有の漠然とした不安の犠牲になったのかもしれない。それでもジェイミソンがサンプルとして取り上げた母集団のなかで、ふたりは自殺したと見なされた。三六人のうちの二人なら、自殺率は五パーセント強になる。これに対し、有名な詩人以外では自殺率がおよそ一パーセントなので、有名な詩人の自殺率は通常の五倍という結論が導き出された。ちなみに自ら命を絶った有名な詩人のなかには、大詩人としての地位を確立していたシルヴィア・プラスもあとから含まれた。要するに、ケイ・レッドフィールド・ジェイミソンが著書に記した内容をマーク・ランコが引用し、さらにそれをマルコム・グラッドウェルが引用したのである。

だが、むやみに信じてはいけないとアンドリュー・ファーガソンは忠告する。「これは薄いスープに味付けするような行為だ。グラッドウェルに限らず多くの社会科学者は、直観は数量化されてようやく現実になると考えた。たとえ表面的には、有効な形で数量化される可能性が低くても、こだわり続けた」。グラッドウェルは批判を気にするあまり、現代特有のエラーを犯し、測定できないものが測定可能だと信じ込んでしまった。広く拡散した書評のなかでファーガソンは、「統計のいい加減な操作」や「疑似科学」を激しく非難した。裏付けにどんな証拠が使われているかを見れば、グラッドウェルの主張にある程度の妥当性があるとは言えない。証拠が経験と観察のどちらに基づいているかは、大した問題ではない。むしろ重要なのは、証拠の質だ。五倍という数字を採用した統計はサンプルのサイズが非常に小さく、しかも選択に偏りがある。そんな状態で量的な判断を下せば間違えるのは当然で、数字には何の価値もない。

フォーダム大学法学部の教授で、刑事司法の分野のデータアナリストを自称するジョン・ファフは、誤りを徹底的に暴いたファーガソンの姿勢を高く評価した。真実について語るあらゆる文筆家のベッドから、隠れている悪霊を見つけ出したかのように賞賛した。「二次資料を見つけてきても、その多くではあやしげな数字が使われている」とファフは警告する。[5] だから一次資料を確認しなければならない。ファーガソンは一次資料までたどり着き、統計は信頼できないことを発見したのだ。

状況を明確にするためではなく、人々をだますために数字が利用される事例は数知れない。聞いても驚かないだろうが、政治家や政府の役人は統計に関する神話作りが得意で、しかも病みつきになる。無理やり数量化を試みた挙句に失敗するのは、罪としても軽いほうだ。これに対して政治家の嘘は深刻だ。国民を統治する方法に何か根本的な変化をもたらすことを狙うときは特に、現実的に悲惨な結果をもたらす可能性がある。[6]

たとえばドナルド・トランプ政権下の消費者金融保護局は、元職員から「統計の不正操作」を非難された。オバマ大統領の時代には、問題の多い消費者金融業界を制御するための規制が提案されたが、政権が代わった途端に撤回された。生活の苦しい市民に金利の高い短期ローンを提供するのは儲かる商売で〈全米の二〇州では実質的に違法とされたが、他の州ではペイデイローン〈返済期間が短く、高金利の無担保ローン〉の店舗がマクドナルドよりも多い〉、ワーキングプアが食い物にされてきた（ペイデイローンの半分は悪質で、借り入れ元金よりも高い利息が発生する）。しかし新しい規制が実現していれば、借り入れの金額や回数が制約されるので、借金地獄に陥る悪循環が食い止められることも期待された。元職員は、一四ページにわたる告発文をメールのアウトボックスに置き土産として残した。それによるとトランプに送りこまれた新しい職員たちは、データに基づいた論証を行ない、規制の骨抜きを狙った。(7) たとえば、同局の役割や調査には「根本的な誤解」があることをクローズアップしたうえで、「不正確で不適切な」データを使って反論するよう現場の職員に圧力をかけた。しかし反論の標的となる主張は、同じ職員たちが五年かけてまとめ上げたものだった。(8)

あるいは国土安全保障省も、メキシコとの国境の壁を正当化するため、一部の統計を水増ししていることが明らかになった。同省によれば、現場の職員への暴行の件数は二〇一六年と二〇一七年に連続して増加しており、不法移民との平和的な交流が少なくなった。二〇一七会計年度の数字は衝撃的だった。暴行は七八六件も発生し、七三パーセントの増加となった。ところが実際には、逮捕者数はかなり減少している。ということは、暴行が増えるほど安全が確保されるのだろうか。きわめて合理的に考えれば、発生件数の数字が不正確でない限り、そんなことはあり得ない。たとえば、ひとつの事件で一二六件の暴行が発生したという報告もあった。なぜそうなるのか。これには七人の職員と六

(5) ジョン・ファフはこれについて、二〇一九年九月一〇日に@JohnFPfaffというアカウントでツイッターに投稿した。

(6) 私は反政府主義者の変人ではない。政府の価値を信じており、政府にはよくなってもらいたいと考えている。

(7) ルールは恣意的に、あるいは政治的理由で変更できない。法的な異議申し立てのリスクを避けるためには、新しいルールは調査を通じて正当化される必要がある。古いルールの効果を問いたださなければならない。

(8) Nicholas Confessore and Stacy Cowley, "Trump Appointees Manipulated Agency's Payday Lending Research, Ex-Staffer Claims," *New York Times*, April 29, 2020.

人の勾留者が関わり、勾留者は三種類の物体を投げつけた。石、瓶、木の枝の三つだ。七×六×三＝一二六と計算されたのである。[9]

もちろん、こうした統計の操作は、トランプ政権に限られた現象ではない。たとえばカナダのブリティッシュコロンビア州の比較的穏健な政府は、森林の二三パーセントが「老齢樹」に該当し、何世紀にもわたって伐採されずに守られてきたと主張した（「本当の」老齢樹は、老齢樹になるまでにおよそ二五〇年を要する）。これは総面積が一三〇〇万ヘクタールとなり、林業が大きな財源になっている地方で、美しい景観の保護と林業の発展がうまくバランスを取っている証拠と思われてきた。ところが、かつて政府機関で働いていた三人の生態学者がこれらの数字を詳しく調べた結果、実際には老齢樹が驚くほど少ないことがわかった。いまやブリティッシュコロンビアには、木材に使える老齢樹が三万五〇〇〇ヘクタールしか残っていないと彼らは確信している。一三〇〇万ヘクタールのそれ以外の部分は使い物にならず、山の高い場所に生えている樹木などから成り、小さすぎて伐採できないから残されているだけだ。そして調査結果報告の作成者のひとりレイチェル・ホルトによれば、総面積が三万五〇〇〇ヘクタールの老齢樹のなかでも、本当に樹齢が古い樹木は全体の二・七パーセントしかない。「老齢樹は、ほんの一部のなかの、さらにほんの一部でしかない」と彼女は語る。「基本的には、大切な樹木を切り尽くしている[10]」。

こうした「惨状」は、コンピュータによるアナリティクスの失敗が原因ではなく、人的ミスである。生活のすべてを数量化したい気持ちが高じた結果、統計が事実として提供するものなら、すべてを無条件で受け入れる人はあまりにも多い。政府機関が発表する統計を見せられると、素直に信じてしまう。おそらく私たちは、数学を理解していないことを認めるのが怖いのかもしれない。ラッダイト〔一九世紀初めのイギリスで、機械化に反対した熟練労働者の組合〕のようには見られたくないのかもしれない。あるいは、アナリティクス運動は自己宣伝がうまく、しかも時おり弱者を巧妙に攻撃したのかもしれない。いずれにせよ、嘘は嘘でしかない。それでも数字は物語と同様、嘘を拡散するために繰り返し使われる。そしてそこには、有名な詩人の自殺率よりもはるかに深刻な主題が含まれる。その結果、歯医者は自殺率が高いと誰もが考える。五人のうち四人程度だという数字を見せられれば、そう考えざるを得ない。

フェルミ推定では、予想もつかないような数量を論理的に概算する。多少厳密さに欠けていても、迅速に結果を出すことが可能で、数字で表現された嘘を見抜く手段として効果的だ。ということは、アイテストにうってつけの実践的な思考様式であり、数字の正しさを合理的に推測することができる。イタリア系アメリカ人のエンリコ・フェルミは天才的な物理学者で、シカゴで世界初の原子炉の運転に成功した。教師としても優秀で、教え子のなかから八人のノーベル賞受賞者を輩出している。今日、グーグルなどの企業は応募者に「フェルミ推定の問題」を解いてもらうし、試験問題にフェルミ推定

（9）　Debbie Nathan, “How the Border Patrol Faked Statistics Showing a 73 Percent Rise in Assaults Against Agents,” Intercept, April 23, 2018.

（10）　Stephanie Wood, “B.C. Old-Growth Data ‘Misleading’ Public on Remaining Ancient Forest: Independent Report,” *Narwhal*, June 4, 2020.

を含める大学教授もいる。的確な回答を準備できるのは論理的思考が優れている証拠であり、正しく推測する能力を備え、だまされにくいので、本書が提唱するアイテストにはピッタリだ。フェルミ推定では、脳にある程度の柔軟性が必要とされる。

では、フェルミ推定の典型的な問題を紹介しよう。「ニューヨークシティには、何人のピアノ調律師がいるだろう」。そんな難解な事実をたまたま知っている人など誰もいないが、答えを知ることは可能だ。しかしその半面、ほとんどの人が第一印象にだまされ、正解できない可能性も高い。

正直になってみよう。この質問を最初に読んだとき、頭にどんな答えが思い浮かんだだろうか。フェルミとその研究内容について馴染みがなければ、おそらく五〇〇〇人未満だと答えるのではないか（私の両親はどちらも大学教授だが、父は五〇〇〇人、母は五〇〇人と推測した）。たとえば私から、あるいは父のように権威のある人物から、ニューヨークシティでは五〇〇〇人のピアノ調律師が商売をしていると聞かされたら、まず間違いなくその言葉を信じるだろう。私の言葉を信じない理由はない。実際の回答に関して、自分ではまったく見当がつかないだろうけれど。

しかしフェルミ推定を使えば、可能性の高い答えを導き出すことができる。できるところから概算していく作業を積み重ねるのだ。では、ニューヨークシティに何人のピアノ調律師がいるのか知るためには、何から推論を始めればよいか（ちなみに、グーグルではフェルミの第二の故郷シカゴがクイズの舞台になっている）。先ずはニューヨークシティの人口だろう。これは八〇〇万ぐらいだろうか。ではつぎに、ニューヨークシティの一世帯あたりの人数はどのくらいだろう。単身世帯、核家族世帯、三世代世帯などが考えられるが、一世帯の人数を三人程度として、八〇〇万を三で割り算すれば、世帯数は二六〇万という概算結果が得られる。ではそのなかで、ピアノを持っている世帯はいくつだろう。ここまで来ると、概算は難しくなる。確証バイアスなどの主観が入り込んでくるからだ。たとえば私は、ピアノを持っている人をたくさん知らないし、ニューヨークのアパートについては狭いということしかわからない。しかしそこから、二〇世帯にひとつがピアノを持っていると仮定する。そうなると、ニューヨークシティのピアノの総数は一三万台だという概算値が得られる。

では、ピアノはどれくらいの頻度で調律されるだろう。私にはさっぱりわからない。なかには調律にこだわる人もいれば、おばあちゃんが死んでから誰かがピアノを弾くのを聞いたことがない人もいる。ここでは、平均すると調律は二年に一度だと推測してみよう。私のようにピアノを弾く経験も調律する経験もない人間には、この程度が妥当に感じられる。そうなるとニューヨークシティでは毎年、六万五〇〇〇台のピアノが調律されることになる。

これで需要は整理できたから、今度は供給について考えよう。一年に六万五〇〇〇台のピアノを調律するためには、何人の調律師が必要だろうか。そして、一台のピアノの調律にはどのくらいの時間がかかるだろうか。一時間、それとも二時間？　ここで、まずまず仕事熱心な調律師は、移動時間やおいしいランチを食べる休憩時間を考慮して、充実した一日には四台の調律をすませると仮定しよう（本物のプロの調律師は、もっと丁寧に仕事をこなす印象が強い）。そして、ピアノ調律師も他の人たちと同様、一週間に五日間働き、年に数週間の休暇を取ると仮定しよう。そうなると、一日に四台のピアノを調律するなら、一週間に二〇台、一年に一〇〇〇台という計算になる。ではここで、毎年ニューヨークでは六万五〇〇〇台のピアノが調律されるという仮定に立ち返ろう。この数字を、ひとりの調律師が一年に調律するピアノの台数の一〇〇〇で割り算してみよう。するとニューヨークシティでは、ピアノを完璧な状態に維持するために六五人程度の調律師が必要だと推定される。

ではこれは間違いなく事実なのだろうか。読者の皆さんには申し訳ないが、そうとは言えない（グーグルがシカゴを対象にして行なった調査では、正解はおよそ六〇人だった。だから私は、ニューヨークシティの人数をかなり過小評価したことになる。都市の規模が三倍なら、必要とされる調律師の人数も三倍で、およそ一八〇人となる）。それでも理由はどうあれ、ニューヨークシティでは五〇〇〇人のピアノ調律師が働いていると誰かから言われたら、その人物は誤った情報を伝えているか、嘘をついていると疑える。

フェルミ推定は、数字を使うことに賛成でも反対でもない。数字の悪用を防ぐために役立つだけでなく、あくまでも、数字の誤用を防ぐための手段である。ちなみに思索家であり作家でもある（そして私の友人でもある。作家同士は、全員がどこかで結びついているものだ）デイビッド・エプスタインは、内容の充実したニュースレターを配信している。[11] 二〇二〇年八月一一日には、フェルミ推定とその利用法について取り上げ、大都市で働くピアノ調律師の人数を割り出した計算と同じ事例についても紹介した。それに先立つ八月四日にベイルートで爆発が壊滅的な被害をもたらしたあと、彼はツイッターの投稿をチェックした。いつもと同様、陰謀論やおかしな主張ばかりで、爆発の原因はミサイルだとか、ヒズボラの兵器の隠し場所が港にあったという類《たぐい》のツイートが目立った。ところが、@quantianl という名前のユーザーは、フェルミ推定に意外な形で取り組み、一風変わった論証を行なった。

爆発には様々な原因があり、それによって「爆発速度」、すなわち衝撃波が拡大する割合は様々に異なる。@quantian1は爆発の動画を見て、これはスマートフォンを使って通常の三〇フレームレートで撮影されたものだと見当をつけた。さらにグーグルマップを使い、爆心地から近くの穀物倉庫までの距離を推定した結果、爆発速度は秒速およそ三〇〇〇メートルだったと概算した。そこから、「これは黒色火薬ではなく、硝酸アンモニウムと一致する」という結論を、この性別不明の人物は導き出した（硝酸アンモニウムの実際の爆発速度は、秒速約二七〇〇メートルである）。実際、爆発の本当の原因は、倉庫に山積みにされた硝酸アンモニウムであることがわかった。このケースではフェルミ推定のもとで、確実なデータを使ったきわめて正確な推論が行なわれた。おかげで緊迫した状況に至らず、報復攻撃だけでなく、政治的に都合の良い標的がスケープゴートにされる事態も回避された。原因が火薬と肥料では大きく異なる。しかもこれは、事故現場を訪れずに得られた結論でもあった。

ネバダ州インディアン・スプリングスは、戦争に縁のある場所とは思えない。住民が一〇〇〇人程度の砂漠の町で、ラスベガスから車で北西に向かっておよそ四五分の距離にあり、近くには、かつて

---

(11)　デイビッドは、以下に紹介する二冊の素晴らしい本の著者で、どちらも評判になった。*The Sports Gene: Inside the Science of Extraordinary Athletic Performance* (New York: Penguin Group, 2013) と *Range: Why Generalists Triumph in a Specialized World* (New York: Riverhead Books, 2019).〔『RANGE　知識の「幅」が最強の武器になる』東方雅美訳、日経BP、二〇二〇年〕。どちらもぜひ読んでいただきたい。

繁栄した水銀鉱山にちなんで名付けられた、マーキュリーという集落がある。夏はとんでもなく暑く、小さな公立図書館がひとつある。ただしここには、クリーチ空軍基地がある。ということは、第一五偵察航空団と第三特殊作戦航空団が駐屯しており、ということは、空調設備の整った快適な地下指令室から、致死力を持つ軍事用ドローンを交戦地帯に飛ばす若い男女が集まる場所でもある。彼らはジョイスティックを使い、地球の裏側の遠く離れた標的にヘルファイア・ミサイルを命中させることができる。これなら行動の結果を直接目撃するわけではないが、この任務を命じられた兵士は深刻な痛手を受ける可能性がある。原因が何であれ、人間同士の殺し合いはテクノロジーの進歩によって容易になったが、その一方、関わった兵士の気持ちの整理は難しくなった。現代の戦争では、自分をだまさなければならない場面が多い。

四人の元軍人が、ガーディアン紙で恐ろしいストーリーについて語った。そのひとり、二九歳の赤毛のマイケル・ハースは、〔プロアイスホッケーチーム〕シカゴ・ブラックホークスのジャージー姿でインタビューに現れ、かつての経験をつぎのように語った。「アリを踏んづけたぐらいで動揺するな。ターゲットについて、そんなふうに考えるんだ。画面上の黒い点にすぎないとね。任務を楽にこなせるように心を鍛えるんだ。相手はターゲットにふさわしい。反対の立場を選んだのだから、当然の報いだろう。それでも、毎日任務をこなすためには、良心の一部を手放さなければならない。こんなのは正しくないとささやく声を無視しないとね(12)」。

ほとんどのテクノロジーは、本質的に良くも悪くもない。いかにそれを利用するかが重要なのだ。ロケットは、私たちを宇宙や月に連れていくことができるが、その半面、遠く離れた場所で眠る家族の寝室に、弾頭を命中させる可能性もある。そして同じことは、アナリティクスにも言える。テクノロジーは──人間の行動をモデルにコード化されたものも含め──私たちがより良い決断を下すために役立つときがある。しかしその一方、同じ人間を単なるデータポイントとして考えるためにも便利だ。特定の人間を他者と見なすためには特に効果的で、もともとよく知らない相手の生活についての真実など、どうでもよくなってしまう。私たちは本来、世界の混乱を整理して理解しようと努めるが、〝模倣や改変が常態化すると〟、その実現は難しい。そして人間の顔が見えなくなると、それをきっかけにして、相手への憎悪は強い確信になる。[13] 私たちが理解を深め合うために役立つ手段は、同じ人間の日々の現実から目を背けるためにも役に立つ。もっとひどいと、相手を敵と決めつけ、画面上の黒い点としか見なくなる。計算、なかでも指数関数的な計算は、余計なものを取り除くための効果的な手段になる恐れがある。

そうなると、現代のテクノロジーが悪用されるのは時間の問題だ。私たち人間は、たとえるならネジをセットしてドライバーでねじ込むように、嘘をつくことにも、それを定着させることにも驚くほどの能力を発揮してきた。嘘をつくだけでも困るが、現代のテクノロジーを使って嘘を拡散し、それが現実の世界で有害な行動を引き起こすとさらに厄介だ。そのわかりやすい事例が、ソーシャルメデ

（12）　Ed Pilkington, "Life as a Drone Operator: 'Ever Step on Ants and Never Give It Another Thought?'" *Guardian*, November 19, 2015.
（13）　Whitney Phillips, "We Need to Talk about Talking about QAnon," *WIRED*, September 24, 2020.

ィアボットだ。この自動化プログラムは自律的に動作するため、どこかの国の選挙によその国の政府が介入し、些細な事実を水増しすることも可能で、その結果として不信と分断の種が蒔かれる。最近ツイッターが行なった調査によれば、一六万七〇〇〇件のアプリが自動アカウント（ボット）を悪用し、乱用を防ぐためにツイッターが設定したルールを無視して何千万ものツイートを拡散している[14]。

一方、ＥＵでは、たくさんのＡＩ搭載型ドローンを同時飛行させる「スウォーム」攻撃が進行中だ。不法移民を国境で監視するために、死に物狂いの亡命希望者を熱探知カメラで追跡する。こうしたドローンには、テーザー銃やゴム弾が搭載される可能性も憂慮される。「ドローンが人々の動きを阻止する行動を起こすようになるのは、もはや時間の問題だ」と、イギリスのシェフィールド大学名誉教授で、ロボット工学と人工知能が専門のノエル・シャーキーは警告する[15]。ちなみにノースカロライナでは、アフリカ系アメリカ人の有権者から選挙権を剝奪する法律を作成する目的で、政治家がデータを利用した。有権者を抑圧するための体系的なアプローチを見せられたテレビ番組司会者ジョン・オリバーは、愕然としてこう言った。「ついに人種差別がマネー・ボール化された」。

イギリスのボリス・ジョンソン首相の政権はすでに動揺していたが、政府が採用したアルゴリズムが多くのイギリス国民の人間性を無視すると、ほぼ完全な無政府状態に陥った。コロナ禍の影響で二〇一九年から二〇二〇年にかけての学年度が早めに終了すると、中等学校の教師は総合テストを受ける生徒たちの点数の予測を任された。これはＡレベルとして知られるが、アメリカのＳＡＴ〔大学進学適性試験〕と同様、その結果次第で進学先の大学が決定される。教師は生徒たちをできるだけ高く評価して、通常よりも高い成績を予想した。要するに、好意的に水増しした。そのため、限られた大学に入学資格があると判断された生徒が集中しすぎた。そこで、資格試験の監督機関オフカルは、点数を下げるためにアルゴリズムを利用した。そのあと四〇パーセントの生徒が結果を確認すると、予想よりも点数は低く抑えられ、希望する大学への入学が許されないケースもあった。最悪の場合、合格点に達していた生徒が、実際には受けていない試験で落第点を取ったことになっていた。大切な人生の進路が、機械によって変更されたのだ[16]。

このアルゴリズムはＡＩの例に漏れず、公平で客観的な判断を下す点を強調して政府に売り込まれた。ところが実際には不利な立場の生徒には特に冷酷無情だった。このＡＩの判断は、生徒が通う学校とそこでの本人の成績を大前提にしていた。従来から良い結果を出している学校——学費の高いエリート校——の生徒の成績は、五パーセントちかくアップした。これに対し、貧困地区の公立学校に通う生徒——主に移民や有色人種——は成績がダウンして、なかには学力レベルを二段階も下げられたケースもあった。ジョンソン首相の保守党政権は、実際には行なわれていない試験を根拠に生徒の成績を操作した結果、階級主義を復活させてしまった。それはいまでもイギリス人の生活に付きまと

(14)　Andy Greenberg, "Twitter Still Can't Keep Up with Its Flood of Junk Accounts, Study Finds," *WIRED*, February 8, 2019.
(15)　Zach Coon Campbell, "Swarms of Drones, Piloted by Artificial Intelligence, May Soon Patrol Europe's Borders," Intercept, May 11, 2019.
(16)　Megan Specia, "Parents, Students and Teachers Give Britain a Failing Grade Over Exam Results," *New York Times*, August 14, 2020.

っている。

ロンドンでも未だに貧困層が多く暮らすイーストエンドにあるレイストン・シックスフォーム・コレッジでは、学生の四七パーセントが成績を下げられた。校長のジル・バーブリッジは、これはスキャンダルだと非難したが、嫌悪感を示したのは彼女ひとりではなかった。「国じゅうの若者や親たちが、あらゆる町や都市で例外なく、裏切られて失望している」と、野党の労働党の党首キア・スターマーは声明を出した。法的な異議申し立てが行なわれ、教育大臣のギャヴィン・ウィリアムソンは集中攻撃を受け、辞任を求める声が広がった。機械が調整した結果は最終的に撤回され、最初に教師がつけた成績が復活した。[17] ウィリアムソンは、「これによってつらい経験をした生徒には、本当にすまないと思っている」と謝罪して、「これ」という言葉に多くの意味を込めた。

オフカルのトップで銀髪のロジャー・テイラーも、この大失敗で果たした役割を謝罪した（当然ながら、自分が悪かったとオンラインに投稿した）。「我々はここで道を間違え、進路を変更する必要性を認識した」と彼は語り、「これでは国民の支持を得られないことは、いまでは明白になった」と補足した。しかし、そんなのは天才でなくても見当がつく。八月一六日には国じゅうで生徒の抗議運動が発生し、なかにはAレベルの結果を燃やし、その様子をカメラに収める者もいた。ロンドンのパーラメント・スクエアではデモの参加者が怒りを爆発させた。ある女生徒は群衆に向かい、自分は成績を意図的に下げられたせいで医大への入学資格を失ったと訴えた。「こんな制度はくそくらえ」、エリート中のエリートの「イートンなんかくそくらえ」と連呼したあと、参加者は新たにこう叫んだ。

「アルゴリズムもくそくらえ」。[18]

二〇二〇年の火災シーズンには、アメリカの太平洋岸が大きな被害を受けたが、このとき真っ赤に染まった空の下でスマホのカメラを使っても、空が赤く写らなかった。[19]これは陰謀だと興奮し、テックジャイアントは状況の恐ろしさを世界に知られたくないのだと決めつけるユーザーもいた。しかし実際には、アルゴリズムが理解の範囲を超えた状況に直面して困惑し、正しく認識できなかったことが問題だった。スマホに搭載されるカメラの半分ちかくを製造するソニーは、何億種類もの画像をカメラに見せて訓練する。カメラはその知識に基づいて、似たようなものの画像を正確に再現できるようになっている。しかしアルゴリズムは、火事で赤く染まった空の画像を見せられていなかった。家や車や樹木は普段と変わらない様子なのに、空の色だけが赤く変わっているので混乱してしまった。そもそもこれは火山ではない。一部の人たちのスマホは、これをエラーだと判断した。そのため、光の状態がほぼ通常に修正され、実際には恐ろしいほど真っ赤な色が薄くなった。現実はあまりにも極端だったので、レンズに問題が生じたのではないかとカメラは疑ったのだ。見ているものが現実だとは、信じられなかったのである。

世論調査は何十年にもわたって政治の話題の中心だったが、これもまた、人々の実態をとらえる能

（17）　Aubrey Allegretti, “Exams U-turn: Teacher Estimates to Be Used for GCSE and A-level Grades as Controversial Algorithm Ditched,” news.sky.com, August 18, 2020.

（18）　私は二〇二〇年八月一六日に投稿された@HUCKmagazineのツイッターフィードで、抗議デモのビデオを見た。

（19）　Ian Bogost, “Your Phone Wasn't Built for the Apocalypse,” *Atlantic*, September 11, 2020.

力が次第に衰えているようだ。二〇一六年のアメリカ大統領選挙の際の全国世論調査は、ヒラリー・クリントンの確実な勝利を予想して見事に外れたが、二〇二〇年にジョー・バイデンがドナルド・トランプを破ったときは、前回よりも大きく予想を外した。なかには、まったく的外れなものもあった。二〇二〇年大統領選の投票日前日、バイデンはウィスコンシン州で八ポイント以上の差をつけて勝利すると予想されたが、実際には〇・七パーセントという僅差《きんさ》の勝利だった。オハイオ、フロリダ、さらにテキサスの各州では、統計上ではデッドヒートとなり、最後は民主党が勝つと思われたが、蓋を開けてみれば、三つの州のすべてでトランプがかなりの差をつけて勝った。

トランプの人気の高さは何とも解せないが、的外れな予想は議会選挙にも影響をおよぼしている。世論調査によれば、民主党の候補者は平均すると四ポイントの差で勝利する可能性があったが、これは過大評価だった。実際には接戦となり、これでは世論調査など役に立たないと思われても仕方ない。選挙前のある世論調査では、メイン州で共和党の現職上院議員のスーザン・コリンズが、民主党の対立候補サラ・ギデオンに後れを取っていた。ところが実際には、コリンズが八ポイント以上の差をつけて勝利を収めた。あるいはサウスカロライナ州では、民主党のジェイミー・ハリソンが立候補して、選挙に強い共和党のリンゼイ・グラハムと対決することになった。ここは激戦になると予想され、外から選挙に大量の金がつぎ込まれた。ハリソンは最終局面で大量の現金を調達し、その金額は上院議員選挙の候補者としてアメリカ史上最高になった。ところが結局、一〇ポイント以上の差をつけられて敗北した。

公平かどうかはともかく、ネイト・シルバーが運営するブログのファイブサーティーエイトは、選挙戦後に酷評された。数多くの世論調査を追跡し、その数字を慎重に検討して集計された彼のモデルは、二〇一二年にバラク・オバマとミット・ロムニーが争った大統領選で、すべての州の結果の予想を的中させて有名になった。そのなかの九つは、予想が難しい激戦州として有名だった。ここでもアナリティクスは無敵の強さを証明したのだ。ところが二〇一六年、シルバーは前回ほどの成功を収めなかった。大方の予想よりも悪かったわけではない。投票日の三日前、プリンストン・イレクション・コンソーシアムは、クリントンが勝利する確率を九九パーセントと予想したが、シルバーの予想は七一・四パーセントだった。それでも間違いは間違いである。朝起きたら自分が大統領になったことを知って驚いた候補者は歴史上ほとんどいないが、トランプはそのひとりになったのである。

　あらゆる科学者の例に漏れず、データサイエンティストのシルバーは自分の失敗からの学習を試みた。モデルでは、かならずしも修正を受けつけないことが問題のひとつとして指摘される。特定の方法で動くように構築されており、人間が介入しない限り、そのままいつまでも動き続ける。しかし、後にシルバーは二〇一六年の結果について、モデルそのものに問題はなかったと語った[20]。機械のせいにはしなかった。ほとんどの状況で、ファイブサーティーエイトのシステムは完全に自動化されている。経済の状態や予想投票率の要因を考慮した独自のモデルを使い、世論調査の数字を調整して入力すると、確率がはじき出される。世論調査とも、それに基づく他のデータとも、比較して決して遜色

(20) Nate Silver, "How I Acted Like a Pundit and Screwed Up on Donald Trump," FiveThirtyEight.com, May 18, 2016.

はない（シルバー自身は投票しない）。ところが時として、人間の主観——シルバーは、アナリティクスをむしばむがんのようなものだと考える——が入り込んでくる。ブログへの投稿でナラティブな語り口を心がけ、シルバーはつぎのように説明した。自分がトランプについて、特に二〇一六年の選挙結果について過小評価したのは、ネイト・シルバーという人間が、トランプが勝つなど「考えられない」と思い込んだのが一因だった。彼にとって二〇一六年の失敗は、世論調査の限界についての警告ではなかった。これを貴重な教訓として、計算能力を磨く決意を新たにしたのである。

二〇二〇年の投票日の前日、シルバーはモデルとアプローチを微調整した結果、バイデンが勝利する確率は八九パーセントという予想を立てた。選挙人票を三〇〇票以上獲得し、圧勝に終わると考えた。トランプの勝率をゼロではなく一〇パーセントにしたのは、二〇一六年の非難の再現を防ぐためだ。一〇回に一回の確率が予想される出来事が、実現することはめずらしくない[21]。特に気がかりなのはペンシルバニア州で、バイデンはここでの勝利が何としても必要だったが、大きくリードしているわけではなかった。そして蓋を開けてみれば、ダークホースがあやうく勝利をさらうところだった。バイデンは最終的に全米で四ポイント以上の差で勝ちを掴んだが、選挙人票の獲得数は彼が三〇六、トランプが二三二だったから、見かけほどの楽勝ではなかった。ペンシルバニア州などの大票田でおよそ四万票が流れていたら、トランプは勝っていただろう。

調査業界が二〇一六年に行なった計算は、明らかに不完全だった。修正が加えられたものの、どれも十分ではなかった。これではアナリティクスも二〇一二年のようには注目されず、いまや熱がすっかり冷めてしまった。予測がふるわなかった原因については意見が分かれる。そのひとつが、この数十年間で投票への不参加が増えたことで、その傾向は一部の人口集団で特に顕著だ。たとえば大学を卒業していない白人は投票に「抵抗感を持つ」だけでなく、投票する場合にはトランプを選ぶケースが圧倒的に多かった。あるいは、一部の投票者がトランプに一票を投じた事実を「隠したがり」、出口調査でトランプへの忠誠を表立って認めなかった可能性も指摘された。さらに、世論調査機関が投票者の総数の予想を修正したことも原因として考えられる。二〇二〇年には人数がかなり過小評価され、特に共和党に関してその傾向が目立った。そして世論調査機関は、郵送による投票や新型コロナを巡る不安への対応に苦慮した。コロナ禍は、共和党と民主党の有権者のどちらにも、形は異なるがきわめて重要な影響を与えた(22)。

しかし、本当に問題なのは以下の点だ。アメリカでは政党への忠誠心が微妙になったので、選挙の結果を数字だけで予測するのはほぼ不可能になった。世論調査での二パーセントの誤差は二〇一六年にも二〇二〇年にも、予測と実際の結果の違いとなって表れた。特にニューヨークやカリフォルニアなど、人口の多い一部の州は民主党の選挙人団の力が強く、予測が困難だった。全体から見ると、二パーセントなど大した数字には見えないかもしれないが、誤差はあなどれない可能性もある。エラーは大した問題を引き起こさないですむときもあれば、深刻な影響をもたらすときもある。

(21) Nate Silver, "I'm Here to Remind You That Trump Can Still Win," FiveThirtyEight.com, November 1, 2020.
(22) Scott Keeter, Courtney Kennedy, and Claudia Deane, "Understanding How 2020 Election Polls Performed and What It Might Mean for Other Kinds of Survey Work," Pew Research Center, November 13, 2020.

二〇二四年は違うと信じてはいけない。二〇一六年にトランプが思いがけなく勝利を収めると、その影響で二〇二〇年までには、世論調査の回答者はトランプに勝ってほしいというよりも、結局はバイデンに勝つと信じるようになった。これは、世論調査の信頼性が損なわれた証拠だ[23]。そして、二〇二〇年にバイデンが驚くほど僅差で勝利を収めたあとでは、世論調査への不信感はさらに広がるしかない。ひょっとしたら、これは良いことかもしれない。世論調査の数字が神聖視されると、それが実際の結果に変化を引き起こす可能性がある。おそらくウィスコンシン州などでは、バイデンが圧勝すると予想されたため、民主党員が彼に一票を投じる義務を感じなくなり、票が流れたと考えられる。あるいは、ジェイミー・ハリソンには選挙の終盤で五七〇〇万ドルがつぎ込まれたが、ちょっと考えてほしい。実際に競争が激しい選挙区、あるいは何かほかの目的に同じ金額を投じたほうが、有効活用されたのではないか。フェルミが、数字を真実と見なすべきではないと考えたことを思い出してほしい。そして、世論調査を疑う姿勢を忘れてはいけない。実際、すでにアルゴリズムによる操作を感じ取っている人もいる。そうすれば、何百万ドルもの大金が無駄になる事態も回避されるだろう。

「世論調査員の皆さん、本当にご苦労さまでした」とグラハムは、祝勝パーティーで勝ち誇り、こう続けた。「それに比べるとカリフォルニアやニューヨークの民主党員は、ずいぶん金を無駄に使いました。投資収益率はアメリカの政治史上最悪です」。

カリフォルニア南部での世論調査と異なり、グラハムの見解は間違っていない。

客観的であるはずの数字が政治に歪んだ影響をおよぼすのは、世論調査だけではない。フェイスブックは、アルゴリズムを使って保守的な発言を都合よく操作していると非難されてきた。特に過激な発言をクローズアップする傾向が強く、二〇一六年の大統領選挙では、ソーシャルメディアがトランプの勝利を後押しした可能性も考えられた〔政治に特化したニュースメディアのポリティコは、ソーシャルメディアは選挙戦の「きわめて重要な戦場」だったと評した〕[24]。つぎの二〇二〇年の選挙では投票日が近づくにつれて、右寄りのエコーチェンバー〔反響室〕現象が目立つようになった。トランプや、彼を支持する反主流派のコメンテーター――ベン・シャピーロ、ダン・ボンジーノ、デイヴィッド・ハリス・ジュニア、フランクリン・グラハム――の投稿は、フォロワーのエンゲージメント率〔投稿に反応したユーザーの割合〕が非常に高かったのだ。あなたがフェイスブックに登録していなければ、あるいは保守政治に関わっていなければ、いま紹介した名前（もちろん、トランプは除く）は噂で聞いた程度だろう。しかし、どの人物も右派のなかで影響力が大きく、その主な支持者はフェイスブックのフォロワーである（シャピーロなど、ニューヨーク・タイムズ紙の公式ページより一貫してエンゲージメント率が高い）。トランプとバイデンは、ふたり合わせて二億ドルちかくをフェイスブックの広告につぎ込んだが、むしろ政治報道を装った「オーガニック〔広告枠がない〕コンテンツ」のほうが、はるかに閲覧数が多く、信用された可能性が高い。そしてこれは、現金を投じたのと

(23) Harry Enten, "How Trump Has Broken the Polls," CNN.com, May 3, 2020.
(24) Alex Thompson, "Why the Right Wing Has a Massive Advantage on Facebook," POLITICO, September 26, 2020.

同じ効果を発揮する。アルゴリズムが一方の陣営を高く評価するなら、その傾向は明らかに前もってビルトインされている。

フェイスブックのあるエグゼクティブは匿名を条件に、アルゴリズムは中立だとポリティコで強調した。右派の発言が支持されるのは、ソーシャルメディアでエンゲージメント率が高くなるような何らかの資質を備えていたからだという。しかし実際、「中立的な」アルゴリズムなど存在しない。アルゴリズムは人間が作るのだから、人間に備わっているものを一通り受け継いでおり、そこにはバイアスも含まれる。こうした事実にもかかわらず、このエグゼクティブの物騒な発言に筋が通っているのは間違いない。「右派のポピュリズムのエンゲージメント率が常に高い」のは、コンテンツが人々の怒りや不安に応えるので、「原始的な感情を驚くほど激しく」揺さぶられるからだという。「一九三〇年代もそんな状況だった。ソーシャルメディアが新しい現象を創造したわけではない。言うなれば、古くからの反射作用がソーシャルメディアという鏡に映し出されているだけだ」。

この主張に対し、ポリティコからはいくつかの反論があった。たとえば、長年フェイスブックに勤務して、いまはアメリカ進歩センターというリベラルな団体に所属するアダム・コナーはこう語る。「フェイスブックがこの事を中立と呼ぶとは、笑止千万だ。フェイスブックは鏡ではない。ニュースフィードアルゴリズムは偏った傾向を加速した」。トランプが二〇二〇年の大統領選の敗北を認めることを頑として拒んでも、裁判所は譲歩しなかったが、ソーシャルメディアでは大勢から支持された。「ストップ・ザ・スティール」という右派の抗議運動は、バイデンは不正に勝利を手に入れたと訴えて、一日で三五万人のフォロワーを獲得した。そこでついにフェイスブックは、誤情報を拡散して支持者を焚きつけ、実際に危険な行動を起こすように誘導したと判断し、組織のアカウントを停止した。「この運動は、選挙プロセスの合法性を認めようとしない。一部のメンバーが暴力的な行動を呼びかけるのは、憂慮すべき事態だ」と、フェイスブックの広報担当者は声明で読み上げた。(25) しかし、もはや手遅れだった。暴力行為の呼びかけは二〇二一年一月六日、実際の行動に結びついた。この日、トランプの支持者は首都ワシントンを襲撃したのである。

バイデンの報道官ビル・ラッソも鏡の比喩を問題視して、ソーシャルメディアは私たちに深刻なダメージを与えたと声を荒らげて抗議した。「このようなものは、我々の社会の特徴として無条件で受け入れられない。不信感や分極化で我々を分断するアルゴリズムが、意図的に創造された」と訴えた。リベラルは、フェイスブックがアルゴリズムにかなりの微調整を加え、その中立性を疑う保守派の懐柔を狙っている証拠を指摘した。二〇二〇年の大統領選では、ツイッターはトランプの扇動的なツイートの多くに警告を発し、選挙後もそれを続けた。そしてまもなくホワイトハウスを去るトランプが、バイデンは不正を働いたと何百回も投稿すると、最後は個人アカウントを永久凍結した。ところがフェイスブックは、陰謀論やフェイクニュースの拡散を制限する手を緩めた。複数の右寄りのページが嘘をばらまいていることが社内調査で明らかになっても、上級幹部はトランプとその支持者たちに遠慮して、アカウントの停止に反対した。上級幹部のひとりで、グローバル公共政策担当責任者の

(25)　Julia Carrie Wong, "Facebook Removes Pro-Trump Stop the Steal Group over 'Calls for Violence,'" *Guardian*, November 5, 2020.

ジョエル・カプランは、社内で共和党の代弁者として有名だった。[26] 有料トラフィックを提供するときには、共和党も民主党も何億ドルもつぎ込むので、トラフィックをスムーズに進行させ、できるだけ多くの人たちを満足させることが重要になる。そして人々を怒らせ、不安を煽れば、その分だけ利益は増えていく。

テクノロジーのおかげで、いまや誰でも自分の世界を創造できるようになったが、そのテクノロジーの影響で、自分の世界から離れられなくなる可能性が高くなった。フェイスブックの月当たりのアクティブユーザー数は二七億人を超える。そのため一部の観測筋は、フェイスブックの力を終末兵器にたとえるほどだ。そのとてつもない規模は、もはや人間が制御できる範囲を超えている。きわめて煽情的で有害なコンテンツを削除するため、フェイスブックは何千人もの社員を雇っているが、うまく制御できる可能性は低い。「フェイスブックから世界には、大量の嘘が洪水のように押し寄せてくる。多言語を話すスタッフが長時間にわたって働いても、修正作業は追いつかない。いつでもかならずアルゴリズムは、人間よりも迅速で強力なのだから」と、アドリエンヌ・ラフランスは的確に指摘する。[27] 私たちは何十年も前から機械の台頭を恐れてきたが、映画『ターミネーター』に登場するようなキラーロボットを想像していた。いつのまにか寄生して、こっそり悪事を働く機械が登場するなど想定外だった。敵は外にいるものとばかり思っていた。ところが今日の機械は、とらわれの聴衆〔聞きたくもない話を無理に聞かされる聴衆〕を増やすことを目指し、人々を巧妙に分断しては対立を煽っている。

同様に、私たちは自分で判断するよりも、判断を委ねる傾向が強くなった。意識的かどうかはともかく、私たちは全員が世論調査員のような存在である。しかし最近では、私たちが集めるサンプルは以前よりも数が少なく、範囲も狭くなった。これでは、独自にアナリティクスを行なって失敗するのも無理はない。サンプルが少なくなればなるほど、大きな集団の傾向をそこから把握できる可能性は低くなる。そもそもアルゴリズムは、私たちの過去の履歴に基づいて情報を提供する。何らかの政治的発言をフォローしたら、それに対する反論をアルゴリズムは提供しない。すると、同じようなものばかり見せられる結果、誰もが自分と同じ考えの持ち主だと勘違いする。鏡を覗き込む時間が長いので、鏡の窓を信じるようになる。自分たちにとっての真実が、普遍的な真実になるのだ。その挙句、現実の世界で自分は嘘つきだと指弾され、意外な展開に驚かされる。

では、事態をどのように収拾すればよいのか。アルゴリズムと世論調査とソーシャルメディアが結託し、思いやりのない有害な政治が社会に混乱を引き起こしている今日、ダメージをどのように修復すればよいのか。先ずは当然ながら、嘘と真実をもっと上手に見分ける必要がある。データに基づいているからと言って、作り話を無条件に信じてはいけない。しかし私は、他にもやるべきことはあると確信している。いつでも機械が壊れることを想定し、自分で行動できるように準備しておくことも

(26) Elizabeth Dwoskin, Craig Timberg, and Tony Romm, "Zuckerberg Once Wanted to Sanction Trump. Then Facebook Wrote Rules that Accommodated Him," *Washington Post*, June 28, 2020.

(27) Adrienne LaFrance, "Facebook Is a Doomsday Machine," *Atlantic*, December 15, 2020.

必要だ。機械のスイッチを切らなければいけないときもある。
バイク整備士であり、哲学者でもあるマシュー・B・クロフォードは、ニューヨーク・タイムズ紙でベストセラーに選ばれた著書『Shop Class as Soulcraft』〈魂の技法としての工作授業〉のなかで、テクノロジーが高度に発達しても人間にはかなわないと指摘したうえで、その理由を私よりも的確に説明している。「基本に立ち返るべきだ」と呼びかけ、昔ながらの手作業の良さをクローズアップして、説得力のある主張を行なっている。手仕事は社会に利益をもたらすだけでなく、実践する人の能力向上にも役立つという。(28) 現代社会を悩ませる問題である疎外感の解決策として、これはやや単純な印象を受けるかもしれない。だがそう思うのは、いまのやり方が唯一の方法であることを無条件に受け入れるように仕向けられてきたからだ。

ここでトム・コンチャルスキーという人物の、純粋にアナログの素晴らしいパフォーマンスについて紹介しよう。(29) 彼はがんに侵され、長い闘病生活を送ったすえ、二〇二一年二月八日に七四歳で没した。すると直ちに、彼のバスケットボール殿堂入りを推すキャンペーンが始まった。スポーツ専門テレビチャンネルESPNのパブロ・トーレによれば、「十代のバスケットボールプレーヤーの発掘に関して、アメリカで彼の右に出るものはいない」。反対の声はほとんどなかった。

コンチャルスキーは、ニューヨークシティの体育館に勤務していた。六フィート六インチ〔約一九七センチメートル〕と背は高かったが、その割にプレーヤーとしては大成しなかった。むしろ、他人の才能を見抜く能力が抜群だった。誰よりも優れた観察者だったが、ツールはいたってシンプル。並外れた記憶力、ゲームへの情熱、黄色のリーガルパッド、タイプライター、鍛えられた温かい観察眼がすべてだ。コンピュータも携帯電話も持たず、車は一度も運転しなかった。バスケットボールの分析には、スプレッドシートもストップウォッチも使わない。椅子に座ってゲームを観戦し、そのあと家に帰り、プレーヤーについての率直な評価をタイプで打った。そして出来上がったニュースレターをコピーしてから自分で封筒に入れて、全米の大学の様々な世代のコーチに郵送した。ボビー・ナイト、リック・ピティーノ、ジョン・カリパリ、マイク・シャシェフスキーなどが定期購読者だった。どのコーチも、有望プレーヤーについてのコンチャルスキーのランク付けと、一風変わった短いコメントを信用した。「呼吸するみたいに軽々と得点する！」という表現は、じっくり注目する価値があることを意味した。若いプレーヤーの将来の予想について、コンチャルスキーはほとんど間違えなかった。過去を十分に記憶していたので、未来を見通すことができたのだ。

政治の舞台はバスケットボールと違うとか、選挙はゲームと違うと考える理由があるだろうか。もしも今日、両者のあいだにギャップが存在するとすれば、政治は利益が絡む分だけ複雑になるからだ。ただし、常にそうとは限らない。

一九六六年にロバート・カロは、ロバート・モーゼスの伝記の執筆に取りかかった。モーゼスはニューヨークのマスター・ビルダーだったが、何かとお騒がせだった。実際、手がけた構築物の高さに

(28) Matthew B. Crawford, *Shop Class as Soulcraft: An Inquiry into the Value of Work* (New York: Penguin Books, 2009).
(29) Corey Kilgannon, "Basketball Prospector," *New York Times*, February 1, 2013.

匹敵するほどたくさんの無理難題をカロに突き付けた。モーゼスは地球上で最も多様性のある都市のひとつで民間プロジェクトを手がけた人物でありながら、極端な秘密主義者だったのである。そしてカロとのインタビューを拒むだけでなく、他の人たちにも、自分に嫌われたくなければカロに何も話さないのが賢明だと忠告した。そのため、カロは締め出されてしまった。

しかしカロはあきらめなかった。大きな紙を持ってくると、その中心に点を描いた。これはロバート・モーゼスを象徴する。そしてつぎに、同心円をつぎつぎと描いていくが、これは彼が理解したい対象である。最初の円は、モーゼスの最も親しい人たち、すなわち家族。つぎの少し大きな円は、友人。そのつぎの円は大切な知人。さらにそのつぎはただの知人。そしていちばん外側の円は、モーゼスに一度だけ会った人たちである。「彼が全員に連絡をとるのは無理だろう」と、カロは私に説明してくれた。[30] しかしカロならば、全員に連絡をとることができる。あとは実際に動くだけでよかった。

カロが大量の最終原稿を由緒ある出版社のクノッフに持ち込んだときには、『The Power Broker』〈パワーブローカー〉というタイトルの一一六二ページから成る大作に仕上がっていた。一九七五年にはピューリッツァー賞を受賞して、未だに版を重ねている。担当編集者のロバート・ゴットリーブは、細かい描写にたちまち魅せられた。あちこちから情報をかき集め、しかも個人的な洞察が鋭い（ちなみに、初稿は手書きだった）。ゴットリーブはどんどん読み進めるうちに、二一四ページ目のあるパラグラフに釘付けになった。その場面では、ロバートの両親のベラとエマニュエルが一九二六年の夏の朝を、ベラム・ベイ・パーク〔ニューヨーク市ブロンクス区の北東にある市立公園〕にあるキャンプ・マディソンのロッジで過ごしていた。キャンプ・マディソンは貧しい移民の子供たちのための保養所で、ベラはその設立を支援していた。ふたりがニューヨーク・タイムズ紙にざっと目を通しているとき、息子についての記事が目に留まった。それによると、権力欲が強いロバートは、横領で訴えられ、二万二〇〇〇ドルの罰金を言い渡されたという。「まあ何てこと。あの子はまともに働いたことがなかったのね。これは私たちが払わないといけないわ」とベラは嘆いた。

ベラもエマニュエルも故人となってからだいぶ時間が過ぎていた。それなのに、当時の状況をカロがどうして克明に知ることができたのか、ゴットリーブは理解に苦しんだ。モーゼスには、クノップ社を訴えて葬り去るだけの財力があるのだから、『The Power Broker』は相手に付け入る隙を与えてはならない。そこでゴットリーブはカロに、一通りの説明を求めた。

カロによれば、調査はいちばん外側の円から始まった。そこに該当するキャンプ・マディソンのキャンパーやスタッフからは、モーゼス親子の関係について貴重な情報を得られる可能性があった。そこでまず、キャンプの出席簿と雇用記録を手に入れた。つぎにニューヨーク公共図書館に出向き、保管されている電話帳に掲載された名前と出席簿や雇用記録の名前を突き合わせ、同じ名前が見つかればかならず電話をかけた。いまは成人した子供もいればすでにリタイアした職員もいた。そのひとり、イスラエル・ベン・シェイバーは、キャンプでソーシャルワーカーとして働いていた。そして偶然にも、ベラとエマニュエルのモーゼス夫妻に毎朝ニューヨーク・タイムズ紙を配達していた。そして問

(30)　私はロバート・カロについてエスクァイア誌で取り上げた。二〇一二年五月号に、「The Big Book」〈ビッグブック〉というタイトルで掲載された。

題の日の朝、二人と一緒に朝日を浴びているとき、経済的義務を果たさない息子への不満をベラがもらすのを聞いたのだ。そのときのことは正確に記憶しており、それをカロに伝えると、著書で取り上げられたのだった。これは小さな出来事だが、モーゼスの家族関係を知る貴重な手がかりで、カロはその描写に多くのエネルギーを費やした。

「そうだったんですよ」とカロから聞かされたゴットリーブは、情報の入手経路について尋ねることはもうやめようと決心した。

「ストーリーを組み立てていくあらゆるステップが、普通の基準からは大きく逸脱していた」とゴットリーブは数十年後、私に語った。このとき彼は、老人のささやかな楽しみであるサンドイッチをおいしそうに食べながら、取材に応じてくれた。「でも本人は、すごいことをやり遂げたと思っているような様子ではなかった」。カロにすれば、テラーのマジックと同じようなことに取り組んだだけだった。取材を徹底させ、極限までレベルアップしたのだ。彼にとって、ものを書くのは手作業だった。

「言うなれば、家具職人が板を組み合わせていくようなものだ」と、カロは語る。「これでうまくいくとわかったときは、達成感がわいてくる。体で感じられる」のだという。そして彼は、同じように厳格ながらも非常に人間的なアプローチで、複数巻から成る代表作のリンドン・ジョンソンの伝記に取り組んだ。私が二〇一二年にインタビューを行なった時点で、カロはすでに四〇年を執筆に費やしていた。三部作の予定が、四冊になり、さらには五冊になった。そして、すでに八〇歳を超えていたが、ベトナムに行く計画を立てていた。まだ取材が残っていたのだ。取材はどれも秀逸で、内容が充実している。「彼は驚くほど生産的で、一度決めたらとことんやりぬく」とゴットリーブは評した。

その点は、ジョン・マケインも同じだ。いまは政治が非難される時代なのは私も承知しているが、ここはどうか、お付き合い願いたい。私は、政治的には彼にあまり賛同できないが、ジョン・マケインという人物が大好きだった。二〇〇六年から一緒に時間を過ごすようになっても、その気持ちは変わらなかった。

当時六九歳だったマケインは、アメリカ上院の重鎮で、二〇〇八年大統領選では共和党での指名が確実な候補者だった。少なくとも、本命と見られていた。私が初めて彼と会話を交わしたのは、マディソン・スクエア・ガーデンの駐車場に止めたSUVのなかだった。その少し前に彼は、マンハッタンにあるニュースクール大学の卒業式で反抗的な学生を相手に訓示をしてきたところだった。彼が壇上に登場すると、一部の学生は立ち上がって背中を向けた。誰かが暴言を吐くという噂もあり、それが実現する不安もあった。このあとコネチカット州での資金集めイベントに向かうあいだ、私は車に同乗させてもらった。初対面の握手をすませると、妻のシンディに電話をして、「ああ、大変だった。きみに会いたいよ」と訴えた。その警戒感のなさに、私は驚かされた、ロバート・モーゼスとは正反対だ。〝これならうまくやれそうだな〟と思ったのを覚えている。そこから断続的ではあるが、二年間にわたる交流が始まったのである[31]。

私はカロの本を通じ、権力を理解するためには、権力を求める人たちを理解する必要があることを教えられた。好きな小説を読むときのように、相手の心を読み取る術《すべ》を覚えなければならない。カロはテーマとして選んだ人物に飽くなき好奇心を抱き、相手の心を徹底的に探ったが、私もそれを真似て、ジョン・マケインの選挙運動を二年にわたって観察した。リンドン・ジョンソンの壮大な伝記は細かい分析に欠点があるものの、ジョンソンについてカロが十分な知識を持っていたことには誰も異論がない。その知識に基づき、彼は物語を紡いだが、私もジョン・マケインを同じように理解して語ろうと決めた。教訓が読む人の心の支えになるような物語を提供したい。マケインは何度となく、崩壊した家庭で育った海兵隊員について大勢の聴衆の前で同じジョークを飛ばした。髪の毛を側近にセットしてもらうのは、戦争で負傷した両腕が肩の上まで上がらなくなったからだ。専用バスのストレート・トーク・エクスプレスでは、後方に陣取った。馬蹄形の座席には、ドーナッツを詰めた大きな箱が毎日準備された。一秒たりとも、ひとりで過ごすことが我慢できなかったからだ。こうして様々な場面に居合わせた結果、権力を追い求める人物の行動を私はじかに学ぶことができた。間近で親しく接する相手の人間的魅力に惹かれた。

私がマケインを真に理解した瞬間は、大統領選からほとんど脱落しかけたときに訪れた。二〇〇七年九月の時点では、アメリカ合衆国大統領はむろん、共和党の指名を勝ち取るのもあやしかった。とにかく何もかも崩壊していた。対イラク戦争を全面的に支持した姿勢が大きな汚点となり、選挙資金は底をつきかけ、チームは分解寸前だった。世論調査（これも数字は間違っているが）では、レースからの脱落が予測された。ここで彼はアイオワ州に焦点を絞り、一三時間かけて各地を遊説した。鋭い政治的直観を働かせ、最も居心地の良い場所に選挙活動を集中させ、好意を寄せてくれる人たちに囲まれるのがベストだと判断したのだ。会場のほとんどは退役軍人クラブか在郷軍人会ホールで、そこで少人数の退役兵に語りかけ、全員と握手するように心がけた。これが功を奏した。それから様々な出来事が続き、いまでは覚えている人もいないが、二〇〇七年の秋は彼の選挙活動の岐路になった。このとき会場に集まった人の数は、一〇人にも満たなかった。

夜には、私たちはアイオワ州ウォータールーの空港にバスで向かった。途中で道に迷いながらも何とか到着すると、つぎの遊説先ニューハンプシャー州ポーツマスを目指した。飛行機は一〇人がけだったが、座っているのは四人だけ。まるで氷河の表面から氷がはがれ落ちるように、みんなつぎつぎと去っていった。残っているのは、マケイン、彼の戦友のオーソン・スウィンドル、二五人いたスタッフは五人に減っていたが、そのひとりでまだ二十代の報道官のブルック・ブキャナン、そして私の四人だ。ここまで来ると、みんなの絆はこれ以上ないほど強くなる。飛行機は夜に出発したが、マケインは虫の居所が悪かった。翌日の計画が書かれた資料を手に取ると、そこには会場が正確に記されていなかった。「もう二七回もスケジュールを書き換えているぞ。変更するたびに紙が無駄になるんだ。これじゃあ、森の木が全部伐採される。一枚ですませてくれよ」。それだけ言うと、眠ってしま

---

(31)　私はジョン・マケインについて、エスクァイア誌で何度か記事に書いた。最初は「One of Us」〈私たちのひとり〉というタイトルで、二〇〇六年八月号に掲載された。選挙戦が進むにつれて、一緒に過ごす時間は少なくなった。共和党の幹部が彼のまわりに集まってきたことは理由のひとつだ。そしてもうひとつ、彼の選択の一部は間違っていると私が考えていることに、本人やスタッフが感づいたからでもある。特に、サラ・ペイリンを副大統領候補にしたのは間違いだったと思う。彼はモンスターを箱から解放してしまった。彼の訃報を聞いたときには、自分でも驚くほど悲しみがこみあげてきた。私は彼から多くを学び、一緒にいる時間を楽しんだ。ジョンは唯一無二の存在だった。

った。

小型飛行機は、大きな飛行機よりも高いところを飛ぶ。このときの高度は四万一〇〇〇フィート〔一二・五キロメートル〕で、地平線は曲線に見えた。前方では都市がオレンジ色に輝き、後方では真っ赤な太陽が沈んでいく。空を遮るものはなかった。

マケインが目を覚ました。彼が食事を十分にとっていないことをブキャナンは心配した。一日中選挙活動を続けても、そのエネルギー源はリンゴのフリッター、コーヒー一杯、チップス少々、レッドブル一缶だけ。いまはプラスチックの保冷ボックスに入れた中華料理が、プラスチックのトレイに載せて予《あらかじ》め準備されていた。マケインは冷たい春巻きを呑み込むと、つぎにフォーチュンクッキーを手に取った。そして、なかに入っているおみくじを読み、それを黙って私に差し出した。〝ゲームの行方は、終わってみなければわからない〟。

おみくじを返してくれと私に言うと、マケインはそれを大切にしまった。迷信深い彼にとって、ポケットにしのばせた幸運は力強い味方だった。翌日目覚めたときの様子は、数週間ぶりに晴れやかで、バスにも軽やかに乗り込んだ。あちこち傷んで安っぽく、必要最小限のものだけしか装備されていないバスは、かつての豪華なバスとは大違いだ。それでも後部には馬蹄形の座席があるが、ドーナッツではなく、小さな焦げ穴がところどころに残されていた。そして、各地の退役軍人クラブや在郷軍人会ホールに向かう途中、彼はそのスペースから色々な話をした。懸案は山積みだった。ニューハンプシャー州を何としても勝たなければ、もうあとはない。途中でマケインは、ボブ・ドールの選挙戦を回想した。一九九六年の選挙で、ドールはビル・クリントンに敗北を喫した。

「選挙戦の最後の二週間は、彼と常に行動を共にした」と、移りゆく景色を車窓から眺めながら、マケインは語った。「ひとつ、とても感動的な出来事があってね。確かに、彼は演説があまりうまくなかった。それはわかっているよ。ところが集まった群衆のなかに、かつて第一〇山岳師団に所属していた老人たちの姿があった。みんな、スキーの板を交差させたエンブレムを縫い付けた帽子をかぶっている。演説が終わると、ボブと退役兵たちはお互いに歩み寄った。それは実に美しい場面で、本当に感動的だった。いまでも思い出すと心を揺さぶられる」。

当時を回想するマケインの目には、涙が浮かんでいた。やがて私たちは、タバコの煙が充満する地下室を訪れた。マケインは、集まった退役兵たちに向かって身を乗り出すと、ヤニで指が黄色くなった手を順番に堅く握りしめた。彼はこれを何度も何度も繰り返した。そしてついに、すごいことが起こった。彼はニューハンプシャー州で勝利を収め、そのあとさらに八つの予備選を制したのだ。ジョン・マケインは再び有力候補となり、共和党の指名を勝ち取ったのである。その後、彼に帯同するときの飛行機はジェットブルー航空のチャーター便となり、シートは満席だった。

このあと私は、政治に関して二つ目の悲しい教訓を学んだ。大統領候補がふたりに絞られると、どちらの党も候補者を取り囲んで大きな足場を組み、候補者としてのステータスを維持するために絶えず修正を加えるのだ。何もかもがプログラム化され、計画されるようになる。突出した部分や、少々奇抜な個性は、敵から欠点と見られる恐れがあるので、わからないように隠されてしまう。あまりにも多くのことが関わってくると、もはや候補者が本能に突き動かされて行動するのは許されない。フォーカスグループや世論調査やコンサルタントが行なう数々の敵対的な調査は痛いところを突き、深刻な影響をおよぼす。話題の中心にいる候補者には、落ち着いて呼吸する余裕など残されない。

同時代人のなかで、マケインほど政治をよく知っている人間はまずいなかった。選挙戦へのデビューは一九八二年の下院議員選挙で、初挑戦にして勝利を収めた。上院議員には五回選ばれ、医療や選挙運動資金など、厄介な問題に関する法律を超党派で成立させるために奔走した。二〇〇〇年には大統領候補に立候補するが、共和党の指名を勝ち取れなかった。二〇〇八年には、自力でカムバックを果たした。ところがその結果、とんでもなく恐ろしいシステムに放り込まれてしまった。世論調査の数字を操作して陰謀を企む連中からは、これまで知っていたことはすべて間違いだと言われた。

彼がこれからやりたいことも、かつての功績も重要ではなかった。彼の飛行機には、バスと同じような馬蹄形の座席があったが、そこに誰かが座った記憶が私にはない。大統領候補が報道関係者と世間話をするなど、絶対に許されなかった。マケインは人々に囲まれていても、静かにひとりで時間を過ごすことを強制された。これは文字通り、彼にとって悪夢のシナリオだった。そして、重要な事柄について提案しても常に却下された。たとえば、マケインはジョー・リーバーマンを副大統領候補に考えたが、顧問らは四二歳のサラ・ペイリンを候補に決めていた。二年前にアラスカ州知事に選ばれたばかりのペイリンは、影響力の大きな年齢層に広くアピールすると考えられたからだ。この指名は、選挙にとって確実に大きな打撃だった。アイテストの経験豊富な人物にわざわざ尋ねなくても、正常な認知機能の持ち主がふたりと同じ部屋で五分も過ごせば、悪い組み合わせだということはわかるはずだ。しかし、ライアン・カヴァノーの映画製作の枠組みと同様、機械は自分のほうがよく理解していると考え、合わないピースを無理やり合わせようとした。

これは大失敗だった。マケインが、当時は上院議員だったバラク・オバマに対して勝利を収める見込みはおそらくなかった。彼は人生を政治に捧げ、その世界で大活躍するチャンスを狙ってきた。そして、彼は数十年のあいだ政治に関わり、成功も収めてきた。マケインが自分をもっと信頼し、見下げた連中よりも政治をよく理解していることを自覚していたら、もっと健闘していたと私は確信している。おそらく当時は大きなプレッシャーにさらされ、自分を信じられなくなっていたのだろう。一般国民が身近に感じる存在になるだけで十分だということがわかっていればよかったのだ。マケインの人柄を理解した人は、誰でも彼を好きになった。ここまでの数ページを読んだあなたは、ジョン・マケインについての理解が少し進んだと思うだろうか。新しい知識を与えてくれたものは何だろうか。言葉、それとも数字？　身近に感じるようになっただろうか。それとも距離が広がっただろうか。以前よりも好きになっただろうか。それとも嫌いになっただろうか。こうした評価の対象になっていれば、彼は選挙に勝てたかもしれない。その代わり、親近感を持てない人物になったため、敗北を喫してしまった。

投票日の午後、マケインの側近でスピーチライターのマーク・サルターは、ホテルの部屋の机を駐車場に持ち出した。ここならば、タバコを何本も吸いながら敗北宣言の原稿を書くことができる。もはや敗北は避けられなかった。マケインが絶望して自分をどのくらい非難したのか、あるいは圧力をかけ続けた顧問たちをどれだけ恨めしく思ったのか、いまとなってはわからない。しかしマケインは残り少なくなった時間をサルターと一緒に過ごし、最後は自分らしく選挙に幕を引くことを選択した。ついに共和党の集票組織から解放され、好きでもない反動主義者に遠慮する必要もなくなった結果、マケインの敗北宣言は選挙戦でも最高の出来栄えになった（ペイリンも演説を申し出たが、マケインは遠慮なく、あなたの声はもはや必要とされないと言った）。私は演説を見ながら、アメリカ人はこのジョン・マケインを知るべきだった。そうすれば、選挙戦の行方も変わったのではないかと考えた。このときのメッセージは本当に彼らしく、温かく、思いやりにあふれ、勇敢で、堂々としていた。時間が経過すれば、これは二大政党主義の断末魔の叫びだったことが証明されるだろう。かつて共有されたアメリカの理想は、もはや消えようとしていた。

「今夜」と語り始めたマケインの顔は青白く、眩しいライトの下でほとんど血の気がなかった。「今夜はどの夜にもまして、私の心はこの国とすべての国民への愛情で満たされています。私を支持してくれた国民にも、オバマ上院議員を支持した国民にも、同じように愛情を抱いています。かつての私の好敵手であり、これからは大統領となる人物の幸運を祈ります」。ジョン・マケインは完璧な人間ではなかったが、それゆえ彼には人間らしさが備わっていた。そして彼の人間性は、彼に関するそれ以外の現実、彼やその政治的運命についてのあらゆる真実と同様、近い距離で多くの時間を一緒に過ごしてこそ明らかになった。政治家や政治を党派に偏った意味のない数字で表現すると、さも明確で正しいような印象を受けるが、実は提供されるものは幻想にすぎない。これほど誠実さに欠けたものはない。だから私たちは、人間を小ばかにした機械から提供される有害なビジョンよりも、自分の目を信用する必要がある。アナログの作業や手作業は、本当の意味で誠実だ。もちろん、すべての仕事が手作業に適しているわけではない。しかし手作業に適している仕事は、計画的で慎重な人たちに任せるほうが良い成果につながる。道具を体の一部のようにうまく使える人たちに任せなければならない。編集を最高の形で仕上げるには、紙と鉛筆があれば十分だ。ロバート・カロはいまでもそうしている。私はマケインと何週間も何カ月も一緒に過ごした結果、政治で大切なのは人間だということを学んだ。人間の動機や希望や不安に取り組まなければならない。それには良し悪しはともかく、モデルでは不可能な形で人間を理解する必要がある。一人ひとりの人間が、そして私たち全員が、いくつも描かれた同心円のいちばん小さな円なのだ。

第五章

犯罪——殺人と数字

警察が新しい技術の恩恵を本当にこうむっているかどうかはおれにはわからない。こっちの手に入る道具は連中の手にも入るわけだから。だからといって後戻りできるわけじゃない。みんな後戻りしたいとも思っていないだろう。

——エド・トム・ベル保安官(1)

テリー・クニースが『ザ・プライス・イズ・ライト』で完璧な回答をしたことを自分は認めたくないと、ドリュー・キャリーが乱暴な口調で話すのを聞いたとき、なぜそれほどの敵意を抱くのか私は

（1）　この引用は、コーマック・マッカーシーの小説『ノー・カントリー・フォー・オールド・メン』（黒原敏行訳、ハヤカワepi文庫、二〇二三年）から引用した。２０２ページの〝わからない〟にあたる部分が原文ではdontとなり、本来あるべきアポストロフィーがないが、私が敢えて挿入しないのもためらわれた）。映画ではトミー・リー・ジョーンズが、悩めるエド・トム・ベル保安官を見事に演じた。本とその映画版がどちらも同様に優れているケースは稀だが、『ノー・カントリー』はそんな例外のひとつに数えられる。どちらも私たちの時代の深刻な問題を取り上げており、特に私は、犯罪と処罰への現代のアプローチを取り上げた部分に感銘を受けた。科学の進歩は役に立つ半面、信じられないほど有害なものもある。高度な科学がどちらのカテゴリーに属するのか、私たちは見る目を養わなければならない。そして、犯罪者や犠牲者のレッテルを貼られた人たちも、実は同じ人間であり、人間特有の行動をとっていることを忘れてはならない。さらに、人間の警察官は不完全ではあっても、誰が何を誰に対して実行したか判断する媒介者として、最も有効に機能するときがある。

理解できなかった。いかさまではないことが判明してからだいぶ時間が経過しても、あるいは数十年にわたってあらゆる挑戦者を拒んできた鍵が、特殊なスキルの持ち主によってこじ開けられただけだと判明しても、キャリーの疑念は解消しなかった。彼は根っからのギャンブラーで、ブラックジャックが大好きで、わずかなチャンスも見逃さない。ちなみに私が彼と話をしたときは、番組の収録がちょうど終わったところだった。コマーシャルのあいだ、彼は観客席にいたマイケルという熱狂的なファンと軽い会話を交わした。すると、これまでレンジゲームで出された賞品の値段を驚くほど正確に言い当てたので、「おれとベガスに行かないか」と誘いかけた。

ではテリーもマイケルと同じタイプで、しかも輪をかけて優秀だったのだろうか。『ザ・プライス・イズ・ライト』は言うなれば、カードを記憶する能力が抜群の人物と、弱いディーラーを組み合わせるような間違いを犯したのだろうか。

「いや、そうじゃない」

「じゃあ、何があったの」

「観客席にあいつがいたんだ。テッドだよ」とキャリーからは教えられた。

私が会った当時のテッド・スローソンは四四歳で、テキサス州サンアントニオに在住し、ＳＡＴの数学の問題を作成していた。カリフォルニア州北部で少年時代を過ごし、『ザ・プライス・イズ・ライト』は六、七歳のころから見ていた。当時からすでに、算数に関しては並外れた才能の持ち主だった。彼にとって数字は、幸運をもたらす四つ葉のクローバーだったのだ。ハイスクールに通うころには、同じ賞品が繰り返し登場することに気づいたという。ただしテリーはビッグ・グリーン・エッグに注目したが、テッドが最初に注目したのは平凡な雑貨品だった。タートルワックス〔カーワックス〕、ライス・ア・ロニ〔味付け飯〕、キャンベルのマッシュルームスープなどだ。(2)

これは一九八四年の話だが、ちょうどそのころ、アイスクリーム屋でバイトをしているマイケル・ラーソンという人物が、『プレス・ユア・ラック』という新しいクイズ番組に出演した。(3)この番組の目玉はビッグボードで、そこに一八枚の四角いパネルが入っている。どのパネルも一瞬だけランプが点滅する。挑戦者がタイミングよくボタンを押すとランプが消えて、そのパネルの権利を獲得し、賞品――通常は現金――が手に入る。ところがパネルのなかには、ワミーという番組のキャラクターが隠されているものがあり、ボタンを押してそのパネルのランプを消すと、せっかく獲得した賞品が没収される。得点もゼロになり、「ノー、ワミー、ノー、ワミー」と挑戦者が叫ぶ場面は有名になった。クイズを続ける限り、得点がゼロになるリスクは付きまとう。そこで挑戦者は、それまで積み上げた勝利で満足するか、それとも「プレス・ゼア・ラック」すなわちさらなる勝利を目指すか、常に選択を迫られる。

（2）　常にキャンベルのマッシュルームスープが登場したのは、ボブ・バーカーが熱心な動物愛護活動家だったからだ。動物に関連する製品を番組に登場させるなと主張して、毛皮も肉も許さなかった。だからマッシュルームがたくさん登場したのだ。

（3）　『ザ・プライス・イズ・ライト』と同様に『プレス・ユア・ラック』も、一九八三年から一九八六年までＣＢＳで昼間の時間帯に放送された。

そんなクイズに、ラーソンは興味をそそられた。彼はVCRという最新式の家電を購入していた。そこで、これを使って『プレス・ユア・ラック』を録画しては、スローモーションで再生し、ランプが点滅するパターンを見出そうとした。人間が完全なランダムを創造するのはほぼ不可能であることを、ラーソンは理解していた。人間の脳が生み出すリズム感は、ランダムなリズムに順応しないからだ。そこで各パネルに番号を振ってみると、案の定、あるパターンが浮かび上がってきた。しかも、技術的な理由かもっと大きな理由かわからないが、四番と八番のパネルには、ワミーが絶対に現れない。このふたつのパネルのライトが点滅したときにボタンを押せば、運が尽きることはないのだ。それがわかれば、もう怖いものはない。それまで『プレス・ユア・ラック』の挑戦者が持ち帰る賞金は、平均すると数千ドルだった。ところがマイケル・ラーソンは四五回も続けてワミーに邪魔されず、現金一〇万四九五〇ドルだけでなく、ヨット、そしてカウアイ島とバハマへの旅行を勝ち取った。最後は疲労困憊《こんぱい》し、クイズの続行が不可能になった。

テッド・スローソンも、やはりVCRを購入していた。どんな発明品にも予想外の使い方があるもので、そこから思いもよらぬ機会が提供される。テッドは『ザ・プライス・イズ・ライト』を録画すると、賞品と価格が登場する場面で停止して、じっと目を凝らした。数字とビジュアルキューを組み合わせると、価格についての記憶は頭に入りやすい。こうして準備が整うと、一九八九年から一九九二年にかけて収録に参加するためロサンジェルスに二〇回以上も足を運ぶが、挑戦者には選ばれなかった。そして一九九二年七月一五日、ついにチャンスがやって来た。このとき彼は、セオドアという名札を付けていた。「セオドア！」と、ボブ・バーカーは彼を温かく迎えた。「ようこそ！　誠実な真の友セオドアが、きょうは来てくれました。会場を訪れるのは何回目ですか」
「二四回目です」とテッドは答えた。もちろん、会場を訪れた回数は正確に記憶していた。ほどなく、『ザ・プライス・イズ・ライト』に以前登場した賞品のひとつがステージに運ばれてきた。それは、バークライン社のモダンなロッキングチェアで、座り心地は最高に素晴らしい。テッドはマイクロフォンに向かって身を乗り出した。この瞬間のために、長年準備を進めてきたのだ。「五九九ドル」と答えると、正解を告げる鐘が鳴った。

テッドは豪華賞品をかけたプライシングゲームでも勝ち進み、運に左右される段階に入ってようやく勝利が途絶えた。テリーと違い、ビッグ・ホイールではじかれてしまい、挑戦は終了となった。

ところがテッドは幸運だった。『ザ・プライス・イズ・ライト』は二〇〇二年、参加資格要件を緩和した。そのため一〇年の間隔を空ければ、かつての出演者は再び挑戦できるようになった。そこでテッドは、テレビジョン・シティに戻ってきた。今回はVCRの代わりにビデオキャプチャデバイスをコンピュータに接続し、じっくり準備を整えた。一回のトレーニングを一時間に設定し、およそ一三〇〇個の賞品のデジタル・フラッシュカードを作成し、目を通して頭に叩き込んだ。

二〇〇二年五月、テッドはボブ・バーカー・スタジオの外で列に並んでいるとき、ブランドンという若者と出会った。そこで、きみが幸運にも名前を呼ばれたら、答える前におれのヒントを参考にしないかと誘いかけた（『ザ・プライス・イズ・ライト』では、聴衆の参加を常に奨励していた。新しい商品が出るたびに、会場からは価格の提案が連呼される。ブランドンは、名前が呼ばれるのを聞いた。この回の録画を確認してみると、ステージにはデュカンのガスグリルが持ち出されてきた。するとブランドンは明らかにテッドに視線を向け、それに対してテッドは、手を使って一五五四ドルと合図を送った。

正解の鐘が鳴った。「この商品を以前の番組で見たことがあったのですか」と、ボブ・バーカーはブランドンに尋ねた。すると、いいえ、客席にいるあの人が教えてくれました、という答えが返ってきた。スタジオのカメラがテッドを見つけると、彼は親指を立てた。「なるほど、そうだったんですね」とバーカーは納得した。四分後、今度はブランドンは車を賞品として勝ち取った。

ブランドンはテッドに助けてもらったが、勝ち取った商品や賞金の一部を提供しなかった。しかしテッドには、実際のところお金など不要で、自分の能力が認められれば満足だった。彼は認められることを渇望していたのだ。自分が一番になって良い気分を味わえればよかった。たとえそれが『ザ・プライス・イズ・ライト』でもかまわない。テレビジョン・シティのスタジオで、彼は山頂から神託を伝える預言者のような存在だった。自分の名前が呼ばれて挑戦者になることはなかったが、司会者がボブ・バーカーからドリュー・キャリーに交代しても、スタジオ通いを継続した。彼は会場に入るため何度も列に並び、そのあいだに会話を交わした人物に興味を持ち、助けるに値すると判断すれば、おれのほうを見てくれと誘いかけた。

二〇〇八年九月二二日、テッドはまだ暗いうちからゲートが開くのを待っていた。彼は、列で前から三番目だった。前にいるふたりは、ノーバートとフランセスという老年の夫婦だった。後ろの四人目と五人目は感じの良いカップルだった。男性は顔に優しい表情を浮かべ、低い声をしている。女性からは、愛犬のクリスタルが死んだ話を聞かされた。テッドはすぐにふたりのことを好きになった。

それが、テリー・クニースと妻のリンダだったのである。

「おれのほうを見てくれ」とふたりに誘いかけた。

テリーの名前が呼ばれ、ステージにはビッグ・グリーン・エッグが持ち出された。テッドのデータベースによれば、そのグリルが番組に登場するのは三度目で、それはわりとめずらしいケースだという。ただし価格は同じではなく、最初は九〇〇ドル、つぎは一一七五ドルだった（私はチェックしたが、どちらも間違いなく正しかった）。テッドから一一七五ドルという合図を送られたテリーがその通りに答えると、見事正解だった。これがきっかけでこの日は他の挑戦者も全員、テッドのほうに視線を向けるようになり、みんなが正解になった。テッドがただひとつ間違えたのはスイッチ？　のコーナーで、まさか二台のエアロバイクが出てくるとは思わなかったし、それにもう片方のコンピュータが一テラバイトと言われ、メモリがたくさん積まれているみたいでこちらのほうが高そうな印象を受けたからだ。それでも残りの賞品の価格に間違いはなかった。バークラインのロッキングチェアは五九九ドル、ブランドンが勝ち取ったデュカンのガスグリルは一五五四ドルと正確に記憶していた。その日のテッドはほぼパーフェクトで、クライマックスとなるショーケースでもテリーの賞品の金額を細かい数字までピタリと当てた。さすがのテッドも、ここまで成功したことはこれまではなかった。

テッドから聞いた話によれば、午後の収録の時間に会場に戻ると状況が変化していた。キャシー・グレコから「すごく怖い目でにらまれた」あとに指定された座席からは、挑戦者が彼を見ることも声を聞くこともできなかった。おかげで賞品を勝ち取った挑戦者はあまり多くなかった。後に「非公式のルートから」聞いたところでは、テッドはもはやボブ・バーカー・スタジオで歓迎されざる客になった。テリーがラスベガスのカジノに出入り禁止になったのと同じだ。かくして、テッドの『ザ・プライス・イズ・ライト』詣では終わったのである。

テリーの勝利に、テッドは腹を立てたわけではない。分け前をほしいわけでもなかった。自分のやってきたことが評価されれば十分だった。何しろ専門知識を身につけるため、人生のほぼすべてをかけて努力してきたのだ。ところが、別の人物が初挑戦の機会にたまたまテッドと巡り合い、歴史的な勝利を挙げた。しかも、本来ならテッドが浴びるべきスポットライトを横取りし、それを正当化するための話まででっち上げた。もはやテッドは、この番組をまったく見なくなったという。「もう大して面白くない。価格を当てても教えられなくなった。賞品は素晴らしいけれどね」と語った。テリーは『ザ・プライス・イズ・ライト』に関するあらゆるものを破壊したが、そこにはテッドの番組への愛情も含まれていた。

私はテッドとの電話を終えると、額に汗がにじみ出てきた。ジャーナリストとして重大な過ちを犯していたことに気づいたのだ。取材の対象に、愛情に近いものを抱いてしまっていたのだ。私はテリー・クニースを大好きになり、いまでもその気持ちは変わらない。彼のストーリーにはまとまりがあり、天気とブラックジャックと『ザ・プライス・イズ・ライト』がうまく関連し合っている。世界を一定の角度から眺めてみると、すべてが予め決められているように見える。運命は抽象的なアイデアではなく、物理的な力に変化する。それがわかった時点の生き方次第で、運命に慰められることもあれば、恐ろしさを覚えることもある。私は、彼と一緒に過ごした時間を楽しみ、彼のストーリーが真実であるようにと願った。なぜなら、彼への愛情を汚されたくなかったからだ。私は彼が語る物語にも、自分の欲望にも屈した。良い記事を書きたかったし、良い人たちと付き合いたかった。テッドもまた素晴らしい人物で、アイテストの点数は、むしろテリーよりも高い。集中力のお手本であり、その優れた能力は、生涯をかけた努力の結晶である。だがテッドが真実を語っているとしたら、テリーは高い確率で嘘をついていることになる。

一連の出来事に関して、ドリュー・キャリーはテッドの話のほうを信じた。『ザ・プライス・イズ・ライト』の収録への参加を禁じられたのは、テリーではなくテッドだった。私はテッドの成功を画面で見て、本人の説明に間違いがないか確認した。そして、彼から聞かされた内容は、すべて正しいという結論を出した。テリーと比べると、テッドのストーリーのほうが完璧な印象を受けた。ドラマチックではないが、こちらのほうが正確で矛盾点も少ない。これに対し、テリーはつぎのように反論する。テッドがまさか情報を伝えていたなんて知らなかった。自分だってしっかり研究してきたのだから、そもそも彼の情報を信じる理由もない。ひょっとしたらテリーは正しいのかもしれないが、確かな証拠は存在しない。この主張に限らず、彼の話の正しさは支持することも否定することも不可能だ。それでもテリーは、ショーケースでパーフェクトに回答したのは、幸運に助けられたからだと言って譲らない。蓄積した知識に基づいて二万三〇〇〇ドルという概数までは簡単に推測できたが、残りの三桁には自信がなかった。それを七四三ドルと推測したのは、過去に幸運をもたらしてくれた数字だったからだ。リンダとの結婚記念日は四月七日、そしてリンダの誕生日は三月だったのだ。テリーはその証拠として、「これでわかるだろう」と言って、結婚証明書とリンダのパスポートを見せてくれた。本人の言う通りなら、かりに話をでっち上げたとしても、事実に基づいた話には違いない。

私は、テリーとテッドのどちらも真実を語っている可能性に僅かな希望を持ち続けた。こだわりが強いふたりの人物がある朝たまたま隣り合わせになり、同じ希望を抱き、自分の愛情を同じ形で表現したがっていた可能性は考えられる。それに、決まったパターンがランダムに発生するときもあるのではないか。いや、そんなこじつけは魔術的思考に他ならない。では、どちらに勝ち目があるのだろう。私がエスクァイア誌で最初にこのストーリーを取り上げたときには、テリーの言い分とテッドの言い分の両方を紹介し、どちらが真実を語っているかの判断は読者に委ねた。そしてこの記事は、テリーが賞品のバンフ旅行にリンダと出かけて戻ってから聞かされたエピソードで締めくくった（「本当に素晴らしかった」という）。テリーの話では、ふたりはオオカミがビーバーを口にくわえているところを目撃し、撮影しようとしたが、カメラを探しているうちにシャッターチャンスを逃してしまった。ホテルに戻ってから見てきたことをみんなに話したが、オオカミがビーバーを口にくわえているところなど、見た人は誰もいなかった。だから、ふたりが真実を語っているとは誰も信じなかった。

こうなると、誰を信じるべきなのか、どのように決めたらよいのか。

一八二九年にロンドン警視庁――世界最初の近代的な警察として広く認められた存在――が発足すると、法の支配に秩序をもたらすための長いプロセスが始まったが、その道のりは平坦ではなかった。イングランドでは七世紀ちかくのあいだ、無給のコンスタブル〔法執行を業務とする〕や見張り人が秩序の維持に当たってきたが、素人集団はしばしば効率が悪くて統一感に欠けていたため、代わりにロンドン警視庁が誕生したのだ。ただし人民、特に犯罪者は、望まれてもいないのに登場した厄介な存在を簡単には受け入れようとしなかった。素人の代わりに正式な警察官が関与すると、何が違ってくるのか十分に理解できなかったのである。

新たに発足した警察は人民から疑いの目を向けられ、組織の正当性を証明する必要に迫られたが、それにはふたつの方法があった。そして意外でもないが、どちらの方法も採用された。強引な手段に訴える一方、犯罪の解決に体系的なアプローチで臨む傾向を強めたのである。ロンドン警視庁の本部スコットランドヤードは、その犯罪記録が非の打ちどころがないものでなければ、その名に値する存在になりえない。幸いにも当時はちょうど世界各地で、犯罪学を改善するための地道な努力が進められていた。

根本的に警察の仕事は、確認作業の連続である。誰が何を誰に対して行なったのか、確認しなければならない。一九世紀末になると、名前と顔を照合する手段が正式に採用された。これは、アルフォンス・ベルティヨンというフランスの人類学者が考案した手法を参考にしたものだ。統計学者の息子のベルティヨンには狂気じみたところがあった。目はまるで食屍鬼《しょくしき》のようで、黒魔術師にたとえられることもあった。そんな彼が考案したベルティヨン式人体測定法は、身体測定の結果を記録して、際立った特徴から常習犯を特定するシステムとして規格化された（彼の人体測定は細かく、両腕を横に広げたときの幅もあれば、鼻はかぎ鼻、まっすぐな鼻、団子鼻に分類された）。やがてカメラが登場すると、ベルティヨンはマグショット〔顔写真〕も規格化した。犯罪者の写真の撮影は、一八五〇年代にイギリスのバーミンガムの警察で始められたと言われるが、当時の写真には一貫性がなく、くだけた肖像画のようなものも多かった。ベルティヨンは、正面と側面から撮影した二枚の写真から成る単純なマグショットを考案し、それが今日まで受け継がれている。

ベルティヨンの研究成果はあちこちで採用されたが、欠点がないとは言えなかった。子供に限らず、体のバランスや特徴が時間と共に劇的に変化する人の身体測定の結果は、規格化にはまったく向かない。おまけにベルティヨンは資格もないのに権力を主張して、時には悲惨な結果を招いた。たとえば一八九四年と一八九九年にアルフレッド・ドレフュスがスパイ容疑で告発された際には、専門家証人のひとりとして参加して、証拠である密書の筆跡鑑定を専門家でもないのに行ない、ドレフュスが書いたものだと主張した。それも彼の有罪の決め手のひとつとなり、ただでさえ評判の悪い冤罪《えんざい》事件にさらなる泥を塗った。そもそも人間の体には、極端な違いはそれほど見られない。それも理由となってベルティヨン式人体測定法は、最終的にほとんど効力を失った。ごく慎重に測定しても、そっくりな体は存在する。違うのは魂だけだ。

一八八七年、ジョリエットにあるイリノイ州立刑務所の刑務所長だったロバート・W・マックラフリー少佐は、囚人の監視を改善するためにベルティヨン式人体測定法をアメリカに持ち込んだ。一八九九年には、彼はカンザス州レブンワースの広大な連邦刑務所の所長になり、息子のM・W・マックラフリーを記録係に任命する。一九〇一年、特に目立った特徴のないウィリアム・ウェストという人物がレブンワースに受刑者としてやって来た。息子のM・Wは身体検査を任され、細かい部分まで正確に測定した。ところが二年後、今度はウィル・ウェストという人物が収監されたが、ふたりの受刑者が似ているのは名前だけではなかった。ベルティヨン式人体測定法によれば、ふたりは同じ人物となり、マグショットは今日でも見分けがつかない。[4] それでも、ふたりは間違いなく他人同士だ。それ

がたまたま同じときに同じ場所に居合わせたのである。(5)

M・W・マックラフリーは、一九〇四年にセントルイスで開催された万博に参加して、そこでスコットランドヤードのジョン・F・フェリアー巡査部長と出会った。彼は、まだ揺籃《ようらん》期の指紋鑑定のパイオニアだった。指紋鑑定は、長い年月をかけて独創的な研究の数々が継続し、その成果が共有された結果として誕生したものだと一般に理解されている。一七八八年にJ・C・A・マイヤーというドイツの解剖学者が、指紋のパターンはどの人間も異なるようだと指摘した。一八五三年には、イギリス人のウィリアム・ジェイムズ・ハーシェル卿が東インド会社に勤務するためインドに渡った。そのとき受け取った道路用結合剤の契約書には、「署名欄」に掌紋が押されていた。彼はこれをきっかけに、指紋は一人ひとり異なるだけでなく、決して変化しないことを証明するために生涯を費やした（ちょっと考えてほしい。体の他の部分はほとんどが徐々に変化するが、指紋は変化しない）。一八八〇年にはイギリスの医療宣教師のヘンリー・フォールズが、指紋は犯罪者を特定するために使えるだけでなく、さらに重要なことに、冤罪に苦しむ人の容疑を晴らすためにも役に立つと提言した。チャールズ・ダーウィンの従兄《いとこ》であり、身体的特徴の遺伝について研究していたフランシス・ゴルトン卿は興味をそそられ、本人いわく指紋の「詳細」を体系化した。具体的には、ループ、渦巻き、分岐

（4）　もしも自分の目で比較してみたければ、ふたりのマグショットはオンラインで確認できる。ウィリアム・ウェストの横顔からは、頭部が前方に突出していることがわかる。それ以外は、ふたりは驚くほど似ている。

（5）　Robert D. Olsen Sr., "A Fingerprint Fable: The Will and William West Case," *Identification News* 後の *Journal of Forensic Identification*), Vol. 37, No. 11, November 1987.

点、隆線の端点《たんてん》、島などに分類される。これは一般に普及して、ゴルトン・ディテールという名前で親しまれるようになった。指紋鑑定が犯罪の謎の解決に使われたのは、一八九二年にアルゼンチンで発生した残忍な児童殺害事件が最初だった。このときは、血塗られた指紋の跡が決め手になった。それから一〇年後、すでにお馴染みのアルフォンス・ベルティヨンは、指紋を使ってパリの殺人鬼を特定し、充実した分類体系に指紋鑑定を新たに加えた。セントルイス万博からほどなく、マックラフリー父子は犯人を特定するための二番目の科学的手法を取り入れた。最初に指紋鑑定を受けた受刑者のなかには、ウィリアム・ウェストとウィル・ウェストも含まれていた。ふたりの指紋は明らかに異なっていた。指紋鑑定は、ふたりを区別する唯一の実用的な手段になったのである。(6)

かくして、法科学の分野でまさに長足の進歩が始まった。目撃者は犯人の背が高いのか低いのか、太っているのか痩せているのかわからなくて混乱することがあるが、そんなあやしげな証言に頼る必要はなくなった。髪の毛や繊維のサンプル、靴やタイヤの痕、歯形、やけどのパターン、手書きのサンプル、血痕のパターンなどを分析した結果のほうが、裁判では人間の証言の代わりに採用される機会が増えた。そして一世紀にわたって高度に洗練された結果、その集大成としてDNA分析が登場した。一九八八年にイギリスのレスターシャーで、少女をレイプして殺害したコリン・ピッチフォークを有罪にするために使われたのが最初だった。(7) 科学が勢いづくと、司法も勢いづいた。

ただし残念ながら、指紋鑑定とDNA分析のあいだには、ナンセンスなえせ科学の数々に社会がだまされた時代があり、男女を問わず大勢の無実の人たちの寿命を縮めた。実際、ピッチフォークの事件では、最初は別の人物が「科学的」手法である警察の取り調べによって自白に追い込まれ、有罪判決を受けた。[8]「ジャンクな科学捜査〔論理的根拠の乏しい科学捜査〕」は「間違った統計」に匹敵するほど悪質だ。この嘘偽りは、しばしば本物の科学に負けないほど強くアピールする。そして失敗しても、本物の科学が成功すればそれほど注目を浴びないが、致命的な結果を招きかねない。世界で嘘が注目されるときには、真実が呆気なく見過ごされるものだ。

これまで三六〇人以上のアメリカ人が、起訴された後のＤＮＡ分析によって無罪になった。その半分ちかくは、法医学的な証拠に重大な欠陥があったことも原因で、有罪を言い渡されていた（『ＣＳＩ：科学捜査班』など警察のやり方を優先し、裁判官は人間の証言よりも法医学的な証拠のほうを信用する習慣が身についてしまった）。不幸な人は後を絶たない。デイヴィッド・カムというインディアナ州の警察官は、妻とふたりの子供を殺害したとして刑務所で一三年を過ごした。有罪になったのは、彼のＴシャツに付着していた八滴の血痕についての「専門家」の証言も理由のひとつだった。後に悪名高い強盗の仕業だとわかって、彼が有罪となり、カムは釈放された。[9]「人間は見たいものしか見ない」と、カムの弁護団に参加したリチャード・カメンは、血痕分析について語った。「これでは、

(6) Alan McRoberts, editor, *The Fingerprint Sourcebook* (Washington, D.C.: National Institute of Justice, 2011).
(7) Celia Henry Arnaud, "Thirty Years of DNA Forensics: How DNA Has Revolutionized Criminal Investigations," *Chemical & Engineering News*, Volume 95, Issue 37, September 18, 2017.
(8) Douglas Starr, "This Psychologist Explains Why People Confess to Crimes They Didn't Commit," *Science*, June 13, 2019.
(9) Pamela Colloff, "Blood Will Tell," ProPublica.org, December 20, 2018.

〔交霊術で使われる〕ウィジャボードと変わらない」。

キース・ハワードは、レイプと殺人で冤罪の有罪判決を言い渡され、三三年間を刑務所で過ごした。六人の分析官が、犠牲者に残された歯形と彼の歯が一致すると結論したことが大きな理由だった（分析官のひとりローウェル・レヴィンは、歯形は指紋と同じぐらい秘密を暴露すると語った）。ハワードも後にDNA分析で無罪となり、その後はジャンクサイエンスを検察が使うことに反対するキャンペーンを始めた。ニューオーリンズの会議では法歯学者のパネリストに激しい非難を浴びせ、警戒する聴衆にこう言い放った。「ここには神など存在しない[10]」。

キャメロン・トッド・ウィリンガムは、後に無罪になっても救われなかった。自身の三人の子供を殺害した容疑で死刑判決を受け、すでに死刑が執行されてしまっていたからだ。子供たちは一九九一年一二月、自宅で発生した火事で焼け死んだ。炎に包まれた家に飛び込もうとするウィリンガムを押しとどめるため、警察は手錠をかける必要もあったほどだ。彼は父親として打ちひしがれたが、軽犯罪と妻への暴行の過去があった。しかも、警察付き牧師がやって来ると乱暴を働き、牧師の顔に黒いあざを作ってしまった。後に放火による殺人で起訴されて有罪判決を受けるが、その決め手になったのはふたりの人物の証言だった。ひとりはテキサス州コーシカナの消防署長補佐のダグラス・フォッグ、もうひとりは州の著名な放火捜査員のマニュエル・バスケスだ。「いいか、火事は語りかけるんだ」と、フォッグは作家のデイヴィッド・グランに語った。バスケスも同様に、「火事はストーリーを語る。自分はただの代弁者だ」と好んで語った。ウィリンガムの死刑が執行される数週間前には、専門家による徹底した分析が行なわれ、火事は過失によるもので、配線の欠陥かスペースヒーターの誤作動が原因の可能性が高いという結論が出された。その冬の朝は寒かったのだ。しかしテキサス州は本物の科学が出した結論にも動じず、ウィリンガムは二〇〇四年二月、薬物を注射されて死刑を執行された。最後に彼は、こんな言葉を残した。「おれが言いたいのはひとつだけ。おれは無実だ。犯人じゃない。これは濡れ衣だ[11]」。

こうして被疑者は簡単に死に追いやられるが、警察が良い仕事をするための近道はない。科学捜査には長所も短所もたくさんあり、真実と嘘が混じり合っている。ある意味、科学捜査の創始者アルフォンス・ベルティヨンは、それを体現している。彼について語るのは、アナリティクスについて語るのと同じだ。彼は一部の物事をきちんと正し、その功績の一部は今日でも色褪せない。しかし合理的な修正にこだわるあまり、自分は絶対に間違えないと理不尽にも信じてしまった。彼は一般市民に目を向けてから、秘密がいっぱいの特注の容器のなかを覗いた。時には狂乱状態で鏡のなかを覗き、秘密を学ぶために創造された機械を食い入るように見つめた。しかし本当は、人間を観察するべきだった。

犯罪とその防止における「客観性」を徹底させるため、最近ではアルゴリズムが広く使われるよう

---

(10)　Radley Balko, "Man Wrongly Convicted with Bite Mark Evidence Confronts Bite Mark Analysts," *Washington Post*, February 16, 2017.

(11)　David Grann, "Trial by Fire," *New Yorker*, September 7, 2009.

になった。たとえば救急活動では、電話での要請件数を分析し、救急隊員のシフトの人数を決定する。同様に警察による取り締まりでも、重点的な見回り地域を決定するため、かねてよりデータが使われてきた。しかしいまでは政府がアルゴリズムを導入し、自分たちの代わりに個人的な決断を任せるようになった。フィラデルフィアでは、保護観察中の指導監督についてAIが決断を下す。オランダでは、社会保障制度を悪用する可能性のある受給者を、アルゴリズムが指摘する。イギリスのブリストルでは、犯罪者予備軍のティーンエージャーに警告を与えるため、予測アルゴリズムが使われている。

自動化は常に支持されるが、同様にアルゴリズムも、刑事司法への活用を支持される。アルゴリズムは安くて効率がよく、しかもバイアスやヒューマンエラーに判断を影響されにくいのだという。とはいえ、機械に実刑判決を任せるのは不安だろうか。ならば、人間の裁判官の手に運命を委ねてもよいが、ちょうどその日は機嫌が悪い可能性もある。「アルゴリズムは自動操縦のようなものだ」と、ペンシルバニア大学教授のリチャード・バーク博士は語る。フィラデルフィアで採用された保護観察期間中のリスク予測アルゴリズムを設計した博士は、つぎのように夢を語る。「自動操縦は信頼性が高く、人間のパイロットよりも信頼できることがわかった。ここでも同じことが起きるだろう[12]」。

おそらくバーク博士は正しいのだろう。コンコルドの飛行禁止は例外だが、人類はスローダウンという選択肢を滅多にとらない。それでも、規制の枠組みに機械がおよぼす影響については、不安が高まっている。国連の極貧・人権特別報告者のフィリップ・アルストンは、政府がAIのリスク管理を誤れば、「人間は死んだも同然になり、福祉がデジタル化されたディストピアが実現する」と警告する。刑事司法は、データを幅広く応用する分野として突出している印象を受ける。なぜなら、実際にその通りだからだ。

ベストセラーとなった著書『あなたを支配し、社会を破壊する、ＡＩ・ビッグデータの罠』[13]の著者であり、数学者でデータサイエンティストのキャシー・オニールは、ビッグデータの危険について徹底的に説明している。オニールは、生まれつき数字の虜だった。子供のときは素数に心を奪われ、目の前を走りすぎる車のナンバープレートに書かれた数字を因数分解しながら、何時間も過ごしたものだ。「世界は混乱しているけれど、数字から提供される避難所はきれいに整頓されていた」と、オニールは回想する。しかし大人になって数字が身近な存在になると、違う現実が見え始めた。最初はバーナード・カレッジの教授として、つぎに経済が破綻した二〇〇八年にはヘッジファンドの金融アナリストとして、最後は改革者やヒューマニストとして数字を扱ううちに、数字は世界の混乱に加担する傾向を強めていることに気づいたのだ。

そこでオニールは優れた本を執筆し、アルゴリズムが使われる様々な方法と、その良からぬ影響をじっくり調べた。すると、偶然にせよ意図的にせよ、ほぼすべてのアルゴリズムは、教育程度が低くて無力な貧困層を標的にしていることがわかった。そこでオニールは、規模が大きく、確実にダメージを与え、不可解な部分があり、欠点が露呈しても修正を受け付けないモデルはＷＭＤ〔大量破壊兵

（12） Cade Metz and Adam Satariano, "An Algorithm That Grants Freedom, or Takes It Away," *New York Times*, February 6, 2020.
（13） 邦訳：キャシー・オニール『あなたを支配し、社会を破壊する、ＡＩ・ビッグデータの罠』久保尚子訳、インターシフト、二〇一八年。

器〕に該当すると結論した。実際、要件を満たすモデルは多かった。

グーグルに間違ったリクエストを入力してみよう。すると、ディプロマミル〔教育機関を自称し、学位を売る団体〕やペイデイローンの略奪的広告が画面に現れる（「PTSD」を検索すると、希望しなくてもメーリングリストに名前を入れられてしまう。あるいはフェニックス大学などは狡猾で、退役軍人に的を絞って募集を行なう。退役軍人は政府からの融資を受けやすいので、授業料が未納になる心配が少ない）。さらにクレジットスコアとアルゴリズムによる「性格検査」を利用して、借金や精神疾患に苦しむ可能性のある応募者を取り除く企業もあるが、そんなもので採用の機会を閉ざされた応募者は、孤独感や絶望感を募らせる。ちなみに、クレジットスコアは自動車保険料の設定にも使われる。なぜなら金銭的に信頼できる人物ならば、道路での信頼性も高いと判断されるからだ。だがそうなると、無事故無違反でも借金を抱えている人のほうが、飲酒運転で有罪になっても借金のない人よりも高い保険料を請求されることになる。

数学モデルは本質的に集合的効力感を優先するので、個人の公平性が犠牲にされる。しかも方程式に間違った形で組み込まれると、修正するのは難しい。オニールによれば、機械は「周囲の影響をまったく受けずに判決を下す」傾向がある。しかも、作成者が主張するほど客観的ではない。私たちはこれまで、人間にできないことをやってくれる道具をいくつも発明してきた。しかしどれも、自分たちの手が届かない存在ではなかった。行動を予測することも、客観的に判断することもできる。一例が、工場のフロアで人間に代わって作業するロボットで、これは人間の延長とも言える存在だ。一方、マイクロソフトは二〇一六年にチャットボットＴａｙを公表したが、予想を裏切り、人間との会話で偏見に凝り固まった発言をするまでに二四時間もかからなかった。マイクロソフトは増え続ける攻撃的なツイートの削除をあきらめ、最後にはボットを停止した。(14)結局のところ私たちのなかに含まれるものは、すべてアルゴリズムにも含まれる。私たちは決断する場面でテクノロジーに頼るが、テクノロジーそのものが、私たちが下した決断の産物である。それに気づこうとしないのは愚かだ。サイエントロジーを「でっち上げの宗教」として退けるキリスト教徒や、ワーリーボールを「創り出されたスポーツ」として嘲笑う野球選手と、アルゴリズムは変わらない。キリスト教も野球も、そしてアルゴリズムも自然界に存在しない。「モデルとは、数学に組み込まれた見解である」とオニールは指摘する。

そしてオニールによれば、人種差別はプリミティブな予測モデルであり、いわゆる差別主義者の脳回路にしっかり組み込まれている。ほとんどのモデルは、大勢の人間を「バケツ」に分類する。各バケツには似たような個人が集められ、誰もが一定の方法に従って行動することを期待され、予想通りに行動すれば何らかの処遇や注目が保証される。たとえば良い教師はポジティブな特性を備えているので、それに対して報われなければならない。悪い教師はネガティブな特性を備えているので、解雇されなければならない。では人種差別主義者の集団はどうかと言えば、行動は人種によって（ネガティブに）左右されるという前提のもとで、処遇の（やはりネガティブな）差別化は必要だと考える。

(14) James Vincent, "Twitter Taught Microsoft's AI Chatbot to Be a Racist Asshole in Less than a Day," The Verge, March 24, 2016.

要するに人種差別主義者はアルゴリズムと同じく、予想される行動に基づいて人々を分類する。実際の行動によって判断を下すわけではない。

アルゴリズム作成者は、モデルでは人種が明確に考慮されていない点に注目し、アルゴリズムは人種を区別していないと主張するかもしれない。しかし、アルゴリズムの多くは結果の予測に郵便番号を利用しており、リスクが関わるときは特にその傾向が強い。ここで、自動車保険の事例に立ち返ってみよう。もしもあなたが自動車の歴史上で最も安全なドライバーだったとしても、アルゴリズムが「ハイリスク」と判断する地域に住んでいたら、どうなるだろうか。あなたほど優秀ではなくても別の地域に住んでいるドライバーと同じ保険に加入しようとすれば、あなたのほうが高い保険料を請求される。ちなみに「好ましくない場所」は、マイノリティの住民の割合が高いケースが非常に多い。「分離政策が進んだ都市では、地理は人種の代用として大きな効果を発揮する」とオニールは指摘する。アルゴリズムは誰やなぜを理解するのが難しいので、何に関するデフォルト設定に従って世界を集団ごとに分類する。

客観的なはずの「ソーティング」（選別）が、実はとんでもなく主観的な事例として際立っているのは、おそらく顔認証だろう。およそ一億一七〇〇万人のアメリカ人の顔写真が、警察の識別ネットワークにはダウンロードされている。それを知ったら、驚くのではないか[15]。白人の顔認証は正確に行なわれるが、そもそも誰がネットワークを設計したのか考えてみれば、それほど意外でもない。調査によれば、顔認証は有色人種の特定が得意ではない（グーグルのフォトアプリが二〇一五年、笑みを浮かべた三人のアフリカ系アメリカ人をゴリラと特定して謝罪したのは、有名な話だ）。特に有色人種の女性の場合は間違いが目立つ。ある調査では顔認証アルゴリズムが肌の色の濃い二七一人の女性の写真を見せられると、名前と顔を正しく結びつけるほうが難しい注文にもかかわらず、三五パーセントを男性として特定した。(16)

二〇二〇年一月、デトロイト在住のアフリカ系アメリカ人の男性ロバート・ジュリアン＝ボーチャク・ウィリアムズは、不愉快な出来事で有名になった。顔認証アルゴリズムが判断を誤った結果、誤認逮捕された最初のアメリカ人になったのだ。(17)以後、ミシガン州のアメリカ自由人権協会（ACLU）はこうした濡れ衣を着せられた人々への支援を続けている。「我々は顔認証に警鐘を鳴らすため、積極的に活動してきた。顔認証がうまく機能すればプライバシーの脅威になる。うまく機能しなければ、誰もが人種差別を受ける恐れがある」と、ACLUの弁護士は語る。ある日、ウィリアムズが職場から帰宅すると、警官が彼を私道で追い詰め、妻とふたりの娘が取り乱している前で手錠をかけた。シャイノラで五つの時計を万引きした罪に問われたのだ。彼は写真を撮影され、指紋を取られ、綿棒で分泌物を採取され、拘置所で一晩を過ごした。翌日は、取調室でふたりの刑事と向かい合って座った。刑事からは、店の監視カメラが撮影した画像をプリントした写真を見せられた。コンピュータは、ウィリアムズと画像のなかの男性が同一人物だと判断したのだが、取調室にいる誰もが——刑事たち

(15) Clare Garvie, Alvaro Bedoya, and Jonathan Frankle, "The Perpetual Line-Up: Unregulated Police Face Recognition in America," Georgetown Law Center on Privacy & Technology, October 18, 2016.
(16) Steve Lohr, "Facial Recognition Is Accurate, if You're a White Guy," *New York Times*, February 9, 2018.
(17) Kashmir Hill, "Wrongfully Accused by an Algorithm," *New York Times*, June 24, 2020.

も含め——直ちに、ふたりは別人だと理解した。一世紀以上前のウィリアム・ウェストとウィル・ウェストのふたりとは比べものにならないくらい似ているところがない。ウィリアムズは写真を手に取ると、それを自分の顔の横に持ち上げてこう言った。「どうです、僕じゃないでしょう。黒人はみんな同じに見えるのですか」。

人種差別主義のコンピュータには、間違いなく同じに見えたのだ。

ある行動を計測するために行なわれる統計が、その行動に変化を引き起こす事例もある。人間は自分が研究対象になっていることを感じ取ると、観察者の希望に応えるため、あるいは希望に逆らうため、違う行動をとろうとする。アルゴリズムは私たちからある程度独立していると言われるが、そんな人間の傾向に注目すれば主張のあやうさがわかる。アルゴリズムは人間の発明品であるだけでなく、人間は監視されている事実に気づかないことを前提にしている。実際、データは様々な形で行動に影響をおよぼすが、ここでは私の好きなショーン・ソーントンの事例を紹介したい。すでに引退したアイスホッケーの選手で、現役時代は熱血プレーと率直な発言で有名だった。タイム・オブ・ポゼッション〔ボールやパックの保有時間〕は、多くのスポーツで統計として重視される。ボールやパックを相手よりも長く持っていれば、それがアドバンテージになるからだ。ソーントンが所属するボストン・ブルーインズはスタンレーカップにも優勝している。このチームはボールの保有時間を巧みに引き伸ばすが、ソーントンはその理由を尋ねられた。

すると、彼はこう語った。「ポゼッションなんて考えない。スタッツなんか気にするもんか。徹底したフォアチェック〔前線から積極的にパックを奪いにプレッシャーをかける守備戦術〕でパックを奪い取って死守する。そのためのスキルを磨き、怖いもの知らずのやつらが実践するだけさ。……オフェンスのだまし方なんて、誰も考えないよ。相手が陣地に攻め込んできたときのバックチェックぐらいだな。ここはポゼッションに影響するからね。後ろからプレッシャーもかけられれば、挟み撃ちにされた敵は戸惑うよ。数字だけ見ればそいつも強そうだけれど、大体はあきらめるな。スタッツなんてちゃんちゃらおかしいね[18]」。

いまではみんな、自分たちの生活がいかに数値化されているか気づき始めている。私たちは常に監視下に置かれており、インターネットの「クッキー」などほんの一例だ[19]。それを意識するようになると、行動に変化が引き起こされる。キャシー・オニールは著書『あなたを支配し、社会を破壊する、AI・ビッグデータの罠』のなかで、AIが分析対象となる人間の社会システムにいかに大きな変化をもたらすか、特にめずらしくもない事例を使って説明している。それは、USニューズ&ワールド・レポートが毎年発表するアメリカの大学のランキングだ。

(18)　これは、エリック・エンゲルスから引用した。彼は、カナダのロジャーズ・スポーツネットでアイスホッケーのコラムを書いている。引用文は、彼が二〇一八年一月一四日、ツイッターのアカウント@EricEngelsに投稿したものだ。私はこれを読んで、馬鹿笑いした。

(19)　どんな悪魔のような天才が、「クッキー」と名付けたのだろう。もちろん、私はクッキーを受け入れている！　クッキーをほしがらない人はいないのではないか。いや、でも私がベッドのフレームを購入していたなんて、どうしてわかったのだろうか。

ランキングは一九八三年、無害な目的で始められた。当時、USニューズは苦戦しており、打開策として大学のランキングを独自に作成することを思いついた。そうすれば、大学への入学を検討する学生が人生最大の決断を下すための役に立つ。しかしもっと重要なのは、雑誌の売り上げが増えることだった。当初、ランキングの作成に関わったのは人間だけだった。大学の学長にアンケートを送り、戻ってきた結果についてジャーナリストのチームがじっくり検討した。意外でもないが、アイビーリーグの大学が予想通り上位に名を連ね、人間のバイアスによる影響が指摘された。これではランク付けに箔がつかない。そこでUSニューズは、もっと厳格な調査を行なって批判をかわすため、調査に信頼できるデータを含めることにした。結局のところ、数字で表現されるデータの正しさには議論の余地がない。ところが、「教育の優劣」は数値化が難しい。USニューズはモデル作りの多くの先例に倣い、一五の代理変数を使ってランキングを作成し、それはいかにも筋が通っているように見えた。新入生のSATの平均点、合格率と卒業率、学生と教師の比率だけでなく、同窓生からの寄付も考慮された。なぜなら、自分と同じ教育を受ける後輩を金銭的に支援するのは、現状に満足している卒業生に限られると仮定されたからだ。かくして一九八八年にUSニューズは、アメリカで最初の高等教育に関する本格的な数学モデルを発表した。

それから三〇年以上が経過して、ランキングの影響力は強くなる一方だ。USニューズはとっくに電子版だけになったが、大学のランキングは大学制度に深刻な影響をもたらした。大学は上位にランクされるため、一五の代理変数の点数アップに集中的に取り組んだのだ。学生がSATの点数を上げるために試験を受け直すことを認め、本来なら不合格の学生の入学が認められた。なかには点数をごまかして申告する学生もいた。ひどいのはサウジアラビアのキング・アブドゥルアズィーズ大学で、二〇一四年の世界ランキングでケンブリッジやMITよりも上位に入った。なぜなら、三週間の期間限定で評価の高い数学教授を数十人採用したからだ。にわか職員の刊行物を自分たちの功績と見なし、文献で名前がたびたび引用されていると強調したが、これもまたランキングで重要な数字だったのである。

こうした歪んだ効果に、統計学者は警鐘を鳴らしている。まず、一九七五年に経済学者のチャールズ・グッドハートが声を上げ、それはグッドハートの法則として知られるようになった。それによると、測定が目標になると、それは適切な測定ではなくなる。ショーン・ソーントーンに比べると明らかに地味な主張だが、それでもグッドハートは統計に付き物の問題を見抜いた。アナリティクスがもてはやされるずっと以前から、ポゼッションタイムや文献での引用数にこだわることの危険を理解していた。大学ランキングのケースでは、オニールが「軍拡競争」と表現した熾烈《しれつ》な戦いが、授業料の大幅値上げと学生ローンの増加につながった。どの学校もトップを目指して支出を増やしたが、教育のコストや相対的価値はリストの指数に含まれなかった。不平等を悪化させた他のモデルと同様、USニューズのランキングは残念ながら自己強化型になった。リストの上位にランクされる学校はますます成功し、下位の学校は取り残された。金のあるところはどんどん豊かになり、働かなければ授業料を払えないような人はフェニックス大学を選んだ。

犯罪の減少が目的のアルゴリズムも、しばしば同じような影響をもたらす。アメリカの法執行機関は、軽犯罪を重大な犯罪と見なす傾向を強めている。たとえば元ニューヨーク市長のルドルフ・ジュリアーニは、警察の取り締まりに「割れ窓」理論を導入した。それによれば、軽犯罪をなくせば秩序がいつまでも維持され、「トリクルアップ効果」で深刻な犯罪の発生が減少するという。確かに効果を発揮する可能性はあるが、では何が犠牲にされるのだろうか。予測ソフトウェアによれば、強引な物乞いや少量の薬物使用などの軽犯罪は、貧困層（マイノリティ）が暮らす地域で発生する可能性が高い。そこに警察の注目が集まれば、逮捕者は増える。それは、地域の住民が犯罪に走りやすいからではない。犯罪者を見つけたらつかまえようと、警察が待ち構えているからだ。その結果、オニールいわく「有害なフィードバックループ」が出来上がる。犯罪率が増加すると、その結果を見たアルゴリズムが、地域に導入される警察官を増やすように指示を出す。すると、地域の住民は摘発される機会が多くなり、ひいては刑務所で過ごす時間が長くなる。その結果、仕事を見つけられる可能性が低くなり、犯罪に手を染めることになる。誰かを犯罪者のように行動させたかったら、犯罪者のように扱えばよい。それを見た機械は何の疑いも持たず、犯罪者がいると判断する。「これでは、貧困層が犯罪者に仕立てられてしまう。しかも、我々のツールは科学的なだけでなく、公平だと信じられているのだから困ったものだ」とオニールは記している。

タンパベイ・タイムズ紙には、フロリダ州パスコ郡で保安官のクリス・ノッコが使用した危険な予測アルゴリズムについて、詳しい記事が掲載された。[20] ノッコは二〇一一年に赴任すると、「逮捕歴」と不特定の機密情報、それに警察分析官の独断を組み合わせた結果に基づき、犯罪者になる「可能性の高い」人物のリストを作成したが、[21] その一〇パーセントは一八歳未満だった。タイムズ紙によれば、不幸にもリストに名前が掲載された人物は、保安官代理からのいやがらせを受け、その影響は友人や家族にもおよんだ。暗くなると警察は家宅捜索を行ない、十分な証拠もないまま尋問を続け、伸び放題の草の不始末や未成年者の喫煙などの軽犯罪で違反切符を切った。ある元保安官代理は、このプログラムの目的を簡潔にこう語った。「いやになって引っ越すか、それとも訴えられるまで、惨めな生活を送らせるのさ」。ある一五歳の若者は、自転車を盗んで逮捕されたあと初めてリストに名前を載せられ、そのあと四カ月のあいだに二一回も警察の訪問を受けた。やはり標的にされた別のティーンエージャーの母親は、庭で五羽の鶏を飼っていたことを理由に二五〇〇ドルの罰金を科せられた。保安官代理は子供が何か悪いことをしているのを目撃したわけではなかったが、運よく鶏が目に入ったため、それで何か不正を企んでいると結論したのだ。

ノッコのオフィスがタイムズ紙に語った話によれば、自分たちの行動は情報主導型警察活動の充実が目的だという。だから十代の自転車泥棒を監視するために三〇人の分析官をフルタイムで採用し、テロ対策の経験者や陸軍情報部員に監督を任せ、二八〇万ドルの予算を費やした。そして、アルゴリズムは客観的で、システムのバイアスを減らすために役立っていると、どこでも聞かされる戯言《たわごと》を繰り返した（プラットフォームの多くは、すべての情報を人間が入力して構築された。コンピュータの仕事は、あやしげな人物のリストを提供することだけ。実際に家宅捜索を受けるに「値する」人物は、

(20) Kathleen McGrory and Neil Bedi, "Targeted," *Tampa Bay Times*, September 3, 2020. この調査の内容は恐ろしいが、よくできている。全部を読むことをお勧めする。
(21) このとんでもない内容については、世界で十分に引用されていない。

警察が決定する。どんな判断が下されるか、想像がつくだろう）。ノッコのオフィスからは、プログラムが開始されてから窃盗が減少したことを示すデータも提供された。「こうして窃盗犯罪が減少すれば、パスコ郡の市民の生活に良い影響が直接もたらされるのだから、我々には謝罪する理由がない」と警察は、ふてぶてしい声明を発表した。確かにごもっとも。ただし、近隣の七つの大きな郡では、一部の住民を標的にしたいやがらせを行なわなくても、軽犯罪が同様に減少している。そして、パスコ郡は厳しいプログラムのもとで凶悪犯罪が増加した。統計は嘘をつく可能性があることを、忘れないでほしい。

タイムズ紙は、ノッコのシステムに関して実際に専門家の意見を尋ね、「マネー・ボール対マイノリティ・リポート」〔フィリップ・K・ディックの作品『マイノリティ・リポート』の映画化〕という見出しの記事を掲載した。それは、遠慮のない内容だった。「えせ科学と不適切な取り締まりの組み合わせによる最悪のケースが明らかにされた。ここには常識も人間性もいっさい存在しない。これまでのキャリアでも、ここまでひどいものは見たことがない」と、ジョン・レイ・カレッジ・オブ・クリミナル・ジャスティスの犯罪学者デイヴィッド・ケネディは語った。しかしこのあと、ジョージ・オーウェルが喜びそうな意外な展開が待っていた。ケネディから犯罪防止プログラムを痛烈に非難されたパスコ郡は、犯罪防止に関するケネディの調査を引用し、プログラムを正当化したのだ。ガスライティング〔些細ないやがらせを継続すること〕がとことん追求されると、最後は違法ではなくなってしまう。

では、私たちは何をすればよいのか。犯罪のコストは高く、私たちは本質的に説明責任を求める。したがって、法の適用に忍耐や節度、慎重な姿勢や思いやりを心がけるだけでは十分ではない。効果が期待できないどころか、犯罪に寛大になってしまう。ただし、つぎの点は何度でも強調したい。犯罪捜査の精度を上げるための努力は実を結び、技術は長足の進歩を遂げた。特に、指紋鑑定とＤＮＡ分析の進歩には目を見張るものがある。おかげでいまでは、連続殺人犯になるのはずっと難しくなった。ただし私たちの行動は時として、テクノロジーに振り回されているようだ。テクノロジーが勝手に行動し、それに私たちが合わせているようにも感じられる。だがそれは正しくない。私たちはうまく機能するものを使い、だめなものをそのまま放置せず、何であれ、良い形に作り直していけばよい。

恐怖を植え付ける手段のなかでも、悪質な取り締まりほど効果的なものはまずない。パスコ郡はとんでもない事例だ。こうした取り締まりには確実に改革が必要だ。えせ科学に基づく捜査は、犯罪者や無実の容疑者から人間性を奪ったが、同様に警察官からも人間性を奪う。そうなると警察官は、邪悪で暴力的になる可能性もある機械に組み込まれ、歯車のひとつとして行動する。私たちはどこかで、無実の人間を不当に訴えるよりも、罪を犯した人間を検挙しないことのほうがいけないと結論するようになったようだ。しかし、そんな発想は間違っているのではないか。あまりにも冷酷無情で、私たちのコミュニティの役に立つとは思えない。

私が暮らしているのは小さな田舎町だ。それでも地元の警察に所属するメンバーの全員が、ロングガンの扱い方の訓練を受ける。要するに、スナイパーになるための技術を学んでいる。そして、私の息子のチャーリーが関わった不幸な事件をきっかけに、自閉症の人間の扱い方について訓練を受けるようになった。自閉症の人間と接するためのスキルは、ロングガンの扱い方の訓練よりずっと必要だと思われる。息子が巻き込まれた恐ろしい経験によって、私は変わってしまった。警察と、警察が守るはずの住民のあいだには大きな力の不均衡が存在することを、白人男性の私もついに思い知らされたのだ。小さな町の警察でさえ、強い立場から弱者を嘲笑い、権力を笠に着る。しかしそのために現地の警察は戦車に乗る必要も、兵士のような服装をする必要もない。むしろいまはラベルやカテゴリーによる市民の分類が進み、権力との距離の隔たりが深刻な問題になっている。そして、一人ひとりの顔が見えなくなった。誰もが以前よりも人間らしさを奪われたのである。

私も解決策がわかっていると言いたいところだが、そうもいかない。犯罪の処罰は、実に厄介な問題だ。目をそらさず、現実を認めなければならない。人間の警察官は、アルゴリズムと同様に深刻な欠陥を抱えており、ロボットと同様に冷酷になれる。ジョージ・フロイドを窒息させたのは、人間の警察官の膝だった。エリック・ガーナーの首を絞めたのは、人間の警察官の手だった。ただし、人間が明らかに不正を行なったからといって、同様に不完全な機械のほうを信頼しろと言われても、それが正しいとは思えない。考え方が甘いかもしれないが、私は人間の能力を改善する努力のほうが大切だと信じている。誰を警察に突き出すか、警察官はどんな訓練を受けるべきか、彼らのどんな行動を認めたり非難したりするのか、どんな手段を与えるべきか、あるいは取り上げるべきか、私たちはもっと慎重に考えなければならない。犯罪との闘いは敵対する軍隊同士の闘いや、善と悪の闘いとして描写されることが多いが、それは正しくない。むしろ犯罪は感染症のようなものなので、その蔓延を人道的な方法で食い止める必要がある。ちなみに私たちの司法制度は、合理的な、疑いという前提に基づいて構築されている。ではここで、このふたつの言葉に込められた微妙なニュアンスや知性の寛容さについて考えてほしい。その点を考慮すると、これは人間の、思慮深さの定義であることがわかる。しかし現代では、あまりにも多くの人たちが機械の判断にこだわり、その正しさを信じて疑わない。これでは、法と秩序は平等に分配されない。

逆に、良い警察官ほど私たちの尊敬に値する人間は、そうたくさんいない。私たちは警察官を一括《くく》りにして考えるが、良い警察官は確実に存在する。だから、彼らから多くを望むなら、良い行ないを褒めたたえなければならない。つぎに、ひとりの良い警察官について紹介しよう。[22] それは、オンタリオ地方警察の巡査部長のジム・スミスだ。彼はアイテストの成績が優秀で、すべての警察官がお手本にしてほしい人物である。

二〇一〇年一月二八日、ジェシカ・ロイドという二七歳の女性が、オンタリオ州ベルビルのオンタリオ湖畔の自宅から行方不明になった。彼女がいなくなった晩、自宅の前を車で通りがかったふたりの男性は、隣の野原に駐車されているSUVを目撃した。ふたりから報告を受けた警察はその野原を調査して、タイヤと靴の跡を発見した。目撃者の証言は最新テクノロジーと無縁だが、それでも動か

(22)　このあと本章では性犯罪について詳しく取り上げるので、暗い内容になる。いやなら読まなくてもかまわない。ただし、ここでも本書の前提が当てはまることは覚えていてほしい。すなわち、私たちが最高の仕事をするのは、人間性を忘れないときである。しかも、人間性を忘れないのが特に難しい場面ほど、絶大な効果を発揮する。

ぬ証拠である。警察は、彼女の自宅前のハイウェイで無作為に車を止めて職務質問を行なった。まるで探偵のような行動で、ロバート・カロが知ったら満足しただろう。そして二月四日、ラッセル・ウィリアムズ大佐が運転するSUVを止めた。四六歳の彼は、オンタリオ州トレントンにあるカナダ最大の空軍基地の指揮官だった。警察がタイヤを調べると、例のタイヤの跡と一致した。ウィリアムズは何も知らないまま職務質問から解放されたが、捜査の継続中は警察の監視下に置かれた。しかも彼は、まだ解決されていないマリー＝フランス・コモー殺人事件（彼女は基地のフライトアテンダントだった）だけでなく、ふたりの女性の性的暴行事件と地理的なつながりがあることも判明した。彼はツイードという村にコテージを持っていたが、ふたりともその近くに住んでいたのだ。そこからオタワの自宅までは車で移動していた。妻はずっとオタワで暮らし、ウィリアムズも基地の勤務がないときは、そちらに住んでいた。二月七日、彼は職務質問を受けるため警察署に呼び出された。連絡を受けたのは午後三時で、夕飯までには戻ると妻に伝えた。

ウィリアムズは、とても容疑者には見えなかった。軍隊での勤務は二〇年以上におよび、模範的な将校だと思われていた。教養豊かで自制心があり、優秀なパイロットでもあり、エリザベス前女王のフライトを担当したこともある。率直で、身体的に目立った特徴はなく、犯罪歴もない。しかしプロファイリング――別の呼び方をすればデータマイニング――は、ここで取り上げているような殺人では大して役に立たない。私はテレビドラマの『マインドハンター』が大好きだが、幸いというか真のサイコパスのサンプルは少ないので、殺人鬼の「タイプ」は確立されていない。他の外れ値と比べても、かなりの外れ値である。ミシェル・マクナマラの没後にベストセラーになった著書『黄金州の殺人鬼』[23]には、そう名付けられた連続レイプ殺人犯に対して独自の捜査に執念を燃やす軌跡が描かれている。それによると、常習的な性犯罪者は「数が少ないうえにタイプが様々なので、生い立ちや行動を一般化するのは賢明ではない」という。ところが、いまは最新の機器が充実し、役に立ちそうな関連情報が大量に手に入るので、捜査関係者の注目が一部に限られる可能性がある。「データをたっぷり提供されると、様々な状況を無理やり結びつけるようになる」とマクナマラは記している。「たくさんのピースをはめ合わせ、悪人を創造したい誘惑に駆られる。それは理解できる。そもそも私たちは、誰もがパターンにこだわる。探し求めているものの概略が垣間見えると、それが頭から離れない。忘れて先に進めばよいのに、ずっとこだわり続けるときもある」。

ウィリアムズが警察署に到着するまでには、スミスは十分な調査をすませ、ウィリアムズへの疑惑に矛盾はないと考えるようになっていた。少なくともメンタルマップの段階では、判断は理に適っている。ただし、状況証拠という点がネックだった。トレントンの基地は広く、他にも何百人もの男性が勤務するだけでなく、近くに住んでいる。ジェシカ・ロイドの自宅そばの野原にウィリアムズが車を乗り入れたことが証明されても、彼がロイドを殺害した証拠も、他の犯罪に関係している証拠も存在しない。そしてロイドがすでに死んでいるとも、スミスは確信できなかった。遺体はまだ発見され

（23）　邦訳：ミシェル・マクナマラ『黄金州の殺人鬼　凶悪犯を追い詰めた執念の捜査録』村井理子訳、亜紀書房、二〇一九年。

ず、公式には未だに行方不明だった。

このときの一〇時間におよぶ取り調べは、一〇年以上が経過しても、驚異の交渉術のお手本として未だに支持されている。CTVテレビジョンネットワークのニュースドキュメンタリー番組『ザ・フィフス・エステート』は、放送時間をすべて使ってこのときの会話を紹介した(24)。その多くは、いまではユーチューブで紹介されており、能力の改善を目指す大勢の警察官をはじめ何百万人もが視聴している。最初、ジーンズに青いゴルフシャツという服装のウィリアムズはリラックスした様子だった。顔には笑みを浮かべ、ガムを嚙んでいる。これに対し、スミスはダークスーツを着ていた。部屋のセッティングでは、効果的な取り調べのルールを守るよう心がけた。部屋には家具がなかった。容疑者とのあいだを隔てるテーブルも机もない。容疑者の近くに座り、時間の経過とともに距離をさらに縮めた。そして落ち着いた友好的な態度を心がけ、慎重に言葉を選んで話した。頭上に裸電球はぶら下がってはいない。声を荒らげず、暴力的にふるまうわけでもなく、自白を強要するための手段はいっさい使わなかった。自分は警察官を出し抜けると容疑者が考えていることを、スミスは理解していた。そこで感情を抑え、容疑者の推測が間違っていることを気づかれないように努めた。ウィリアムズをファーストネームで呼んで、逮捕されたわけではないのだから、いつでも帰れると強調した。取り調べを中断して弁護士を呼びたければ、その権利もあると伝えた。あなたを容疑者リストから外したいだけですよと、ウィリアムズに話しかけた。

スミスは大まかな内容についての質問から始め、次第に焦点を絞っていった。ジェシカ・ロイドの居場所はともかく、物理的な証拠を増やすことを最優先した。「こんな取り調べからは、あなたを解放してあげたいのでね。そのためにも、積極的にいくつか情報を提供してもらえると助かるんですよ」とウィリアムズに水を向けた。

「そうですか。何が必要ですか」

そこでスミスは、血液のサンプルと指紋を求めた。「わかりました」とウィリアムズは応じた。するとスミスは、あとから思いついたように「そうそう、靴底の跡もあると助かります」と付け加えた。スミスがそう言った途端、ウィリアムズは自分のブーツに視線を落とした。

スミスは、身体的行動について長いあいだ研究してきた。確かに私たちは、心理状態を無意識のうちに示すしぐさ、すなわちテルズを過大評価する傾向がある。これは決定的な証拠ではない。ただし一定の状況では、重要な情報を暗示する。たとえば、かなり経験豊富なポーカーのプレーヤーなら、相手がホールカード（裏を向いているカード）を確認してからチップに視線を移すところを見たら、手持ちのカードを気に入ったので、ベットの金額を計算していると判断する。行動から判断する限り、ウィリアムズは、いま履いているブーツが気に入らなかった。

しかしウィリアムズは、警察が野原に残された靴跡を採取していることを知らなかったので、何も隠すものはないと相手に思わせたかった。そこで靴跡を提供した。するとスミスは、ご協力ありがとうございます。これが手がかりになって、奥様を困らせることはないでしょうねと尋ねた。これに対

（24）このエピソードについては、ボブ・マッキューンが「The Confession」〔告白〕というタイトルで取り上げた。最初は二〇一〇年一〇月二二日、CBSで放送された。

してウィリアムズは、「絶対にありません」と答えた。このあとスミスは、犠牲者や場所をつぎつぎに列挙して、そのたびに、あなたが提出してくださったDNAなどが残されていた可能性はありますかと尋ね、合意の上の性行為である可能性を探った。「いいえ」と言われると、スミスは突っ込んだ質問をした。ロイドの自宅の隣の野原に、車を止めませんでしたか。ウィリアムズの答えはやはりノーだった。

このようにきっぱり否定されると、かえって取り調べは進めやすい。スミスは、三つの犯罪に関してDNAの証拠を入手していた。こうした科学による裏付けから、ウィリアムズが四人の犠牲者の誰かの近くにいたことをスミスが証明すれば、彼の嘘は暴かれる。ここまで罠を仕掛けると、彼は相手の意表を突き、捜査関係者から対決と呼ばれる作戦に変更した。とはいえ、スミスの話しぶりに変化はなかった。相変わらず穏やかで、相手をなだめるような口調で、悪い知らせを伝えるのが本当に申し訳なさそうに見えた。そのうえで、ロイドの自宅の裏に残されていた靴跡の写真を見せて、警察署に来たとき履いていた靴の跡とそれが一致したことを伝えた。「同じですね」とスミスは告げた。それから、タイヤ痕が一致しているところも見せた。「ラッセル、これはまずいですよ。どんどん厄介になりますね」とスミスは言った。

その瞬間のウィリアムズの気持ちを分析するために、犯罪科学の専門家を連れてくる必要はなかった。ボディランゲージや顔の表情を見れば、厄介な状況に陥ったことを認識したのは明らかだった。しかしスミスは、いきなり他の警察官のような横柄な態度をとり、戦術を変更するわけではなく、ウィリアムズへの独自のアプローチをそのまま続けた。彼は容疑者の慢心に付け込み、自分には説得する能力があると信じ、ひとり語りのような形で会話の主導権を握った。すると、それは思いがけない効果を発揮した。ウィリアムズは取り調べを最後まで終えさせず、弁護士も呼ばなかった。

スミスはこう言った。「あなたに疑わしい点はあるけれど、とりあえずは信じたかったんですよ。ですが、あなたがジェシカ・ロイドの自宅にいたことは、あなたも私もわかっていますからね」。

ウィリアムズは、しばらくじっと黙っていた。提供された情報を頭のなかで整理して、計算を行ない、自分の行動を思い出し、それを説明するための方法を考え出そうとした。そのあいだスミスは、評判、知性、結婚など、ウィリアムズが大切にしているものへの影響を強調した。彼の人間性にも訴えかけ、ジェシカ・ロイドの家族が不安にさいなまれ、行方不明の娘に何が起きたのか知りたがっていると話した。

「ラッセル、私たちはこれからどうしましょうか」

「僕のことはラスと呼んでください」

「わかりました。ではラス、私たちはこれからどうしましょうか」

ここで再び、スミスはタイヤ痕と靴の痕を証拠として持ち出した。そしてＤＮＡ鑑定の結果がまもなく判明すれば、型が一致することをふたりとも理解していた。

「では、私はどうすればいいでしょう、ラス。あなたのために、出来ることは何でもするつもりです」

「妻への影響を最小限にとどめたい」

「わかりました」

「それにはどうすればよいですか」

「真実を話すところから始めましょう」

「そうします」

「わかりました。それで、彼女はどこにいますか」

ふたりが向かい合ってから四時間四〇分一〇秒後、ウィリアムズはついに陥落した。

「地図を持ってきてくれますか」

そこで警察官のスミスは、殺人鬼に救いの手を差し伸べた。「ラス、あなたの行動は正しい」。ウィリアムズはその励ましを受け入れたが、スミスにはまだやることが残っていた。このあと取調室では、恐ろしい出来事を思い出し、記録をとらなければならない。「どこから始めましょうか」

「どこでもかまいません」

そこで、ジェシカ・ロイドの事件から始めることにした。

ラッセル・ウィリアムズは細かい部分までよく覚えていて、自分の犯罪についてあらゆることを記憶していた。ロイドの遺体の在りかを正確に教え、他のことも包み隠さずに自白した。このような展開は、決して意外ではない。大変な仕事を任せられたスミスは、相手と率直に向き合い、豊富な経験に基づいて慎重な姿勢を心がけた。しかも彼には合法的な科学捜査という裏付けがあった。これだけそろっていれば、もう完璧だ。実際ウィリアムズは、スミスから受けた質問のほぼすべてに答えられた。答えなかったのはひとつだけ。取り調べがほとんど終わった段階になっても、スミスは念入りに練習した控えめな話し方を崩さなかった。たとえ容疑者が自白しても、責任を逃れられる余地を残したのだ。

「どうしてこんなことが起きたと思いますか」

そう尋ねられ、ウィリアムズは「わかりません」と答えた。

私たちは往々にして、犯罪者を人間扱いするのをやめてしまう。最悪のケースでは、獣や悪魔や食屍鬼に見立て、クローゼットのなかやベッドの下に潜んでいる怪物の姿を想像する。同様に私たちは、犯罪の犠牲者について他人事のように考える。自分にそんな運命は降りかからないと思い込み、ここで起きるはずはない、起きたとしても自分には関係ないと言い聞かせる。しかし、自分は間違えないと考えるのは間違っている。ひょっとしたら、犠牲者はそうなったのも無理はない行動をとっていたかもしれない。だがそんな発言は、偽りの安心を得るための詭弁にすぎない。大丈夫だと無理やり信じ込み、何が起きるかわからない恐ろしい人生から自分を隔離しようとしているだけだ。殺人者やレイピストも、彼らの手にかかる犠牲者も、あるいは、犯罪者を罰して平和をもたらすことを期待される警察官や弁護士や裁判官も、みんなが同じ人間だ。そう思いたくないときもあるだろうが、みんなを人間として扱うほうが賢明である。これはアイテストに合格するための最も難しい課題だが、最も基本的な部分でもある。私たちは、もっと観察眼を磨かなければならない。もしも人間にふさわしい行動をとりたいなら、あるいは自分の貴重な個人的経験を十分に生かしたいなら、どんな人間のことも人間として見なせるように努力する必要がある。この人は人間扱いするが、あの人は見放してもかまわないと、勝手に取捨選択してはいけない。寛大な広い心を持つべきだ。テクノロジーと同様、犯罪者もその犠牲者も、何か不思議な力が外から押し付けてきたマシンではない。私たちと同じ場所で暮らす友人であり隣人である。内部の人間が外に追い出されただけだ。

第六章　マネー——市場の修正

大勢《たいせい》に従えば、競争上の優位があるわけではない。いまや私たちの生活の様々な側面で、アナリティクス重視の傾向が強くなりすぎたが、金融も例外ではない。その結果、正反対の領域に空白が生じ、成功のチャンスが期待できるようになった。そこでは勇敢な人間の並外れた行動が効果を発揮する。同じことは、独創的なビジネスのあらゆる側面に当てはまる。あなたは、ハートフォード・ホエーラーズ〔ナショナルホッケーリーグ（ＮＨＬ）のチーム。現カロライナ・ハリケーンズ〕のロゴを覚えているだろうか。あるひとりの人物の手によるもので、その完璧な出来栄えは不朽の名声を獲得した。これからは、それが目標になる。

ケネス・ファインバーグは、慎重な決断がモットーだった。彼はボストンの弁護士で、民事や企業関連の難しい裁判を任せられ、かなり良い成績を収めてきた。二〇〇二年、彼の家族は保養地の物色を始め、候補をふたつに絞り込んだ。マーサズ・ヴィニヤード島とナンタケット島で、どちらも沖に浮かぶ美しい島だが、絶海の孤島ではない。当時からファインバーグは、重要な二者択一を思いつきで決定したり、運命に委ねたりすることがなかった。今回も休暇を過ごす保養地を選ぶのだから、科学的なアプローチは欠かせない。証拠に基づいて的確な判断を下す必要があった。

そこで過去の天気のデータを大量に集め、周辺の海流と気流についても研究した（過去の気候を参考にして将来の天気を予測しても、以前ほど役に立たなくなったことはすでに本書で紹介した。それでも直感に頼るよりはましだ）。その結果ファインバーグは、ナンタケット島の空港が季節を問わず濃霧で閉鎖される確率は、マーサズ・ヴィニヤード島の二倍だということがわかった。そこで、じっとしていられない性格ゆえ、マーサズ・ヴィニヤード島で五エーカーの森林を早速購入した。「まだ市場に出回っていない物件で、これはずいぶん買い得だと思った」と、二〇一三年に私は本人から聞かされた。場所は、別荘の二階に作られた小さなベランダで、彼と妻のデデが森のなかに建てた家の素晴らしさに私は目を奪われた。

ファインバーグは物件の購入を慎重に進めていたころ、新しい仕事に取り組み始めていた。結局この仕事には、その後のキャリアのすべてだけでなく、人生の大半を費やすことになる。彼は九・一一被害者補償基金の監督に任命され、負傷者や遺族に提供される数十億ドルの連邦予算の監督を任せられたのだ。

ファインバーグにとって、痛ましい不幸な出来事の犠牲者のための調停は、初めての経験ではなかった。過去にはエージェント・オレンジ〔枯葉剤〕やアスベストやダルコンシールド――欠陥のある避妊リングが、多くの女性に損害を与えた――などの訴訟に伴う補償問題で、和解を成立させている。しかし、九・一一基金は前例がなく、参考にできる事例もなかった。それまでにも一九九三年に世界貿易センターで、一九九五年にオクラホマ・シティで爆破事件が発生していたが、連邦政府は犠牲者への補償金の支払いを考えはしなかった。だが今回、連邦政府は、ふたつの国内大手航空会社、すなわちユナイテッド航空とアメリカン航空が、いきなり訴えられて倒産する可能性に怯えていた。

多くのアメリカ人と同様にファインバーグは、ビルに飛行機が激突する瞬間の映像を眺めながら無力感を覚えたものの、何とか力になりたいと考えた。そして、緊急基金の存在について新聞の報道で知ると、数日後には無報酬で監督を引き受けることを志願した。彼にとって、ボランティア活動は当然の決断だった。イスラエルでは、怖いもの知らずのメンバーから成る正統派ユダヤ教徒のチームが、

ＺＡＫＡというボランティア活動を行なっている。バスの爆破事件や空港での銃撃事件が発生すると、チームは現場に駆けつけて、残骸をくまなく調べて体の一部を探し出す。時には血だらけになり、遺体ができるだけ完全な形で埋葬されるように手助けをする。ファインバーグは正統派に属さないが、ティックン・オーラームというユダヤ教の概念は信じていた。これはヘブライ語で「世界の修復」を意味する。そして、アメリカでＺＡＫＡと同じ活動をするには自分が最適任だと考えた。幸か不幸か悲惨なできごとに対する耐性があり、修復不可能なことを修復したいという欲求があった。ただしこのときはまだ、自分が困難な事態の修復に関してアメリカの第一人者になるとは、夢にも思っていなかった(1)。

「気持ちは理解できるが、気を付けてくれよ」と、ファインバーグは大変な仕事を始める前に、テッド・ケネディ上院議員から忠告を受けた。

実際、彼の任務は不可能としか思えなかった。犠牲者やその家族の大多数が、提案された補償金額を受け入れてようやく、基金は航空会社の倒産を防ぐことができる（基金から補償金を受け取れば、訴訟の権利を放棄することになるので、どの家族も頭のなかで算盤《そろばん》をはじいた。民事訴訟に勝って受け取る金額と比べ、基金からの補償金は多いだろうか、それとも少ないだろうか。もしも少なかったら、差額を埋め合わせるために時間と労力をかけて訴訟を起こす価値はあるだろうか）。そもそも悲

（1）　私はケネス・ファインバーグについて、二〇一四年一月のエスクァイア誌で初めて記事に書いた。そこでは、「困難な事態の収拾に関する全米の第一人者」というタイトルを付けた。

しみに沈む人たちの全員が同じ現実に注目し、同じ結論を引き出すことはまずあり得ない。「感情は人それぞれで、その違いには驚かされる。人間性と同じで千差万別だ」とファインバーグからは聞かされた。

九・一一の犠牲者の家族を早い時期から結束させた数少ない要因のひとつが、ケネス・ファインバーグへの嫌悪だった。彼がミッションを始めてから一年近くが経過しても、補償金の受け取りに同意する家族はほとんどいなかった。彼はとんでもない大失敗を目撃するリスクにさらされた。つまり、もしも家族の半分が補償金の受け取りに同意して、政府の予算を数十億ドル使っても、残りの半分から訴訟を起こされたら、目的を達成したとは言えない。そこで九・一一からちょうど一年後、追い詰められたファインバーグはNBCでトム・ブロコウ〔ジャーナリストでありニュースキャスター〕と一緒にタウンホール・ミーティングを行なった。彼は悲しみに暮れる家族に三方を囲まれたが、その多くは犠牲になった最愛の人の写真を膝に載せ、ファインバーグに向かって大声を上げた。この日のファインバーグは、いつもと同じアプローチで問題解決に臨んだ。判断を誤らないよう、まるでロボットのように合理的なアプローチを心がけたが、傷ついた人々の胸にはあまり響かなかった。

ファインバーグの大きな間違いは、本人のせいではない。死者の命の価値を金銭的に平等に扱わない方針は、以前から政府が義務付けていたものだ。なぜなら、全員が出世コースに乗っている人というわけではないからだ。補償金の支払いが不平等になるのは、大規模不当行為〔大きな事故など〕では標準的な慣行であり、数学的にもある程度理に適っている。それを九・一一のケースに当てはめれば、若い株式仲買人の遺族は、中年の警察官や消防士の遺族よりも、そして彼らは高齢の守衛よりも多くの補償金を受け取ることになる。具体的な金額は、逸失利益に予想される年収を掛け算して割り出される。

しかしタウンホールで悲しみに暮れる遺族に囲まれているうちに、ファインバーグは自分の冷静な計算が理論上は筋が通っているようでも、エラーが内在していることに気づいた。聴衆のなかからニック・キアルキアーロという男性が異議を唱えた。彼は妻のドロシーを失っていた。

「どうしてみんな同じじゃないのですか。なぜいちいち計算するんですか」とキアルキアーロは尋ねた。

そこで、ファインバーグは挙手をして発言した。「すでにご遺族にはお話ししましたが、私は目の前にある法律を執行するだけです」。

キアルキアーロは食い下がった。「じゃあ、私の妻は債券の仲買人よりも価値がないのですか。私はそう思わない。結婚生活は三七年も続いたんですよ。私には計り知れないほどの価値があるんだ」。

ファインバーグはタウンホールを離れると、彼にしてはめずらしく、その場で決断を下した。提示された補償金に不満を抱くすべての遺族と個人的に会って、言い分を聞いたうえで、金額を変更するかどうか決めることにしたのだ。「共感したからじゃない。これは戦略だった」という。ここでは、みんなにある程度の公平感を抱かせなければならない。収入分布の上位の層に冷遇されていると思われれば、反発される恐れがあった。「人は常に他人の金を数えたがるからね」という。しかしその半面ファインバーグは、愛する人の命が単なる数字に置き換えられたら、ほとんどの人は受け入れないという現実も認識した。そこで自分が控訴裁判所の代わりになって、おそらく二九七七件におよぶ案件の聞き取り調査を行なう決心をしたのだ。

最初にファインバーグを訪問したのは若い消防士の未亡人で、六歳と四歳のふたりの子供がいた。意外にも彼女は、提示された金額を拒まなかった。最終的に決定された補償金の平均はおおよそ二〇〇万ドルだったが、彼女の補償金はそれに近かった（最高金額はおよそ七〇〇万ドル）。ただし彼女にはひとつ条件があった。予定よりも早く小切手の受け取りを要求したのだ。三〇日以内に必要だという。

ファインバーグは要求を聞いて青ざめた。三〇日以内など不可能だ。そもそも、その数字を財務省に対して正当化する必要がある。そして財務省は、彼が漕ぎつけた調停を受け入れる可能性も否定する可能性もあった。役所仕事はスムーズに進まないが、小切手を切る必要があるときは特にそれが顕著だ。「なぜそんなに急ぐのですか」とファインバーグは未亡人に尋ねた。

「私は末期がんの患者なんです。私が死んだら夫が子供を育てることになっていました。だから、ふたりは孤児になるんです。私は補償金を受け取ったら、それで信託基金を準備するつもりです。もう長くは生きられませんから」。

それを聞いた瞬間、ファインバーグは人が変わった。それまでは何事も型にはまって機械的にこなしてきたが、そんな過去を脱ぎ捨てて生まれ変わった。そして未亡人は、希望通りに小切手を受け取り、八週間後にこの世を去った。「これが最初だった。そのあとは、大まかな目標を達成すればよいと考えを改めた」という(2)。

最終的にファインバーグは九七パーセントの遺族との調停に成功し、全部でおよそ七〇億ドルを分配した。それ以後も、悲劇的な事件のあとに基金が設立されるケースは後を絶たず、ファインバーグの貴重な専門知識の需要も絶えることがなかった。バージニア工科大学銃乱射事件、メキシコ湾原油流出事故、インディアナ・ステート・フェアでのステージ崩落、ネバダ州のリノ・エア・レースでの墜落、コロラド州オーロラの映画館での大量虐殺、コネチカット州ニュータウンでの小学校銃乱射事件、ボストンマラソン爆破事件、ボーイング737MAXの墜落〔二〇一九年、エチオピア航空とインドネシアのライオン航空の、それぞれ737MAXが墜落した事故〕といった事件で、犠牲者と遺族の補償金の問題解決に貢献してきた。ファインバーグは、自ら考案したベストプラクティス〔最もよい結果を得るための効率的なプロセス〕を忠実に守る。犠牲者とかならず個別面談を行ない、犠牲者の命の差別化をやめて、腕を失うのも足を失うのも同じようにつらい経験だと判断した。そして痛みの数値化をやめて、病院で過ごした日数に基づいて怪我を評価した。どれも決まり事ではないが、もはや決まり事のように感じられる。ちなみに私と一時間話している最中、彼はメールをチェックしなかった。そのあと携帯電話を確認すると、僅か一時間でふたつの悲惨な事件での協力の依頼が入っていた。テキサ

（2）　ファインバーグはその後、別の消防士の未亡人と、父親を亡くした三人の子供たちと面会した。面会中、未亡人はあまりにも激しく泣き続けるので、卒倒するのではないかと心配になったほどだ。「私の人生は終わった。二度と同じにはならない」と嘆いた。彼女は完璧な伴侶を失ったのだ。ところが翌日ファインバーグは、同じ消防士の秘密の愛人の家族を担当する弁護士から連絡を受けた。正式な結婚指輪は持たないが、こちらの女性も大事な伴侶を失い、ふたりの子供たちは父親を失った。ファインバーグは、愛人の存在について本妻の家族に話そうかと考えた。そうすれば本妻の深い悲しみが和らぐかもしれないし、何も知らずに出会った子供たちがデートする可能性も回避できる。しかし結局は話さないことにして、どちらの家族にも同じ金額の小切手を書いた。

ス州フォート・フード基地での銃乱射事件と、アリゾナ州プレスコットで発生した恐ろしい山火事だ。私は、彼がまるで死に取りつかれているような印象を受けた(3)。

ファインバーグは、仕事によって大きく変わったと言われるのをいやがった。しかし彼の身近にいる人たちには、九・一一の仕事の前後での違いがわかった。たとえば、ほぼ休みなくオペラを聞くようになり、しかも他の音をすべて遮断するかのように音量を上げた（しばらくは、熟睡するためにオペラのチケットを購入しなければならない時期が続いた。劇場でシートに倒れ込み、彼いわく「我々の文明の傑作」に没頭するうちに心は洗われた）。妻のデデによれば、夫は以前よりもずっと共感的で、思いやりのある人間になった。右腕として三〇年以上働いてきたキャミル・ビロスは、悲しみに暮れる遺族との面談をきっかけに、ファインバーグは相手の話に耳を傾けることが上手になり、その能力は世界的にもきわめて高いと確信している。そして息子のアンドリューによれば、父親は九・一一基金の仕事に取り組んだ三三カ月間でずいぶん年を取った。顔には苦労が刻まれ、隠そうとしても隠しきれなかった(4)。

ただし犠牲者の遺族との面談に関して、ファインバーグはひとつ重大な過ちを犯したことを指摘しておきたい。それは個人的なものではない。むしろ、個人的にも職業的にも重大な過ちである。犠牲者の涙や心の傷に同情するあまり、判断が先入観にこれ以上ないほど影響されたのだ。これでは以前のような客観性も洞察力も、冷静な判断力も失われ、沈着な分析ができない。私がその可能性を指摘すると、「その通りかもしれない」と言われた。

後にハーバード・ロースクールでファインバーグの講義を見学したとき、彼は講義に全身全霊を打ち込んでいた。オペラ鑑賞と同様、講義は彼に対して解毒剤のように作用していた。講義は希望に通じる行為なのだ。その晴れた日の午後、ファインバーグは数字の限界について語った。統計は、野球場で驚くような効果を発揮するかもしれない。教育委員会の議論では、クラスの規模の拡大が大きな話題になるかもしれない。しかし、裁判所にそれは当てはまらないという。その具体例として彼は、深夜に発生したバスのひき逃げ事件について考えてもらった。問題のルートで深夜のその時間にバスを運行している会社はひとつしかなかった。そうなると、その会社のバスがひき逃げ事件に関与した可能性は非常に高い。ではそれは、その会社を訴えるための証拠として十分だろうか。そう質問され、首を縦に振る学生もいれば、確信が持てない学生もいた。

「絶対に証拠にはならない」と、彼は大声を出した。机を激しく叩いたので、何人かの学生は驚いて飛び上がった。

ファインバーグの成功には、声の力が大きく貢献していると私は確信している。深みのある大きな声には、温かみがある。地球上で雷と会話できる人間がいるとしたら、それはファインバーグだろう。いま大声で話し続ける姿は、屋上から何かを宣言しているかのようだ。眼下の街路を歩いている人た

（3）　ファインバーグは自分の仕事に関して、以下の二冊の本を書いた。*What Is Life Worth?: The Inside Story of the 9/11 Fund and Its Effort to Compensate the Victims of September 11th* (New York: PublicAffairs, 2006)。*Who Gets What: Fair Compensation after Tragedy and Financial Upheaval* (New York: PublicAffairs, 2012).

（4）　スケープゴートや罪喰い人〔臨終の人の罪を引き受け、天国に送り出す人間〕はいきなり年齢不相応に老けると何世紀も信じられてきた。

ちを呼び止め、話を聞かせようとしているところを想像できる。実際に教室の誰もが熱心に耳を傾け、まもなく判決が下される法廷のように彼の話に集中し、つぎにどんな発言があるのか待ち構えた。なぜなら、その発言にはすべてを変化させる可能性があるからだ。

「我々に必要なのは目撃者であって、統計ではない」と発言するファインバーグの声は、熱心に耳を傾ける学生の集中力に合わせて大きくなっていった。「我々に必要なのは人間だ。人間は計算機ではない。我々は数字の寄せ集めではない」と言いながら、彼は再び机を激しく叩いた。実際は、話したかったのはバスのことではないのだろう。

二〇一九年、小さくてもテクノロジーに特化した雑誌として評判の高いロジック誌に、匿名のアルゴリズムトレーダーのインタビューが掲載された[5]。二〇〇八年に経済が破綻した後、関与した投資家は少しも責任を問われなかった。しかし従来の方針に修正が加えられ、人間に代わって機械に取引を任せる機会が増えた。「方針が転換された結果、価値の追加が見込めないと感じ取られた部分で、人間による意思決定が取り除かれた」と匿名のトレーダーは語った。市場の効率を高めるための努力は、非情ではあっても理に適っている。付加価値を提供してくれないものは取り除かれる。無重力の空間で、宇宙飛行士のかかとの厚い皮膚が消えるのと同じだ。だがここで私は、トレーダーが〝感じ取られた〟という言葉を使ったことに興味をそそられた。そもそもデータは、人間が勘に頼る負担を減らし、確信が事実に置き換わる手助けになるはずだ。ところが雑誌に登場したトレーダーは、フランス革命の急進派ロベスピエールさながらデジタル革命と向き合い、何かが感じ̇ら̇れ̇た̇おかげで劇的な変化が引き起こされたと語っている。

金融市場は、アナリティクスが利益をもたらす可能性に注目し、広範囲におよぶ影響を感じ取る傾向がとりわけ強い。なぜならブラックボックスのなかでも特に真っ黒なボックスのなかでは、頼りにできるものは数字しかないからだ。ところが興味深いことに多くの投資家は、ファンドマネージャーから数字以外のものを欲する。投資収益率は確かにとても重要だが、人々は自分のマネーの行き先について理解したいと思う。そのためファンドはしばしば、自分たちの戦略をストーリー仕立てで説明する（あるアルゴリズムの取引戦略ではソーシャルメディアをあちこち探し回り、市場や特定の製品にまつわる「感情」を推測する。そのうえで、そのデータを利用して人々がどのように感じるのか理解しようとする。感情の影響力は、やはりあなどれないからだ）。最近では以前よりも多くのファンドが、自分たちの計量的手法は他のどこよりも素晴らしいことを、ストーリー仕立てで語るようになった。アルゴリズムも、コンピュータも、特定分野での知識も、より良いデータへのアクセスも、すべてが他よりも優れていることを説明する。いまやナンバークランチング（複雑な計算）では、ナラティブすなわち物語が重視されるようになった。たとえば、コンサルティング会社のミューシグマは、「データ分析に特化した企業」として世界最大の組織に成長し、いまでは一〇億ドルの規模を誇る。

（5）以下の署名なしの記事（“Money Machines: An Interview with an Anonymous Algorithmic Trader,” *Logic*, Issue 6, January 1, 2019.）より。これは、全文を読むことをお勧めする。匿名のトレーダーは、複雑な事柄をわかりやすく説明している。

同社のサイトを訪れると、最初にこんな質問が飛び込んでくる。「データの洪水に対処できる人材やプロセスやプラットフォーム。それがあなたにはありますか。私たちにはあります」。他の企業がもはや自力では不可能な数字の処理を手助けするため、ミューシグマのような企業は存在していることが語られている。

「データの洪水」は、いくつかの深刻な問題を抱える（大勢の人たちが自分の数学の能力について嘘をつくことや、レラティビティのライアン・カヴァノーのように能力を誇張することは事実だが、それについてはここで取り上げない）。すでにおわかりのように、データマイニングは歴史が繰り返すことを大前提にしているが、歴史は常に繰り返すわけではない。ところが不幸にも、数量モデルは言われた内容を素直に信じる。「技術がどんどん普及するうちに、未来の世界は過去と同じように展開するという前提が、金融システム全体にしっかり組み込まれていく」と、インタビューに応じた匿名のトレーダーは語った。そうなると、私たちの現実を無視したまま現実に影響をおよぼすシステムを作るのが、良いアイデアとは思えなくなる。

新型コロナウイルスの蔓延はいくつかの興味深い影響をもたらしたが、アルゴリズムの理解を超えた予想外の出来事の発生もそのひとつだ。ウイルスに直撃された途端に人類が生物種として示し始めた買い物の傾向に、アルゴリズムは戸惑うしかなかった。天気モデルと同じく金融市場も、インプット――「私たち」や「私たちの生活」――があまりにも急激に、あるいは劇的に変化すると混乱に陥ってしまう。そしてふたつが同時にインプットされ、劇的な変化がいきなり引き起こされると、金融市場は崩壊する可能性がある。コロナ禍の当初のパニック買いには、堅牢性がきわめて高いＡＩでさえ驚かされた。[6] トイレットペーパーの需要が大きく跳ね上がるなど、どのモデルが予測できただろうか。大型冷凍庫やサンドバッグが売れる不思議な現象も発生した。誰もがデータばかり信じると、市場の全体像を把握できず、棚が空っぽのスーパーマーケットのような状態になる。

私は湖畔に住んでいるが、コロナ禍のあいだ地元のカヌーとパドルボードの販売業者は製品が在庫切れになった。振り返ってみると、それは理にかなっている。通常のスポーツを楽しむ機会はなくなり、空気中にウイルスが漂っている不安があったため、他人との接触がない水上で健康を維持する選択肢をとる人が増えたのだ。しかし二〇二〇年二月に、これからはカヌーに全財産を費やす時代になると判断した予測モデルがあったとは、私には信じられない。もちろん、そんな賢明な判断のできる投資家も多くなかっただろう。それには特殊な直感、あるいは少なくとも素早い反応が必要とされる。それができるのは一部の限られた人だけだ。豊かな独創性と想像力に基づいて自由に発想できる人、つまり本書が賞賛するタイプだけである。

そうなると、データ主導の快適さに満足している現状に関して、他の問題が浮上する。すなわち、機械は人間のようにパニックに陥らず、一斉に同じ行動をとる傾向を強める。しかし、あまりにも多くのファンドが同じアプローチをとったら――おそらくミューシグマなどのコンサルタント会社が、顧客ごとに異なるアドバイスを行なわない方針で臨んだら――山と谷の落差が大きくなってしまう。

(6) Will Douglas Heaven, "Our Weird Behavior during the Pandemic Is Messing with AI Models," *MIT Technology Review*, May 11, 2020.

市場が順調で穏やかなときは、あらゆるものを結びつけてもうまく機能する。満ち潮はすべてのボートを押し上げてくれるだろう。しかし嵐の襲来は避けられず、そのときはみんなが一斉に沈んでしまう。

いまでは、システム全体が脆弱になってしまった。何かひとつでも間違った数字が発生すると、それが業界全体に壊滅的な影響をもたらす恐れがある（あるいはゲームストップの大失敗が証明したように、数人の悪徳トレーダーがレディット〔オンライン掲示板〕にアカウント登録しただけで、数十億ドルの価値のあるヘッジファンドが空中分解してしまう）。二〇一八年のフェイスブックを相手取った訴訟からは、ソーシャルメディアの巨人の内部会計の紛れもない欠陥が明らかにされた。あるいは原告によれば、世間を欺くための邪悪な陰謀が明らかになった。フェイスブックは「広告動画の平均視聴時間」のメトリックを過大評価して、人々が実際よりも長く動画を視聴しているように見せかけたのだ（視聴時間が三秒未満のものが、データには含まれなかった。平均視聴時間の算出は、総視聴時間を再生したユーザー数で割るべきだが、三秒未満でスキップしたユーザー数を含まずに計算した。そのため、平均視聴時間がおよそ八〇パーセント水増しされたと、フェイスブックは広告主に説明したが、原告側の広告主によれば水増しは一五〇ないし九〇〇パーセントに達した）[7]。こうなると、もはや手遅れだった。フェイスブックのトラフィック配信に大きく依存してきたメディア関連企業は、「ビデオへの路線変更《ピボット》」を積極的に推し進め、ライターや編集者をレイオフし、代わりに映像作家やプロデューサーを採用した挙句、不幸な結末を迎えた。こうしてニュース配信の方法を大きく変化させた企業のなかには、ＭＴＶニュース、ヴァイス、ヴォカティヴなどの名前があった。そして視聴者が予想ほど多くなかったことがわかると、レイオフの対象はさらに増えた。たとえばニューヨークのメディア関連企業のミックは、二〇一四年の時点でミレニアル世代を中心にビジターが二〇〇〇万人ちかくに達し、動画に大きく力を入れた。しかし結局トラフィック数もバリュエーション（企業価値評価）も一気に落ち込み、ついにはかつての価値に遠くおよばない金額で売却された(8)。

同様にトレーディング（株式の売買取引）でも、誰もが同時に正しいことはない。健全な統計の裏付けがあっても、それは不可能である。どこかで現れたマネーは、どこかへ消えていく。今日の冷酷な市場では、他のみんなと同じ行動をとっても少し劣るだけで、敗者になってしまう（そしてこの場合も、大きく間違えば世間からそっぽを向かれる）。カジノが客よりも僅かに有利に立っているときと同じで、少しでも不利ならつけ込まれる。実際、野球がそうだった。ビリー・ビーンの「秘密」が明らかになって野球市場で効率が重視されると、かつてのように資金力の豊富なチームが勝ち始めた。ワールドシリーズを制したのはレッドソックスやカブスで、アスレチックスではなかった。巨人がふたたび幅を利かせるようになったのである。

映画『マネーボール』ではブラッド・ピット演じるビーンが、同じ前提に込められた別の意味に当惑するスカウトたちにこう説明する。「おれたちは考え方を変えなければいけない。このままヤンキ

（7）　Maya Kosoff, "Was the Media's Big 'Pivot to Video' All Based on a Lie?" VanityFair.com, October 17, 2018.
（8）　Mathew Ingram, "Mic Shuts Down, a Victim of Management Hubris and Facebook's Pivot to Video," *Columbia Journalism Review*, November 29, 2018.

ースと同じようにプレーすることを目指しても、ヤンキースには勝てない」

「なんだビリー、フォーチュンクッキーのおまけみたいなことを言うな」

「違うよ」と、ブラッド・ピット演じるビーンは訴える。「これは……筋が通っている」。

この発言は、アナリティクスとその応用にも当てはまるのではないか。「誰もが誤解することのひとつは、社員が優秀ならば企業は成功するという思い込みだ」と、例のアルゴリズムトレーダーは語る。「でも人工知能や機械学習やビッグデータを理解しても、他のやつらも同じように理解していたら、競争上の優位を確保できない」。優位に立つためには、他の人よりも上手に行動しなければならない。あるいは、他の人と別のことをしなければならない。それは金融に限らず、ビジネスや野球、あるいは想像しうるどんな競争環境にも当てはまる。

「唯一無二」の存在になろう。幸い、みんなと違う存在になるための方法はたくさんある。


二〇一八年五月、アメリカンフットボール史上屈指のタイトエンドのジェイソン・ウィッテンがダラス・カウボーイズから引退した。三五歳の彼は、テキサス州フリスコで行なわれた感動的な記者会見に、チームカラーのブルーのスーツで登場した。一五シーズンを戦った後に引退を決断するのは簡単ではなかった。大半のプレーヤーは体が動かなくなり、出場機会もなくなって戦力外を通告されるが、一握りの優秀なアスリートは、引き際を自分で決断する。そしてそれはキャリアのなかで最も難しい決断になる。「フィールドを去るタイミングは誰にもわからない」とウィッテンは語り始めた。

「僕も例外ではない。でも、良し悪しはともかく、一分遅れるよりも、三時間早く決断するほうが良いと言われる。一点の曇りもない眼で見極めるべきだと主張しても、今回は簡単に決められるものではない」(9)。

ウィッテンがつぎの行動を決めかねて悩むのは、普段の姿から想像できない。フィールド上では超能力者のように動き回った。元ＮＢＡの名選手ビル・ブラッドリーは、バスケットコートは「自分の庭」だという名言で有名になったが、ウィッテンにとってはフィールドが自分の庭だった(10)。ウィッテンの引退記者会見で、彼が尊敬するコーチのジェイソン・ガレットは同じブルーのスーツ姿で隣に座り、ウィッテンがタイトエンドのポジションを独特の方法で理解していたことを説明した。そのストーリーは、彼の得意技、Ｙオプションを中心に展開した。

スポーツはゲームが複雑になる可能性があり、アメリカンフットボールは特にその傾向が強いが、Ｙオプションを進めるルートはごく単純だ（ウィッテンによれば「単純でも簡単ではない」）。ターゲットにするのは大体がタイトエンドだが、典型的な配置のレシーバーを狙うときもある。ニューイングランド・ペイトリオッツに所属していたジュリアン・エデルマンは、しばしばこの技を見事に披露した。具体的には、スクリメージライン〔オフェンス側とディフェンス側の間に存在する架空の境界線〕から五ヤード〔四・五メートル〕か一〇ヤード〔九メートル〕離れた場所から真正面に飛び出し、インサ

（9）　後にウィッテンは心変わりした。ＥＳＰＮの『マンデーナイト・フットボール』の解説者を一シーズン務めたがうまくいかず、二〇一九年にカウボーイズに復帰した。「つまらなかった」そうだ。

（10）　John McPhee, *A Sense of Where You Are* (New York: Farrar, Straus and Giroux, 1965).

イドに向かってフィールドの真ん中を目指すか、それともアウトサイドに向かってサイドラインを目指すかを選択する。このYオプションは、スポーツではめずらしい作戦で、ほとんどの場合はインサイドとアウトサイドの二者択一になる。では、どんなことを考えればよいか。

二〇一五年のプレシーズンのキャンプで、コーチのガレットは夜のミーティングのとき、チームの前でウィッテンにこの質問をして答えを求めた。「その回答は私が知る限り、アメフト史上で最高のプレゼンだった」とガレットは回想した。

当時ウィッテンはキャリア全体でレセプション〔フォワード・パスをキャッチすること〕が一一五二回に達したが、そのうちの半分はYオプションによるものだとコーチは推測した。ウィッテン本人は、およそ五〇〇回だと見当をつけた。正確な回数はともかく、ウィッテンがYオプションを仕かけると、ディフェンスはほとんど機能しなくなる。ウィッテンには先を見る目があり、それが強みだった。どちらを選ぶか瞬時に決めて行動に移すと、ディフェンダー――専門用語で敵を指す――は、その選択に対して反応するしかなかった。どのYオプションも、追いかけるよりは先を走るほうが有利になることの縮図である。ウィッテンは、決して後ろから追いかけなかった。

ウィッテンは、ボールをスナップする前の準備から始め、スタンス、手の位置、体重の移動についてチームに説明した。つぎに、インサイドとアウトサイドの選択に必要なすべての情報を教えた。長年積み重ねた練習と経験に裏付けられたプレーは、神の導きではないかと錯覚するほど見事だった。ウィッテンはうっとりと聞きほれるチームメイトを相手に、ディフェンダーの体の傾け方に応じてリリースの角度を決める方法、選択を行なうまでに踏むステップの正確な回数について語った。他には、敵との配置を心のなかでどう思い描くか、そして、狙いをつけた相手――ウィッテンの動きに反応して半歩でも失いたくない敵――がインサイドとアウトサイドのどちらに向かおうとしているか、目や腰や足の小さなヒントから判断することも教えた。

　ガレットによると、ウィッテンはプレゼンの最後を前シーズンのビデオで締めくくった。それはデトロイト・ライオンズとのプレーオフで、そこでのひとつのプレーに注目した。残り六分で、カウボーイズは三点差で負けていた。デトロイトの四二ヤード地点で、四つ目《フォース》のダウンであと六ヤード進まないと攻撃が終了し、カウボーイズは一層の窮地に追いこまれることになる。ガレットは「ここが勝負」だと判断し、Yオプションを指示した。するとデトロイトは、成功を防ぐためにツーマンカバレッジの戦法を選んだ。そうすればレシーバーのウィッテンは、ほぼ間違いなくアウトサイドに向かわざるを得ないからだ。ガレットも状況を確認したうえで、ウィッテンは九五パーセントの確率でサイドラインを目指すしかないと推測した。この確率ならディフェンダーは一般論として、敵やボールがどこに向かうか悩まずにすむ。うまくウィッテンがアウトサイドに向かえば、アドバンテージは消滅すると考えられた。

　ボールがスナップされると、ウィッテンはおよそ一二ヤード〔一一メートル〕を全速力で前進した。ここでは走る速さというより、瞬間的な動作の速さに目を奪われる。彼とマッチアップしているディフェンダーは、必死で食い下がった。ガレットによれば、ウィッテンは「このプレーについて地球上の誰よりも知り尽くしているプレーヤーだ」。接触している相手の動きから、自分がアウトサイドに向かうと想定していることを感じ取った。それが良い判断なのは、成功率の圧倒的な高さが裏付けている。しかしウィッテンは、白熱した展開のなかで、どんな機械よりも素早く計算し、情報をすべて処理したうえで、芸術的な動きを完成させた。相手の予想通りアウトサイドに向かうようにフェイント、フェイントをかけたのだ。右足を大きく踏み出すと、同じ方向に頭を動かした。それにディフェンダーがつられて動いたところで、いきなりインサイドに向きを変えると、ふたりのあいだに隙間ができた。そこでトニー・ロモから完璧なパスを受け取ると、ボールを二一ヤード〔一九メートル〕前に進め、最初のダウンが終了した。それから六つのプレーのあとにカウボーイズはタッチダウンに成功し、勝利を収めた。

「このプレーが見事に成功した理由を説明しよう」とウィッテンはチームメイトに語った。誰もがビデオを観て感激の涙を浮かべている。その前でいまのプレーについて解説するつもりだったガレットは、言葉に詰まった。それでも何とか落ち着きを取り戻すと、ビデオを再生するようウィッテンに指示した。すると今度は、ウィッテンは自分のプレーのことは無視して、チームの全員が成功にいかに貢献したかに話題を移した。カウボーイズの選手全員が、おのおのの役割を完璧にこなしたことを振り返った。才能あふれるワイドレシーバーのデズ・ブライアントは、二人のディフェンダーをうまく引きつけた。そして、オフェンスラインはトニー・ロモを完璧に守った。おかげでロモが放ったボールは、きれいな軌道を描いたのである。

ウィッテンのプレゼンについてのガレットの解説は終わったが、まだ感情は高ぶったままだった。そして「特に印象的なのは」と、話を続けた。「このプレーは彼の十八番《おはこ》で、それに重要な場面で成功した。だが、自分のためにやったわけじゃない。いつでもそうだが、彼は他のみんなのために成功させた」。ここでガレットは再び言葉に詰まると、水を飲んで気持ちを落ち着かせてから、こう語った。「彼はいつもチームファーストなんだ」。

私はこの記者会見のビデオをおそらく一〇〇回ぐらい見ているが、何度見ても感動は薄れない。ガレットがウィッテンに抱く深い愛情には心を動かされる。それに、あんなすごいプレーは見たことがない。いくつもの努力の積み重ねによって、素晴らしいプレーは実現している。壮大な峡谷の壁が、いくつもの地層に支えられているのと同じだ。確かに、Yオプションはシンプルなプレーだ。じっくり観察しなければ、ちっとも刺激的ではない。「派手なところはない。実際、八ヤード〔七・三メートル〕から一〇ヤードのルートで派手なプレーを見せるのは、簡単ではない」とウィッテンは語った。(11)

だがシンプルだからこそ、想像力を存分に働かせることができる。あのプレーからは、いくつものイメージがわいてくる。ちょうど真っ白なキャンバスにもたとえられる。チームワークの素晴らしさに注目してもよいし、ひとりのプレーヤーの妙技に釘付けになってもよい。数字は当てになるけれど限界があることも想像できる。あるいは、ひとつのパスに注目し、それを巡る攻防を観察してもよい。スポーツは人間の生きざまを象徴すると言われるが、私は賛成できない。人生はスポーツのようなわけにはいかない。ボールをキャッチするか否かよりも大きな決断が必要とされ、はるかに大きな結果がもたらされる。それでもアメフトのひとつの試合のなかで、ひとつのプレーから大きなチャンスが生まれることを、このビデオは思い出させてくれる。それは、混乱だらけの人生を乗り切るためのヒ

(11)　Jason Witten, “The Route You Can’t Defend: Inside the Y Option,” ESPN.com, September 20, 2018.

ントになるだろう。あなたはこのビデオをどのように見るだろうか。目を凝らしてじっくり観察すれば、様々な可能性が開かれる。同じときに同じ状況で、同じプレーヤーが同じことをしている場面からは、見るたびに新しいことが明らかになる。

私はジェイソン・ウィッテンのYオプションを見ていると、二者択一の結果に見えるものに、それ以上の意味が込められていることを思い知らされる。Yオプションは、インサイドとアウトサイドのどちらかを選ぶだけの作戦ではない。それはあのビデオを見ればわかる。何度も繰り返し見てみよう。ボールがスナップされるたび、あるいはウィッテンがスクリメージラインを越えるたび、彼にはたくさんの目標が提供される。情熱と豊富な練習量と細部まで行き届く観察眼のおかげで、彼は制約の多い現実を克服し、自らコントロールしている。他のみんなが従うルールが、彼には当てはまらない。あらゆる結果の可能性が開かれるのは、自由になる方法をいくつも努力して身につけたからだ。

「クリエイティブ」という言葉がネガティブな意味で使われるのはめずらしいが、その一例がマネーであることには納得できるだろう。「クリエイティブアカウンティング」には、帳簿をごまかすという意味がある。私よりも抜けめのない人たちは、ビッグデータの台頭に合わせ、STEM教育（科学、技術、工学、数学の教育）を受けた学生のあいだで進行する「知的退行」を非難している。テックジャイアントの報酬は非常に高いので、優秀な若者は特定の場所で特定の役割を任せられることだけを目標にして、教育を受けて経験を積むようになる。「一握りの人たちにだけ影響をおよぼすロングテール商品の意味のない特徴や、すでに十分な規模を獲得している商品の意味のない特徴の学習に専念している」と、チャマス・パリハピティヤは指摘する。彼はソーシャル・キャピタルのCEOで、ヴァージン・ギャラクティックの会長であり、アナリティクスで有名なバスケットボールチーム、ゴールデンステイト・ウォリアーズの少数株主である。[12] パリハピティヤによれば、二〇〇八年に金融危機が発生したのは、物理学を専攻し、本来なら宇宙探査や材料科学の分野で働くべき学生が、どれも同じような危険極まりない取引モデルの構築を仕事に選んだことが大きな原因だった。当時と同じ「知能低下」がいまはテクノロジーで進行しているという。あまりにも多くの賢い若者が、同じ愚かなことをしている。

思考力を持つ人間は、独創的な発想を考案しては周囲の人たちに積極的に勧めてきた。その事例は枚挙にいとまがなく、いまさら私が紹介するまでもないが、少しだけ補足したい。一九六七年にはエドワード・デ・ボノが、水平思考を提唱した。二〇〇五年にはマルコム・グラッドウェルが、考えずに考える力の大切さを強調した。そのあいだにも、アップルからは既存の価値観にとらわれるな、マイケル・J・ゲルブからはレオナルド・ダ・ヴィンチのように考えろと呼びかけられ、数千人もの経営コンサルタントは高すぎる料金を請求し、その見返りに、型にはまらず考えろとアドバイスする。しかし、従来の発想を改めるように助言するだけで、相手が考え方を改めてくれると仮定するのは

(12) パリハピティヤはこれに限らず、他にもたくさんの興味深い事柄について、二〇一九年にソーシャル・キャピタルの株主に送った熱烈な年次書簡に記している。この書簡は二〇二〇年三月九日、彼のツイッターのアカウント（@chamath）で公開された。これは金融関係の書類としては、稀に見る面白い内容だ。しかも十分に理解できる。

少々的外れではないか。鬱病を治すには、悲しむのをやめろと助言するようなものだ。

もしもあなたが十分な年齢に達して本書を読んでいるなら、あなたの脳がいまの状態から変化しないことを願う。これからも同じように機能して、横暴な数字に屈しないでほしい。高等数学について何も知らなくても、自分には能力があると信じてくれることを願う。私自身はクリエイティブな人間ではない。だから小説ではなく、ノンフィクションを執筆する。クリエイティブな人たちの仕事を観察するのは貴重な機会だと信じているが、そうすれば自分も彼らと――正確には他のすべての人と――同じように考えられると思うからではない。自分らしく、すなわち自分ならではの方法で、考える意欲がわいてくるからだ。

クリエイティビティに関する本は何冊も出版されているが、なかでも私のお気に入りは、エド・キャットマルとエイミー・ウォレスの共著『Creativity, Inc.』〈クリエイティビティ・インク〉だ[13]（エイミーは私の友人だ）。エドはピクサー・アニメーション・スタジオとディズニー・アニメーションの社長を務めている。この本は、生きるためのヒントをまとめた自己啓発書の体裁をとっているが、実際のところ、優れたインスピレーションの持ち主に囲まれた人間の回想録で、驚くような行動の数々が紹介されている。

ピクサーが最初に製作した本格的な映画は『トイ・ストーリー』で、一九九五年一一月二二日に公開されると、その年の最高の興行収入を挙げた。しかもこれは驚くべき発明品だった。コンピュータ・アニメーションとしては、世界初の劇場用長篇映画だったのである。それが理由で、この映画を嫌うアニメーターは大勢いるはずだ。おそらくそれは冷たい雰囲気が感じられるからで、クリストファー・ノーランがデジタルカメラの使用を拒み、オーディオファンがMP3の登場を嘆くのと変わらない。しかしエドによれば、『トイ・ストーリー』の製作は、創作活動の理想を徹底的に追求した成果だという。ここにはウッディという名前のおもちゃのカウボーイが登場し、孤独な彼はみんなから愛されることだけを願う。そんなおとぎ話に魅せられたスタッフが集結し、現代の最高のツールを使って映画の実現に漕ぎつけたのだ。

それは容易ではなかった。『トイ・ストーリー』は、およそ一〇〇人から成るチームが五年の歳月をかけて完成させた。ピクサーは数々の問題を抱え、その重みで潰されかけた。エドとチームはディズニーの要求に応じなければならないが、ディズニーは良い映画作りに関する独自のアイデアにこだわった。私はディズニーの複数の部署で働いた経験があり、できればもう一度働きたいと思う。素晴らしい仕事には定評があり、実際のところ最高の評価に値する。(14) しかしその半面、映画製作の進行は機械のようで、『トイ・ストーリー』はそこに呑み込まれる危険にしばしば見舞われた。たとえばデ

(13)　Ed Catmull with Amy Wallace, *Creativity, Inc.: Overcoming the Unseen Forces That Stand in the Way of True Inspiration* (New York: Random House, 2014).

(14)　ディズニーで働くと、給料支払小切手にはミッキーマウスが描かれている。そのためディズニーの社員というより、麻薬密売人のような雰囲気が漂う。ある銀行窓口係からは、ディズニーで何をしているのかと尋ねられた（彼女は質問の冒頭で「一体全体……」という表現を省いたが、そう考えているのは確かだった）。そこで、自分はプルートの声をやっていると答えて納得させた。すると、私が銀行を訪れるたび、「プルート！」と大声で呼びかけるようになった。プルートは話さないことを彼女に思い出させる勇気はなかった。

ィズニーはミュージカルで大成功を収めてきたので、当然ながら『トイ・ストーリー』にも歌を挿入したかった（エドは望まなかった）。さらに、ストーリーに関するメモ書きがピクサーのスタッフに送られてきたが、それを拒む選択肢はなかった。送り主は、ジェフリー・カッツェンバーグのような大物なのだ。カッツェンバーグは、ウッディにはもっと激しさが必要だと考えた。「ウッディは当初、親しみやすくて気楽な性格になるはずだったが、数カ月のあいだに暗くて意地の悪い傾向を次第に強め……ついにはまったく魅力がなくなった」とエドは回想した。「要するに、イヤなやつになってしまった」。やがて一九九三年一一月一九日、エドのチームは映画の試作品をディズニーに見せるが、ここに登場するウッディは乱暴で、バズ・ライトイヤーを窓から放り投げるシーンまであった。自らが創造に加担したモンスターに怖気づいたディズニーは、直ちに製作を中止させた。ピクサーのなかでは、その日は未だに「ブラックフライデー」として記憶されている。

それからおよそ二年後、ついに本物の『トイ・ストーリー』が登場した。オリジナルに忠実な内容であり、製作スタッフは機械の指示通りに行動するのではなく、機械をうまく利用した結果、映画業界のなかで歴史を刻む作品が完成した。「スタジオは資金も経験も乏しく、我々は新米だったが、シンプルなアイデアを信じ続けた。自分たちが見たいと思うものを作れば、みんなも見たくなるはずだと信じた」とエドは書いている。「すると突然、アーチストが直感を信じるとすごいことが起きるケースのお手本として、大きく注目された」。

ところがピクサーが当然ながら『トイ・ストーリー2』の製作に取りかかると、その信念は揺らいだ。第一作は世界中で三億五八〇〇万ドルの収入を挙げたのだから、続篇の製作は当然の流れだった。

そして、ビデオ専用の手を抜いた作品にして、記録的な映画の成功に便乗しようと考えたのだ。ところが幸い、歴史は違う方向に動いた。素晴らしい作品（マジックの「シャドウズ」）よりも見劣りする模造品を作るのは、粗悪な作品（「シャドウズ」を真似た「ローズ・アンド・ハー・シャドウ」）を作りたいと認めるようなものだと、エドのチームは認識したのである。そこでピクサーは、「品質こそ最高の事業計画」という新しいモットーを採用する。本書の執筆時点で、ピクサーのスタジオからは二三本の長篇アニメ映画が誕生した。そのうちの一一本は、アカデミー長篇アニメ映画賞を受賞しており、『ファインディング・ニモ』『ウォーリー』『カールじいさんの空飛ぶ家』『インサイド・ヘッド』『リメンバー・ミー』そして『トイ・ストーリー4』が含まれる。興行収入の平均は、七億ドルに達した(15)。

しかし、私がエド・キャットマルの教訓のなかでいちばん好きなのは、自分が特別複雑な行動をとっているように見せかけないことだ。クリエイティビティを神秘的で不可解なプロセスと位置付ける人は多い。そうすれば、自分のやっていることが実際よりも洞察力に富んで重要な印象を与える。しかし、もっと正直になったらどうか。何かに全力で愛情を注いでみよう。自分の好きなことには貪欲に取り組もう。ゆっくり時間をかけよう。そして、自分には光るセンスがあると思えば、それを信じよう。プロセスについては心配せず、自己管理を心がけよう。そして、仕事に愛情を注いでも見返りがないときもあることを認めなければならない。目標に向かいながら、孤独を感じるときもあるだろ

(15)　ロバート・マッキーには、評価してもらいたい。

う。妥協を勧める声には抵抗しよう。機械が譲歩を求めるときは、特に注意しなければならない。良いものを作るために、そして良いものをさらに改善するために努力しよう。最後に、他の誰とも異なる行動を心がけよう。

想像しうる最もつまらないものを思い浮かべ、それについて想像し直してみよう。たとえばコンクリート。これが世界で最もよく使われる建築材料なのは、安くて耐久性に優れ、製造して流し込むプロセスが簡単だからだ。その原料は四つ、すなわち水、砂、砂利、セメントで、どれも同じように重要だ。最初の三つは明らかに自然界に存在するが、四つ目のセメントは結合剤である。レンガを積むときに使うモルタルのように、かまで焼いた石灰と粘土などから作られ、全体のおよそ一五パーセントを占める。これはコンクリートのレシピとして何世紀も採用され、大昔にはローマのコロッセオ、現代ではドバイのブルジュ・ハリファ、そのあいだにも無数の建物やダムや歩道の建設に使われてきた。コンクリートは究極のボリュームビジネスだ。毎年、イングランド全体を覆い尽くせるだけの量のコンクリートが流し込まれる。[16] コンクリート市場で優位に立つ方法は、他の誰よりもたくさん製造することしかない。そうすれば、他の誰よりも安く提供できる。

ただしコンクリートに限られた話ではないが、あまりにも量が多いと問題が引き起こされる。たとえばコンクリートを国として見なすと、汚染物質の発生源として中国とアメリカに次いで第三位にランクインする。コンクリートの製造に伴う炭素排出量は、全体の八パーセントを占める。しかも粉末混合物は、デリーで深刻な大気汚染を引き起こしている。デリーの慢性的な大気汚染の一〇パーセントは、建設由来の粉塵が原因である。そしてコンクリートの素材は無尽蔵のような印象を受けるが、実際には限られた資源である。何しろ、一年に四〇〇億トンも製造されるのだ。コンクリートの事業には、工業用水全体の一〇パーセントが使われる。そして砂も、希少な商品になりつつある。そもそも砂漠の砂は、建設には使えない。水ではなく風によって作られた粒子は丸くて滑らかなので、うまく結合しないのだ（だから、オーストラリアは中東に砂を輸出している）。砂の違法な採掘と、増え続ける闇取引の取り締まりは、いまではめずらしくない。そして砂の採掘によって、インドネシアでは数十もの島が消滅した。インドでも砂の採掘の結果、川が五〇フィート〔一五メートル〕もえぐられた(17)。

では何ができるか。コンクリートの使用量を減らせば、問題は確実に解決する。実際、代わりとなる建築材料——たとえば竹——を使う可能性は検討されている。代替材料の市場の存在にはもっともな理由があり、当然だろう。しかし現実的に、コンクリートはこれからも記録的な割合で使われるだろう。そもそも建設業界には、変化を決断させる誘因があまり多くなかった。

コンクリート市場にはある意味、カナダの酪農家や乳製品メーカーと同じ制約がある。一九六〇年代以来、カナダの酪農家には州ごとの生産割当量があって、それを守る見返りにミルクの価格が維持されてきた。こうした政策のおかげで小さな市場は守られ、製品の供給も価格も安定している。製品

(16)　Jonathan Watts, "Concrete: The Most Destructive Material on Earth," *Guardian*, February 25, 2019.
(17)　Vince Beiser, "The Deadly Global War for Sand," *WIRED*, March 26, 2015.

の価格が安定しているので、消費者は特定のブランドにこだわらない。国じゅうどこでも牛乳一リットルの価格は、程度の差はあるものの、一ドル弱にとどまっている。しかしこうなると、コストの優位を獲得する方法も、他より優れた製品でもっと多くの市場を獲得する方法も存在しない。コンクリートに変化がないのと同様、ミルクにも変化がない。

ただし、生産者がミルクに何かちょっとした価値、たとえばチョコレートなどの風味を加えれば話は別だ。そのチョコレート風味のミルクにブランド名をつければ、消費者はそちらのほうを好み、価格を上乗せしても支払うだろう。たとえばネスレは、同社の人気商品コーヒークリスプ[18]風味の「ミルクシェイク」を限定販売し、価格を五〇〇ミリリットル弱で二ドル五〇セントに設定した。ミルクに風味や色を少し加えるだけで、価格を二倍以上にすることができる。基本的には他の製品と同じでも、いや、あなたならではのミルクを消費者が購入するチャンスは拡大する。

コンクリート業界はイノベーションがほぼ不可能なスペースのように見えるが、隅々まで目を凝らすと、先端的な取り組みから独創的な発想がつぎつぎ生み出されていることがわかる。一部のメーカーは、チョコレートミルクのように一味違う製品を競って開発している。そのプロセスは数十年前から始まったもので、最初はセメントの代わりにフライアッシュとスラグを使うことが注目された。フライアッシュは石炭を燃焼するときに生じる灰の一種、スラグは鉱石を製錬する過程で生じる副産物だ。セメントを焼成する際には加熱温度を上げなければならない。そのためセメントは高価なだけでなく、汚染物質の排出量がきわめて高い原料である。他には、ガラスの破片の再利用も注目されている。このガラスで作られる人工粉末（ポゾラン）では、コンクリート製造工程で大量の水を使う砂と同じギザギザした表面が再現される。そして、これまでコンクリートは汚染物質を発生させてきたが、汚染物質を閉じ込める可能性があることが理解されると、新たな代替材料が登場した。それは炭素だ。一部のメーカーはコンクリートの製造時に液化二酸化炭素を注入している。こうするとコンクリートの強度が高まる一方でセメントの必要量が減少するだけでなく、大気中から炭素が取り込まれる。あるいは煙突から煙を回収し、人工石灰岩に作り替える取り組みも始められている。この人工石灰岩は、セメント製造の材料として使われる。[19]

機械には、チャンスを見出す人間の目の代わりができない。アルゴリズムは実験を行なわないし、人間がアルゴリズムのルールに従わなければ、勝利は人間のものだ。誰よりも進取の気性に富む人は、物事の表面を眺めるだけでは満足しない。なぜそうなるのか考え、コンクリートのように代わりの方法が具体的になさそうでも、他に可能性はないかと頭をひねる。ちょうど、老化の一般的な兆候を示す患者を診察する医者のようなものだ。患者には高血圧、糖尿病、関節炎などの症状が見られるだけでなく、歯の隙間が広がってくるケースもあり、それぞれの症状に応じて医者は検査を行なう。[20] 同様に独創的な人たちは、ありふれた世界のなかから大きな可能性を探り出す。

クリッシー・テイゲンは、スポーツ・イラストレイテッド誌の水着モデルとして美しい体作りにこ

(18)　コーヒークリスプはカナダの食品で、とてもおいしい。洗練された口当たりで、大人の味だ。
(19)　Jane Margolies, "Concrete, a Centuries-Old Material, Gets a New Recipe," *New York Times*, August 11, 2020.
(20)　Lisa Sanders, "The Patient Had Pain When He Walked, but There Was a More Telling Change," *New York Times Magazine*, July 27, 2018.

だわり、時には驚くような素材に注目する。彼女が一年かけて完成させたバナナブレッドのレシピには、チョコレートやココナツやバニラプディングミックスなど、普通では考えられない材料が含まれる。おかげで彼女の料理本『Cravings』〈食欲〉はベストセラーとなり、彼女がバナナブレッドに使うバントケーキ〔リング状の型で焼くケーキ〕の型は売れ行き好調だ。キャット・ボルディが生活のジャンルで帝国を築いたのは、きわめて独創的な編み物のおかげだ。[21] ソックスの新しい編み方や〔普通とは違い、つま先や履き口ではなくかかとから編み始める〕、物理の法則に逆らうような「メビウス」マフラー〔メビウスの輪のようにひねりを加えて編んだマフラー〕を考案した。彼女は乳がんと子宮内膜がんで長い闘病生活のすえ二〇二〇年に没するが、その少し前にこう記した。「編み物は単純な作業のようだが、編む人を人間として解放する素晴らしい能力を持っている」[22]。ボルディは最後にがんに命を奪われたが、UCLAのデニス・スラモン博士は何百万人もの女性を同じ運命から救い出した。科学的にはかなり疑問があったが、患者の体内に抗体のハーセプチンを注入したのだ。アトランティック誌に辛辣で愉快な記事が掲載されるライターであり、双子の男の子の母親でもあるケイトリン・フラナガンは乳がんを患ったが、スラモン博士の決断のおかげもあって、寛解の状態が一一年続いている。「学校に通う子供を持つ母親にとって、一一年間も寛解の状態が続くことがどんな意味を持つかわかるだろうか」と彼女は記した。「これは、スラモン博士が絶対にあきらめなかったおかげだ」[23]。

私は「直感を信じる」ことを提唱しない。この言葉はギャンブルの場面でよく使われ、バイアスが働くきっかけになるからだ。盲目的に何かを信じたり、まぐれ当たりを期待したり、動物的本能に頼るのは、本書では勧められない（ただし身の危険が迫ったときは、それを信じてもよい）。たとえば私は、直感が働かない場面が多い。不思議なものを見せられても、何かがピンとくるわけではない。見たことのないスポーツのレフェリーを頼まれても、引き受けられないのと同じだ。むしろじっくりと確実に経験を積み、その正しさを信じるほうを勧める。世の中に同調圧力が存在するのは事実だ。そして、アナリティクスは絶対に確実だと言われれば、それに抵抗するのは難しい。しかしあなたにはアドバンテージがある。熱心に研究や練習や実験、さらに観察を続ければ、それはあなたならではの特別な経験になる。そうすれば直感とは無関係に、アナリティクスが体現される。他人と違うもの、美しいもの、人間的なものの創造に、この貴重な経験を利用しよう。そして、長続きするものの構築を目指してほしい。

一九七九年、三八歳のピーター・グッドはグラフィックデザイナーとしてのキャリアが浅く、本人いわく「スターではなかった」。そんなとき広告代理店に勤める友人から、アイスホッケーチームのロゴのデザインを依頼された。[24] 世界ホッケー協会に所属するニューイングランド・ホエーラーズは、まもなく北米プロアイスホッケーリーグのハートフォード・ホエーラーズとして再出発する予定で、

(21) これは本当の話で、需要もある。ボルディが自費出版した最初の本 *Socks Soar on Two Circular Needles* は、売り上げが一〇万部を超えた。

(22) Ann Shayne, "A Note from Cat Bordhi," *Modern Daily Knitting*, September 16, 2020.

(23) Caitlin Flanagan, "I Thought Stage IV Cancer Was Bad Enough," *Atlantic*, June 2020.

新しいアイデンティティが必要だった。ピーターは妻のジャン・カミングスと一緒にコネチカット州チェスターで会社を興し、多くの企業のロゴだけでなく、ポスターや本の表紙やカバーのデザインも手がけてきた。しかしふたりとも、スポーツの分野での経験はなかった。そもそもピーターは、アイスホッケーの熱烈なファンでもなかった。「池でアイスホッケーをやっていたよ。でも、パックをネットに入れればいいってことしかわからなかった」という。

それでもピーターは友人の依頼を快く引き受けた。

ホエーラーズはピーターにデザインブリーフを渡さず、具体的な要求もなかった。そのため彼が参考にできるのは、グリーンと白を使ったこれまでのチームロゴしかない。これは大きなWが銛《もり》で二等分されたデザインだ。これをもとにして、あとは自分で決めていかなければならない。

「こんなことは二度と起きないだろうね」とピーターは語った。ただし誰かがどこかで同じ選択をすれば、まったく同じことが再現される可能性はある。「メジャースポーツのチームが一介のデザイナーを頼ってきたんだよ。いまならナイキとか、スポーツマーケティング関連企業に話を持っていくだろうね。そして一〇人ぐらいのデザイナーがひとつの仕事に取り組む」。

私たちが取り組む仕事の多くと同様、かつてのグラフィックデザインはかならずしも今日ほど複雑な業界ではなかった。一九六〇年代まで、ロゴは象徴的な意味を表現する手段というより、その団体がしていることを強調する傾向が強かった。ピーター・グッドは一九六五年、コネチカット大学でグラフィックデザインを専攻した最初の卒業生になった。実際、クラスのなかで専攻したのはひとりだけだった。卒業後は、現場で様々なことを学んだ。たとえばニューヨークシティの伝説的なデザイン事務所チャマイエフ&ガイスマー・アソシエーツでも、数年間にわたって貴重な経験をした。この事務所は、アメリカでも早くから抽象的な企業ロゴのデザインに取り組んでおり、そのひとつ、チェース・マンハッタン〔現・JPモルガン・チェース〕銀行の八角形のロゴは未だに使われている。やがてピーターはタイポグラフィ〔文字を情報として読みやすく、美しく配置すること〕に熱中し、あらゆるデザイン雑誌や定期刊行物を読み漁った。とにかく集中し、常にインスピレーションを受けた。天職を見つけられるかどうか、迷った経験はなかった。天から授かった才能を仕事にした幸運な人間のひとりだったのである。

ピーターはホエーラーズからデザインブリーフを渡されないまま、それまで教えられてきたことを実行に移した。まず、紙とペンを取り出すと、スケッチを始めた。メンターはみんなそうしていたが、シンプルな手作業から生み出されるスケッチは見事な出来栄えだった。「基本的には、心を手や目とうまく調整するんだ」とピーターは教えてくれた。それは二〇二〇年の秋のことで、彼は七八歳になっていたが、相変わらず精力的に働いていた。人生でもビジネスでも妻のジャンとのパートナー関係は五五年におよぶが、まだ続いている。コンピュータがふたりの仕事で不可欠になると、ジャンがその技術を学び、データ分析に詳しくなった。一方ピーターは相変わらず直感を重視して、紙とペンを

(24) 私は二〇二〇年一〇月七日にピーター・グッドから話を聞いた。彼は素晴らしいデザイナーであるばかりか、美しい声の持ち主だ。彼が妻と始めたデザイン事務所のカミングス&グッドは、コネチカット州チェスターでいまでも営業している。ここで紹介したロゴはどちらも、事務所からの許可を得て掲載された。

使って仕事を始める。頭に何かアイデアが浮かぶと、それが奇想天外でも、あるいは役に立たないとわかっていても、とにかくスケッチを残す。どんな可能性につながるかわからないのだから、敢えて扉を閉じたくなかった。

依頼されたロゴのアイデアは何百も生まれたが、ホエーラーズでの最初のプレゼンまでには九つに絞られた。二頭のクジラがペアになり、ハートフォードのHを形作るもの、あるいはホエーラーズのWを形作るもの。クジラの尾っぽのロゴ。銛の先端のロゴ。そしてWを三つ又の矛《ほこ》にして、それぞれの先端をとがらせたものもあった。そのネガティブスペース〔空白の部分〕はHになっている。

Peter Good

ピーターが多くの師匠に仕えなかったのは幸運だった。グループで手がけたデザインは、しばしば骨抜きにされる。ロゴを順番に見せるプロセスでは、受け取ったら何か意見を言わなければならないと誰もが感じる。「これでいいと思います」と発言するだけでは、プロジェクトに熱心ではないと思われてしまう。その結果、様々な情報が入力され、最終的には個性のないデザインが妥協の産物として出来上がる。この四〇年間でピーターは、市場調査やフォーカスグループが余計な影響力をおよぼすことへの警戒感を強めている。「たくさんの要求に取り組めば取り組むほど、解決策の中身は薄くなる」という。人間には、馴染みのないものを遠ざける傾向がある。その点、大勢の人たちに審査されたグラフィックデザインには親近感がある。なぜなら、似たようなものを以前見たことがあるからで、すぐ好きになる。「しかし、すぐ親しみを持てるものには抵抗感がなくても、すぐ忘れられてしまう。優れたデザインの多くは、フォーカスグループには歓迎されない」とピーターは指摘する。たとえば、テレビドラマ『ヒル・ストリート・ブルース』はテレビの見方に変化を引き起こすほどのインパクトがあったが、第一話をフォーカスグループが嫌ったのは有名な話だ。(25) フォーカスグループは、大胆な変化を受け付けない。

ホエーラーズのケースでは、オーナーのハワード・ボールドウィンだけに決定権があった。彼はピーターが提出した九つの候補に目を通し、三つ又のロゴを選んだ。「これだな。これで行こう」とゴーサインを出した。なぜこれがよかったのかピーターが尋ねると、Hのスペースが気に入ったからだという。そこでこれを残したまま、ロゴにもう少し手を入れてもかまわないか尋ねた。三つ又だと上の部分がやや重たく感じられ、「粗削りな」印象を与えるからだ。そもそもデザインに銛を取り入れたくはなかった。チームのマスコットはクジラなのだ。そこでピーターはこう提案した。「マスコットを殺すものをシンボルに使うのは、どうかと思いますが」。ボールドウィンも賛成してくれたので、

(25)　Brett Martin, *Difficult Men: Behind the Scenes of a Creative Revolution* (New York: Penguin Books, 2014).

ピーターはスタジオに戻った。

過去のデータを参考にすべきか、それとも感情に従うべきか、その選択肢を巡る闘いに終わりはないが、ここでもちょっとした闘いが繰り広げられたのである。ここで、第一章に登場したシナリオ執筆に関するストーリーを思い出してほしい。専門家の指示を正確に守れば、世間で評価される結果が生み出される。しかし、ここまで本書を読んできたあなたは、むしろ天才の行動のほうに共感するのではないか。たとえばゴルフの天才ロリー・マキロイは二〇一八年、世界ランクを一三位まで落とした。そこで悩みを解消するため、伝説的なパットの名手ブラッド・ファクソンの助けを求めた。ファクソンは、練習グリーンでマキロイに八フィート〔二・四メートル〕のパットを三回打たせ、そのうちのひとつを彼が沈めると、今度は五番ウッドでパットを打たせ、それは三発全てカップインした。そのあと、「きみには大事なことをわかってもらいたい」とファクソンはマキロイに言った。「最近のパッティングは、技術へのこだわりが強くて個性がない。もっと直感を大切にしないといけない」。その後、マキロイはパッティングに関して本人いわくキャリアで最高の一週間を経験し、ベイヒルでのトーナメントに優勝した(26)。一方、ギタリストのエドワード・ヴァン・ヘイレンも、ギターをビックリするような形で改造したことで有名だ。彼いわく、表現し難い《ブラウン》完璧なサウンドを創造するための努力を惜しまず、その一環として、パラフィンワックスを染み込ませたピックアップをギターのボディにじかに突っ込み、弦を芯で完全にとらえた。本人によると、こうすればギターとピックアップの一体感が高まる。アンプも限界まで電圧を上げた。ギタープレーヤー誌の編集者は、同じような改造をしないよう読者に警告した。アンプと人間がつながって、感電する危険があるからだ。エディ・ヴァン・ヘイレンはこの危険な組み合わせに敢えて挑戦し、名曲「叶わぬ賭け」もそこから生まれた。

ピーター・グッドは、ふたつの左右対称な字体――WやH――を自分はうまく使いこなせると認識していた。さらに、デザインでネガティブスペースをうまく活用することを常に意識していた（現代の最も有名な事例は、フェデックスのロゴの矢印だろう。それはEとXのあいだに隠されている。それを知ったら、これからは矢印が真っ先に目に入るだろう）。「ネガティブスペースは目を惹きつける」とピーターは考える。静止画に潜在的なエネルギーが与えられ、実際には動きがないものに動きが感じられる。しかし彼のロゴのなかのHは、少々見つけにくいように配置して、簡単に発見できないようにしたかった。そのため銛や三つ叉の矛の代わりに、クジラの尾っぽを使ってみることにした。これもやはり左右対称で、しかもポジティブなシンボルになる。ピーターはこう語る。「尾っぽがクジラをグイグイ前に進めるんだ。パワーや方向性や推進力など、スポーツチームにとって重要な要素が、これならすべて暗示される」。

(26)　Paul Kimmage, "Rory Revisited: No Questions Off Limits, No Subject out of Bounds as Paul Kimmage Meets Golfer of the Decade," Independent.ie, February 2, 2020.

一九七九年の時点では、ロゴの制作は面倒な手作業だった。[27] まもなく紙が壁一面に貼りつけられ、床に散乱した。ピーターはベラム紙にラピッドグラフ・ペンで書き込み、デザインに磨きをかけた。すべては「基本的に、試行錯誤の繰り返しだ」という。「何度も試すんだ。解決策はなかなか見つからないが、見つかるまで何度も繰り返す。意識して分析的思考を心がけても、良いアイデアがいきなり生まれるわけではない。何かを試し、だめなら手放すプロセスを繰り返す。するとそのうち、これだと思うものが見つかる。何げない一言をきっかけに、デザインに変更が加えられる可能性がある。心を常にオープンにしておくんだ。そのプロセスが大切になる」。

ホエーラーズはアイスホッケーのチームとしてはパッとしなかったが、ロゴはあちこちから絶賛された。個性的で、妥協がなく、手作りであることが評価された。出来上がりはシンプルで美しく、どんな大きさでも再現可能で、しかもすぐに認識することができる。

残念ながらホエーラーズは、一九九七年にハートフォードでの最後の試合を行なった。オーナーのピーター・カーマノス・ジュニアはノースカロライナ州ローリーにチームを移し、そこでカロライナ・ハリケーンズとして再出発させることにした。ピーター・グッドのデザインは、氷から永久に消滅したかと思われた。ところが、ホエーラーズがハートフォードを去ってから一三年が経過した二〇一〇年になっても、ホエーラーズのロゴの人気は衰えず、ナショナルホッケーリーグのロゴの売り上げではトップファイブにランクされる。一方、カロライナ・ハリケーンズのロゴは詳しい調査の結果に基づいてデザインされたが、ホッケーニューズ誌によれば売り上げは最下位だ。そしてファンは、未だにかつてのチームのセーターを着て会場にやって来るので、別の都市の別のチームのサポーターのようだ。「カロライナよ、エラいことをしてくれたな」と、ホッケーニューズ誌は嘆く。ハリケーンズの紋章は台風の目をイメージしているが、むしろ水洗トイレにたとえられることが多い。かつてのロゴはアートとして生き残っているが、いまのロゴは親近感こそあっても味気なく、すぐ忘れられてしまう。

---

(27)　ここでHの文字の下の部分の四隅にじっと目を凝らすと、「ライトトラップ」〔誘蛾灯〕が見えてくる。こうして無意識に誘導されるのは、デザインがデジタルではなく、アナログだからだ。当時、ロゴはフォトスタットで複写されたが、フォトスタットは使っていると角が丸くなる傾向があった。しかしライトトラップが見えれば、シャープな印象が失われない。「ミスター・ホッケー」と称されるゴーディ・ハウが着ているアイスホッケーのセーターにピーター・グッドの手描きのライトトラップが編みこまれているのは、とても嬉しい。

第七章　医療——どんな病気に問いかけられても、答えは治療しかない

いまでは病気の治療でさえ機械的で冷淡なプロセスになったため、治療を受ける患者も行なう医者も傷ついている。世界をそんな冷たくて暗いところにする理由があるだろうか。医療や残された人生への臨床的アプローチは改める必要がある。あなたに快適さをもたらすものは何だろう。幸福をもたらすものは何だろう。あなたはどんな人間になり、どのように記憶されたいだろうか。おそらく、新しいアイテストに合格できるようになりたいのではないか。想像力豊かで独創的で、専門知識のある人間になりたいのではないかと、私は想像する。いま、あなたに幸運をもたらす四つ葉のクローバーは何だろうか。

アメリカの一〇〇ドル紙幣は、世界通貨に最も近い存在だ。国連から法定通貨として認められているものは一八〇種類におよぶが、口を固く結んだベンジャミン・フランクリンの肖像が描かれたアメリカのグリーンバックは、どの通貨よりも認知度が高い。ドル以外の紙幣も何十億枚も流通しているが、アメリカの一〇〇ドル紙幣の流通量は何百億枚にもなる。そしてその六〇パーセントは、アメリカの領土の外で取り引きされる。意外でもないが、ベンジャミン・フランクリンが描かれた紙幣は、世界で最も偽札が多い。紙幣として最も信頼できると同時に最も疑わしいという、矛盾した側面を兼ね備えている。頼もしくて馴染み深い顔は、大きな矛盾を抱えている。ラスベガスのギャンブラーから台北のタクシー運転手まで、世界中の誰もがアメリカの一〇〇ドル紙幣をどの通貨よりも信頼するが、これは私たちの信頼を裏切る可能性が最も高い(1)。

プライドや覇権へのこだわりが強いアメリカ政府は、ドルのあやふやな信頼性を何とか守りたい。そのためアメリカ通貨の製造を監督する三つの機関――財務省、連邦準備制度理事会、シークレットサービス――に、偽札対策の徹底を再三にわたって指示している。二〇一三年に登場した一〇〇ドル紙幣の最新バージョンには、魔法のようなテクノロジーが満載されており、複製は不可能としか思えない（「不可能とは言えないね」と、シークレットサービスの上級メンバーから私は聞かされた。なぜなら偽札の製造者は、ほぼどんな課題でも互角の勝負をしてきたからだ。「それでも、ものすごく難しくなるだろう」）。

最新の一〇〇ドル札は紙幣というより、もはや複雑な小型マシンである。コンピュータのおかげで、製造やデザインのプロセスに先端技術が組み込まれた製品になった。透かしやセキュリティ・スレッド〔紙幣の偽造を防止するため紙面に梳き込まれた繊維〕、隆起印刷や（傾けると色が変化する）特殊インク、紫外線や赤外線を当てたときの変色、ほかにも不思議な強化策が導入されており、コピー機で再現を試みても不可能だ。そのなかでも最先端の防御は、紙面に織り込まれたプラスチックの青いリボンだ。リボンの厚さは五〇〇〇分の一インチにも満たないが、ひとつのリボンに全部で八七万五〇〇〇個ものマイクロレンズが織り込まれており、自由の鐘と数字の100の図像を拡大している。どちらも拡大される前の図像はきわめて小さく、聖書の文字をこの大きさにすれば、一〇セント硬貨の表側に全文を二回も記すことができる。

人間のあらゆる知識が詰め込まれたスマートフォンと同様、ドル紙幣にも驚くべきテクノロジーの数々が内蔵されているが、私たちはそんなことを深く考えず、紙幣をポケットに突っ込む(2)。ただし、アメリカの一〇〇ドル札のある一面は長く親しまれてきたため、潜在意識の奥深くに刻みこまれている。それは材料の紙で、一八七九年から変化していない。他の国の通貨は、滑らかで光沢のあるポリマーが使われるケースが増えている。プラスチック紙幣は一九八八年に初めてオーストラリアで導入された。それは偽造を抑止する効果を狙っただけでなく、紙よりも耐久性に優れているからだ。アメリカ政府も定期的に変更を検討しているが、未だにユニークな紙を利用し続けている。綿を亜麻で補強した紙で作られた紙幣は、世界にひとつしか存在しない。だから紙に何か変化があれば、手触りですぐに感じ取ることができる。

マサチューセッツ州ダルトンにある小さな同族会社クレインは、ドル紙幣用紙の製造を五世代にわたって手がけてきた。今日印刷されるドル紙幣は、すべて同じ回転ボイラーから誕生する。巨大な釜が惑星さながら猛烈に回転すると、やけどするほど熱い原料のセルロースが床に噴出する（材料には、デニム工場の端切れの綿が使われるときもある。そんな理由で、アメリカの紙幣もジーンズのように古くなる）。巨大なボイラーなどは騒々しい産業化時代の遺物で、見えないところで筋骨隆々たる男性が汗を流して働いたのは過去の話のように思える。しかし、大きな音を立てる機械もそれを動かす

（1）　私はアメリカの新しい一〇〇ドル紙幣についての記事をエスクァイア誌に掲載するため、貨幣のデザインについて時間をかけて研究した（「ベンジャミン」というタイトルの記事は、二〇一三年九月号に登場した）。財務省印刷局で長い時間を過ごした経験からは、ごくありふれたものの背後にも驚嘆すべき事柄が存在する場合があると学んだ。時として誰かがすごい成果を達成するが、その誰かが語るストーリーは、傾聴に値するだろう。

（2）　ドル紙幣には五〇年以上にわたって手が付けられなかった。そして二〇一五年には、今後デザインを変更しないことが議会で決定された。それはデザインが特に素晴らしいからではない。自動販売機のロビー団体が、デザインが新しくなるたびに読み取り装置を変更したくなかったからだ。

人間も、最先端の工程を未だに背後で支えている。よくあることだが、新しい方法がどんどん進化しても、古くからの方法がすたれるわけではない。最新の一〇〇ドル紙幣にはマイクロレンズをはじめ高度な偽造対策がいくつも組み込まれている。それでも、紙幣の一生が綿や亜麻の畑で始まり、つぎに火にかけられるプロセスは変わらない。

一九八〇年代末、プロの目でも発見が困難な一〇〇ドルの偽札が出回った。本物にそっくりで、非常に厳密な科学鑑定を行なわない限り、見破るのは不可能だった。大量の偽札が流通したあと、隆起印刷に僅かに不完全な部分が見つかったが、他はすべて欠点がなかったため、この欠点は意図的なものだと判断された。せっかく偽札を作っても、その成果が認められなくては面白くなかったのだろう。それ以後、通貨市場には同じようなタイプの偽札がつぎつぎに登場した。たとえば一九九六年に新登場した「ビッグヘッド」というバージョンの、一〇〇ドル紙幣を巧妙に模倣しているものなどだ。

偽札は当初、中国マフィアが船でアメリカに運んできた。そもそもの出どころは北朝鮮で、政府が自前の印刷機を使って製造したと信じられているが、それには疑いの余地がある。あるイギリスの犯罪組織も、三五〇〇万ドル相当の高品質の偽札を製造した。いずれにせよ本物そっくりの偽札には、その伝説的に高い水準にふさわしいスーパーノートという名前が与えられた。

ただし、シークレットサービスはその存在を認めようとしない（私が職員に尋ねても、一言も返ってこなかった。私が別の質問をするまで、黙って私から視線を外さなかった）。スーパーノートのストーリーのなかには、品質神話についての思い込みが激しいものもあり、正しさを確認できない。最初はマカオの銀行でロンダリングされたという報道もあれば、一部がいきなりリマに登場し、ペルー経済全体を破綻寸前に追い込んだとも言われる。ただし、アメリカ政府とその関連機関が、スーパーノートに関して決して忘れられない真実がひとつある。最初に偽札を発見したのはコンピュータでも、それ以外の科学捜査でもなかった。フィリピン中央銀行のごく平凡な金銭出納係が、紙幣の束を手で数えている最中に見つけたのだ。スーパーノートには見たところ欠点がないが、製造した一味はマサチューセッツ州ダルトンにある回転ボイラーを使えない。そのため、クレイン社で製造される柔らかくても丈夫な紙を完全にコピーするのは不可能だった。その出納係は紙幣の束を数えている途中で、指先に異変を感じ取った。

　何かがおかしいと閃いたのだ。

　新型コロナウイルスが二〇一九年末から二〇二〇年初めにかけて蔓延し始めると、怯える人たちに様々な警告が発せられたが、その多くは専門家による統計に基づく予測の形をとった。それは想像を絶する数字で、死者は何百万、感染者は何千万と発表された。この予想が結局のところ正しいのかどうか、証明することはできない。インプットされるデータが変化したので、アウトプットされるデータも変化したからだ。指数関数的な成長は予測が困難で、初期段階での僅かな介入が、結果を激変させる可能性もある。アメリカで新型コロナ感染対策の顔となり、疲労困憊した表情がお馴染みになったアンソニー・ファウチ博士は、予測モデルの効果を最初から疑った。「ターゲットはどんどん変化するのに、予測を行なう必要が本当にあるだろうか。予測が簡単に外れる可能性は否定できない」と訴えた。[3] ニューヨーク州知事のアンドリュー・クオモも、同様の懸念をつぎのように表現した。「予測には代替モデルがたくさんあって、そのなかのどれが実際に起きるのか、誰にもわからない[4]」。

そもそも人間の行動に変化を促すために、モデルが役に立つかどうかもあやしい（アメリカで尋ねれば、モデルはあまり役に立たないという回答が確実に多いだろう。対照的に、トム・ハンクスのコロナ感染は影響力が大きかった。彼の発言のほうが、仮想の曲線よりも共感されたのは間違いない）。公正であるべきデータが改ざんされるのはめずらしくないが、新型コロナウイルスのデータが同じように操作されたら、役に立つはずがない。たとえば二本の論文が撤回されたのは、共著者のひとりサパン・デサイ博士に、情報源として疑問があることが判明したからだ。「混乱を引き起こし、科学的助言に対する人々の信頼を損なう恐れがあった[5]」。あるいは、アメリカの一部の州では、都市と地方の病院のデータをひとつにまとめ、州全体の病院を対象とする楽観的なデータを作成したが、実際のところ都市では一部の病院がパンク状態だった[6]。そしてフロリダ州では、新型コロナのデータサイエンティストが解雇されたが、それは本人によると、陽性率の改ざんを拒んだからだった。病院が診療を再開するためには、連邦政府が設定した基準を満たす必要があったのだ[7]。

データとその応用がもっと厳密に管理されたからといって、全体像が正確に示されるわけではない。グーグルやフェイスブックなどが大量に集めたビッグデータは、携帯電話の使用状況を通じて新型コロナウイルスの蔓延を監視したが、このウイルスの影響を最も大きく受けたのは、社会から取り残された貧困層であり、モバイルネットワークへのアクセスが限られていた人たちだった。要するに、ウイルスに最も感染しやすい人たちは監視の対象ではなかった[8]。「得体のしれないパンデミックに直面し、様々な統計が独自のストーリーを語っているが、真実を完全に伝えているものはひとつもない」

と、あるアナリストは指摘する。(9) なぜなら感染症の行動は、私たち人間と同様に完璧とは程遠いからだ。パターンに従うことは多いが、常にというわけではない。変異株が出現すれば、あるいは外部の力の干渉を受ければ、予想外の動きを見せる。ウイルスは生き物であり、あらゆる生き物と変わらない。数字が当てになるのは最初の段階ぐらいで、増殖するためには何でもする。

二〇二〇年三月、世界保健機関（ＷＨＯ）で緊急事態対応を統括するマイケル・Ｊ・ライアン博士は、コンゴでのエボラ出血熱の流行から何を学び、その教訓を新型コロナウイルスの世界的流行にどのように生かしたのか尋ねられた。ライアン博士は多様性を重視するアイルランドの出身なので、も

(3)　ファウチ博士はこれを、二〇二〇年三月二九日にＣＮＮでジェイク・タッパーに語った。その前には、アメリカの感染者は何百万人にのぼり、死者は一〇万ないし二〇万人に達すると予測した。残念ながらこれは、かなり過小評価だった。

(4)　Joseph Goldstein, "When Will N.Y.C. Reach the Peak of the Outbreak? Here's What We Know," *New York Times*, April 6, 2020.

(5)　Ellen Gabler and Roni Caryn Rabin, "The Doctor Behind the Disputed Covid Data," *New York Times*, July 27, 2020.

(6)　Jim Salter and Lindsey Tanner, "As Virus Grows, Governors Rely on Misleading Hospital Data," Associated Press, June 26, 2020.

(7)　Marisa Iati, "Florida Fired Its Coronavirus Data Scientist. Now She's Publishing the Statistics on Her Own," *Washington Post*, June 16, 2020.

(8)　Amos Toh, "Big Data Could Undermine the COVID-19 Response," *WIRED*, April 12, 2020.

(9)　Derek Thompson, "COVID-19 Cases Are Rising, So Why Are Deaths Flatlining?," *Atlantic*, July 9, 2020.

しかしたら複雑な状況を理解する能力を生まれながらに持っていたかもしれない。このときは、つぎのような曖昧な表現で回答を始めた。「我々は時として教訓をあまりにも深く心に刻み、この教訓を忠実に守りさえすれば、将来どんな災難に見舞われても心配ないと確信する。一方、つい最近降りかかった災難について、時にはあまりにも簡単に忘れてしまう」。

つぎにライアンの口調は厳しくなり、不確実な状況に伴う危険を間近で目撃した経験に基づき、確信を込めて話した。私たちは、世界が秩序正しくて予測可能なシステムであることを願うが、彼が描き出す世界の現実は無秩序で混乱を極めた。計算する時間的余裕がないときもあれば、そもそも数学が正しい回答を提供してくれないときもある。そうなると自分の経験や分別を信じ、勘を頼りにコンピュータよりも速く、心のなかで何らかの結論に達する必要がある。「素早く反応しなければならない」とライアンは訴え、こう続けた。「速く決断し、後悔してはいけない。先ずは行動を起こすべきだ。素早く動かなければ、かならずウイルスにつかまる……正しさを確認してから動くようでは、勝利は決して手に入らない。緊急事態への対応では、完璧さは善の敵であり、むしろスピードのほうが完璧さよりも重要だ。ところがいまの社会では、誰もが間違いを恐れるから厄介な問題が引き起こされる。間違いがもたらす結果に誰もが怯えている。しかし失敗を恐れるあまり行動をためらうのは、最大の間違いだと言える(10)」。最悪の回答は、何も答えを出さないことである。

もちろん科学を否定するのはよくない。当然だろう。医療では他のほとんどの分野よりも、現場の関係者は不完全な情報を手がかりに、確信を持てないままきわめて重大な決断を下さなければならない。「科学的証拠が欠如していれば、何をするのが最善で、どんな懸案があるのか、自分で判断しなければならない」と、香港大学教授で、疫学と生物統計学が専門分野のベンジャミン・カウリングは語る。[11]医者が最善の予測を要求されることが常態化していると考えると恐ろしい。いきなり感染者が死亡する状況では、常に完璧に理解できるわけではない。天文学者のサラ・シーガー博士から、私はこう言われた。意外かもしれないが、私たちの生命に変化を引き起こし、時には救世主となる科学の多くは、そもそも最初は頭のなかで閃いた直感だった。進歩のポジティブな性質とネガティブな性質のどちらにも専門家が精通して全体像を把握すると、第六感が働くようになる。

おそらく偶然かもしれないが、アイスランドやニュージーランドなど、新型コロナウイルスへの対応に最も成功した国は、人間がよく陥るケースバイケースのモデリングを控えた。どちらも島国で人口が少なく、女性が国の指導者だったことが良い結果につながったとも考えられる。あるいはこれも偶然かもしれないが、すでに紹介したファウチ博士も、国立衛生研究所所長のフランシス・コリンズ博士も、アメリカの疫病対策の第一人者だが、どちらも非常に信心深く、研究室にも教会にも等しく敬意を払う。謙虚な姿勢の大切さを説き、物事の理解には限界があることを知っている。その一方、同じ人間の生活を改善することは道徳的に可能で、実際のところ道徳的義務だと考えている。ただしこうした科学的な考え方も、問題解決のあらゆる努力と同様、何か望ましくない事態に直面し、生ま

(10)　ライアン博士は二〇二〇年三月一三日、WHOの日々の状況報告のなかでこのように発言した。
(11)　Maggie Koerth, "Science Has No Clear Answers on the Coronavirus. Face Masks Are No Exception," FiveThirtyEight.com, April 6, 2020.

れ持った動物的な反応を示すところから始まることに議論の余地はない。こんなのはいやだと直感するのが出発点だ。するとつぎに、何をどのように実行すればよいか考える。アナリティクスによる解決策を模索するのはひとつの可能性で、その場合はもっと性能の良い機械を作ろうと考えるだろう。その一方、解答の少なくとも一部を同胞から見出そうと決めて、苦しんでいる人たちや、その治療に当たる人たちに注目してもよい。

マイケル・ルイスは二〇一六年に『かくて行動経済学は生まれり』[12]を出版した。彼はこれで新境地を開いたが、やはりベストセラーになったのはいつもと同じだった（うらやましそうに聞こえるかも知れないが、彼は間違いなく好人物だ）。この本では『マネー・ボール』と同様、人間の判断能力には限界がある半面、自己妄想への執着には際限がないことを取り上げている。ただし『マネー・ボール』では、周囲の無理解にひとりで敢然と挑む男性が主人公として登場し、対立のレンズを通して発想の転換に注目したが、『かくて行動経済学は生まれり』を読むと、ラブストーリーのような印象を受ける。

物語は、ふたりの素晴らしい心理学者を中心に展開する。そのひとりダニエル・カーネマン博士は物静かで真面目な人物で、ホロコーストの生き残りであり、何事も簡単には信じられなかった。もうひとりのエイモス・トヴェルスキー博士は、カーネマン博士と正反対の人物だった。ふたりは一九六〇年代末にヘブライ大学で出会うが、お互いに第一印象はよくなかった。個性が衝突しただけでなく、人間の行動の研究へのアプローチも対立した。トヴェルスキー博士のほうは数学を好み、統計に基づいたアプローチにこだわった。それに比べ、カーネマン博士は自説に対するこだわりも確信も弱かった。しかしほどなく、どちらも人間特有の不思議なプロセスに同じように魅了され、固い絆で結ばれるようになった。そのプロセスとは、意思決定である。

ふたりが研究の基盤作りに取り組み始めたころは、医者をはじめとする専門家に対する疑念が生じた時期と重なった。たとえばオレゴン研究所の心理学者、ルー・ゴールドバーグ博士はアメリカン・サイコロジスト誌に発表した論文のなかで、胃がんの診断が専門のアルゴリズムと放射線科医を比較して、人間の医者の相対的な質を酷評した。医者のあいだでは問題発生のしるしとして七つの兆候が認められているが、アルゴリズムはこの七つの兆候に基づいて構築された。たとえば潰瘍の形状や、潰瘍による穿孔の大きさなどだ。実験では医者（そしてアルゴリズム）に潰瘍の画像を一〇〇枚ほど見せて、確実に良性か、悪性か、その中間かを評価させた。画像の一部は同じもので、それを挿入することによって、医者とアルゴリズムの判断にどれだけ一貫性があるかを確かめた。

機械学習モデルと人間の医師の成果はほぼ拮抗した。ほぼというのは、研究対象となった医者も全員が、少なくとも一度は同じ潰瘍の画像に異なる判断を下したからでもある。そしてその後の研究でゴールドバーグは、人間の医者はアルゴリズムほど優秀ではないことを発見した。なぜなら、機械はガイドラインに従う能力が人間よりも優れているからだ。人間の医者は決められたルールを破って間違いを犯すが、機械は人間と違って行動がブレない。自分勝手に行動しないし、休みもとらない。疲

(12)　邦訳：マイケル・ルイス『かくて行動経済学は生まれり』渡会圭子訳、文藝春秋、二〇一七年。

れず、あわてず、退屈しない。かりに完璧な評価を下せないとしたら、それは不完全さに一貫性があるからだ。

カーネマン博士とトヴェルスキー博士は心理学と行動経済学を数十年にわたって研究するうちに、人間の過失の数々に名前を付けた。こうした過失のせいで私たち人間の行動には、機械よりも間違いが多くなる。たとえば「近性バイアス」が働くと、過去の出来事よりも最近の出来事を重視する。この傾向は、つぎに何が起きるか予測するとき特に顕著になる。「選択的マッチング」では、ふたつの出来事——たとえば悪天候と関節の痛み——が同時に発生してどちらからも強い印象を受けると、ふたつを関連付けてしまう。あるいは歴史家によく見られる「忍び寄る決定論」すなわち後知恵バイアスが働くと、実際にはランダムに発生した無関係な出来事を関連付けて、そこから重大な意味を引き出そうとする。私たちは、自分では何かに秀でているつもりでも、実際にはそうでもないことの証拠が、一連のバイアスからは明らかにされる。トヴェルスキー博士は、ふたりの研究が急成長する人工知能の分野に応用できるか尋ねられると、つぎのように答えた。「それはないね。僕たちは人工知能ではなく、人間の生来の愚かさを研究しているのだから」。

興味深いのは、ふたりの研究の方法が機械で再現できないことだ。カーネマン博士とトヴェルスキー博士は研究の時間の大半を部屋にこもって過ごし、ヘブライ語と英語で白熱した議論を交わした。相手が何かを主張すればそれに反論するプロセスを繰り返し、最後にようやく非の打ちどころのない結論に達した。ルイスは著書のなかで、ふたりを賞賛する同僚のひとり、ポール・スロヴィック博士のつぎの言葉を引用している。「ふたりの研究には独特のスタイルがある。何時間もぶっ続けで話し続ける」。お互いに相手を笑わせるときも多く、かならず相手に何かを考えさせる。少なくとも最初は意見の食い違いが多くても、それが役に立つのだ。

こうしてカーネマン博士とトヴェルスキー博士は人間の行動について理解したものの、ふたりともわかっていながら、いつのまにか協調した行動をとれなくなった。理想を貫くのは、理想を掲げた本人にとっても難しい。どちらもロボットのように同じことを考えるわけではなく、感情が揺れ動き、心を通い合わせることができなくなった。ふたりの研究成果の素晴らしさは申し分がない。カーネマン博士は二〇〇二年、ノーベル経済学賞を受賞したが、誰もがいつかはかならず陥る人間の弱さ――後悔、怒り、プライド、嫉妬といった感情――と、ふたりとも無縁ではなかった。トヴェルスキー博士はがんに侵され、一九九六年に五九歳で没したが、その前にふたりは完全に決別していた。

アルゴリズムには人間のような好き嫌いがないが、少なくとも今日の時点では、カーネマン博士やトヴェルスキー博士が確信していたように、人間よりも確実に優れているわけではない[13]。二〇一七年には、最も一般的で致死率の高い皮膚がんの画像を一三万枚ちかく集め、事前にラベル付けしたうえでアルゴリズムに訓練を施し、このアルゴリズムと二一人の正式な皮膚科医とのあいだで診断能力を競わせた。この研究についてまとめた著者らの観点では、機械と人間の医者はどちらも同じように優秀で、成績は「拮抗していた[14]」。つぎに二〇一九年にはウィーン医科大学の研究者が、良性の腫瘍と

(13)　アルゴリズムは常に改善しており、今日の真実はかならずしも未来の真実ではない。もちろん、同じことは私たち人間にも当てはまる。

悪性の皮膚がんの数千枚の画像を使って別のアルゴリズムに訓練を施した。一部の特殊な病状――色素性光線角化症や、日焼けが原因の白斑など――の診断は、人間の医者よりもＡＩのほうがやや優秀だった。なぜなら、機械は傷の周辺の皮膚にじっくり注目するからだ[15]。しかしそれ以外はあまり差がなかった。

こうした結果から、どちらかが使い物にならないとは判断できない。いずれも優れた診断能力を持っている。後にウィーン医科大学は研究の範囲を広げ、二者択一にこだわらず、両方を使った協調的な方法の成果を試した。皮膚の損傷部が気になるなら、複数の方法で検査するべきではないか。そんな型破りな発想を持つ研究者たちは、三〇〇人の医者に三種類の機械を補助手段として提供した。確率によってランク付けされた診断法のリストを提供する機械、皮膚の損傷が悪性の確率を教える機械、ＡＩが類似した症状だと判断した画像を提供する機械の三つだ。後者ふたつは、医者にとって大して役に立たなかった。どちらが提供されても、診断の正確さは変わらなかった。しかし、確率によってランク付けされた診断法のリストを提供する最初の機械を使うと、一部の医者の診断能力は大きく向上した。人間の医者とこの機械を組み合わせたチームの診断は一三パーセント改善した[16]。

ただし、つぎの点を指摘しておきたい。意外でもないが、若くて経験の浅い医者にとって機械は特に役に立つ。しかし、アイテストに合格するレベルの経験豊富な医者は、少なくともＡＩと同程度の知識を持っている。そのためむしろ、優秀な皮膚科医がアルゴリズムを使うと判断を誤る傾向があり、機械を信じたため、せっかくの正しい診断を変更する可能性がある。専門家として優れた観察眼を持っているのにそれを信じられないのは、現代特有の悪い習慣だ（ひねくれた方法もある。研究者たちはＡＩを微調整して欠陥を組み込み、不正確な確率を提供させた。一部の医者はそれにだまされ、自分たちを補助する機械から提供される情報を素直に信じた）。そして、機械にはできなくても、人間の医者にできることはたくさん残っている。人間ならば、カスタマイズされた治療法の計画を立てられるし、不安に怯える患者を大丈夫だと励ますこともできる。いずれも機械には不可能である。

しかし専門家以外の人間や研修医にとって、ＡＩは大いに役立つ。いまや皮膚がんは罹患率が高くても治る可能性が高いので、診断の精度が一三パーセント改善すれば影響は大きい。それだけ上昇すれば、数千人の命が救われ、さらに数千人が不要な手術を受けずにすむ。それなのに、ＡＩを使わず診断の精度が劣る医者をわざわざ選ぶ人がいるだろうか。オレゴン健康科学大学の皮膚科教授のサンシー・リーチマン博士は、この研究結果についてつぎのように語る。「これは、人間と機械のどちらに仕事を任せるかという問題ではない。最高の結果を導き出すため、どちらも最高の形で利用するにはどうすればよいか、その方法を考えなければならない[17]」。オーストリアの皮膚科医も同じ結論に達

（14）　Andre Esteva, Brett Kuprel, et al., "Dermatologist-Level Classification of Skin Cancer with Deep Neural Networks," *Nature*, January 25, 2017.

（15）　Philipp Tschandl, Noel Codella, et al., "Comparison of the Accuracy of Human Readers versus Machine-Learning Algorithms for Pigmented Skin Lesion Classification: An Open, Web-based, International, Diagnostic Study," *Lancet*, June 11, 2019.

（16）　Philipp Tschandl, Christoph Rinner, et al., "Human-Computer Collaboration for Skin Cancer Recognition," *Nature Medicine*, June 22, 2020.

してこう語る。「前進するためには協調するしかない」。

カーネマン博士とトヴェルスキー博士は関係が決裂する以前に、「フレーミング」についても研究した。フレーミングのアイデアによれば、同じ情報でもそれを提示する方法によって判断は変化する。たとえば死亡率が一〇パーセントの手術よりは、成功率が九〇パーセントのほうを、ほとんどの人は選ぶだろう。これは、本来の問題のアナリティクス革命にも通じる。フ、レ、ー、ミ、ン、グによって、あなたは賛成と反対のどちらかに当てはめられ、反対ならば、頭が悪くて救いようのない人間だと判断される。他にもフレーミングは様々な場面で行なわれるが、自分自身や相手についての認識もそのひとつだ。アルゴリズムと同じように行動しない人を見たら、その行動には欠陥があると考えるように私たちは教えられてきた。「合理的」の反対は「非合理的」であり、非合理ならば、ほぼかならずネガティブだと決めつけられる（あるいは、「人間の愚かさ」とも表現される）。

極端な傾向に惹かれる気持ちは理解できる。どちらか一方にすべてを当てはめれば、状況が明確になったような印象を受ける。ただしこうした確信は錯覚にすぎず、危険を伴う。私たちの生活の多くが偶然から成り立っていることは、簡単には受け入れられない。混乱した世界は座り心地の悪い大聖堂のようなもので、実際以上に未来を制御できると、つい想像したくなる。しかし地球上の営みは時計のように規則正しくない。もしも規則正しければ、地表でハリケーンは猛威を振るわないし、足元の地面が時々揺れることもない。ところが思慮に富んだ人たちを非、合、理、的だと戒めるような人たちは、計算できる頭があれば、運命をほぼ完璧に制御できると確信する。だがこれはお、か、し、い。人間は論理に従わないから罪深いと考えるだけでなく、誰もがロボットのように行動し、た、が、っ、て、い、ると推定する。

それでは、人間ではなくものになりたがっているようではないか。「我々は数字の組み立てラインではない」とケネス・ファインバーグは語ったが、まさにその通りだ。人間が本質的に非合理的ならば、非合理的な行動を不幸と決めつけず、長所として信頼するほうが、はるかに合理的な発想である。小さな過ちは間違いではない。それは私たち人間の、そして私たちが暮らす世界に付き物の機能のひとつだ。ダニエル・カーネマン博士でさえ、自分の処方箋の限界を理解して、つぎのように語った。「数字だけを根拠に決断は下せない。決断するにはストーリーが必要だ」。

リタ・シャロン博士は、患者や開業医に対する現代西洋医学の見解——正確を期するなら物扱いする姿勢——に心を痛めたことをきっかけに二〇〇〇年、ナラティブ・メディスン〔物語と対話に基づく医療〕という新しい分野の創設に貢献した[18]。従来の系統的なアプローチでは、医療に関わる全員が機械の部品と見なされ、機能するか否か、どちらか一方に分類される。言うなれば、周囲の人間の生物としての活動を、ぼんやり眺める傍観者のように扱われる。シャロン博士には、医療では病気が主役に位置付けられ、病気の「最善の」治療法はひとつしかなく、それがどこでも通用すると決めつけら

(17) Tom Simonite, "This Algorithm Doesn't Replace Doctors—It Makes Them Better," *WIRED*, July 17, 2020.

(18) シャロン博士は慎重な姿勢を崩さず、これほど広範な改革はひとりでは不可能であり、変化のプロセスは親密な協調行動によって進行するものだと強調する。二〇一六年に *Enthymema* 16号に掲載された「The Shock of Attention」という論文を参照。ただし本人は謙虚な姿勢を崩さないが、ナラティブ・メディスンの価値観の創造に大きく貢献している点は賞賛に値する。

れているように感じられた。がんは勝手に発生し、糖尿病は私たちと別の世界に存在するかのように思われている。そして、病院はまるで工場のようだった。かつて手術は公開手術室で行なわれたが、いまでは臨床医がクリニックで行なう。

シャロン博士は一九七〇年代から、医者の自分は医療で中心にいると考えるようになった。きっかけは、ひとりのがん患者だった。その男性は、襟の折り返しに付けられた名札の名字を見ると、目を大きく見開き、「そういうことか」と納得したのだ。ギリシャ神話に登場するシャロン〔一般的にはカロン。英語表記は、博士の名もカロンもCharon〕はステュクスの渡し守で、死者の魂を現世から冥界に運ぶ役目を与えられている。実際に患者は二日後に死亡した。自分のせいで、患者は最期のときを安らかに過ごせず、不安に怯えたのではないかと悩んだシャロン博士は、市役所に駆け込んで名前を変更しようかと考えた。(19) しかしその代わりに学び直す決心をして、コロンビア大学で英文学の博士号を取得することにした。病気やその治療法について理解する新しい方法を見つけたければ、先ずは物事の仕組みについて新しく学ぶ必要があった。特に興味を持ったのはヘンリー・ジェイムズで、〝すべてを逃さずに捉える人間になりなさい〟という名言を胸に刻んだ。

今日コロンビア大学では、ナラティブ・メディスンの理学修士プログラムのアカデミックディレクターをダニエル・スペンサー博士が務めている。ここでは、人間性に関する視点や専門知識の一部を実践に応用する方法について臨床医に訓練を施すだけでなく、医療従事者と患者のどちらにも自分の経験を積極的に語るよう勧めている。二〇〇九年に立ち上げられたとき、修士号を取得できるプログラムはここしかなかったが、その後は南カリフォルニア大学でも同じプログラムが始まった。シャロン博士と異なり、スペンサー博士は医者ではない。しかしそのキャリアは多彩で、デイヴィッド・バーンのアートディレクターを一〇年にわたって務めた。バーンは著名なアーチストでありミュージシャンであり、ロックバンドのトーキング・ヘッズの創設メンバーでもある。ふたりはグラフィックデザインや美術品の創作、さらにはパブリックアート・プロジェクトに共同で取り組んだ。バーンは、ジャンルの枠を超えた意表を突くアプローチで創作に臨み、スペンサー博士はそんな姿勢に大きく影響された。「どのプロジェクトも、その内容を一言で説明するのは難しい。興味深いものばかりだから」と彼女は語る。ナラティブ・メディスンに惹かれたのは、学際的な性質も理由のひとつだった。「異なる分野を思いがけない方法で結びつけたら、何が起きるかしら。何か面白いことが起きる可能性がある[20]」。

診断や治療への多面的なアプローチの価値をスペンサー博士が信じる背景には、個人的な理由がある。ずっと以前から患っていたのに発見されなかった病状が明らかになることを「メタグノシス」と言うが、これは彼女の造語である。たとえば子供が自閉症や失読症やＡＤＨＤ〔注意欠如・多動症〕と

(19)　Sigal Samuel, "This Doctor Is Taking Aim at Our Broken Medical System, One Story at a Time," Vox.com, March 5, 2020.

(20)　私は二〇二〇年八月二〇日、ダニエル・スペンサー博士にインタビューを行なった。彼女は私の漠然としたくだらない質問に丁寧に答えてくれた。その我慢強さに感謝する。彼女には以下の著書 *Metagnosis: Revelatory Narratives of Health and Identity* (Oxford: Oxford University Press, 2020) と、以下の共著 *The Principles and Practice of Narrative Medicine* (Oxford: Oxford University Press, 2017) がある。

診断されて初めて、自分もずっと同じ症状を抱えて生きてきたことに親が気づくケースは多い。なかには現実を認識したことをきっかけに、人生やそこで自分が果たす役割に対する考え方が様変わりする人もいる。物事が整理し直された結果、真実が明らかになって変化が引き起こされるのだ。実はスペンサー博士は視野欠損と診断されたが、そんな病気を抱えているとは夢にも思わなかったし、周囲の誰も気づかなかった。そもそも、自分は世の中の見方が他人と異なることが、どうしてわかるだろうか。彼女は他人と同じように物を見ないし、他人は彼女と同じように見ない。

アメリカでは一九一〇年以来、医学教育の内容がほとんど変化していない。当時、教育者であり批評家でもあるアブラハム・フレクスナーは「フレクスナー・レポート」を発表し、広範囲にわたる改革の提言をまとめた。ヨーロッパでは医者になるために定形化された訓練を受けるが、アメリカでは標準化された訓練がなかった。そのため、開業医のあいだでは能力差が大きくなった。そこでフレクスナーは、既存の医科大学の八〇パーセントを廃止して、残りの二〇パーセントで学生に自然科学を徹底的に学ばせようと考えた。こうして誕生した「フレクスナー生物医学」は基本的に、生理学と生化学に関する詳しい知識を病気の治療に生かす現代医学である。フレクスナーは、アルゴリズムが治療の手段として使われる未来を予測しなかったが、彼が一世紀以上前に行なった勧告から導き出された論理的な結果が、アルゴリズムだと言ってもよい。

フレクスナーのアプローチと彼の多くの弟子の研究からは、素晴らしい結果の数々が生み出された。たとえば彼はワクチンの効果を確信しており、実際にワクチンをきっかけに、感染症による死者は一気に減少した。ただし自然科学への揺るぎない信頼は、不幸な結果も招いた。医療から人間性が失われたのだ。医者だけでなく患者まで、規格化された道具に成り下がった。医者は倫理的な行動を心がけるべきだとフレクスナーは記したが、アメリカで新たに誕生した厳格な医学教育には、かならずしも倫理学の訓練が含まれなかった。一部の人には、あまりにも曖昧で主観的な学問にしか思えなかったのだ。そもそも善人になる方法をどのように教えればよいのか。間違った行為が患者の死につながるときがあるが、それをどうやって見分ければよいのか。フレクスナーは、医療の世界から偽医者を追放するという気高い目標を掲げたが、その半面、個性を軽んじた。そのため、患者ひとりに一五分を割り当て、そのあいだに効率よく診察が行なわれるようになった。これでは診察室に患者の個性の入り込む余地はない。

ナラティブ・メディスンは、医療における自然科学の重要性を軽んじるわけではない。「生物医学を重視する見返りに、人間中心主義の価値が犠牲にされる傾向が目立つが、それを修正したい」とスペンサー博士は語る。要するに、フレクスナーの改革から取り残された主観的・個人的な要素にもっと配慮することを目指す。シャロンという名前の医者を見たら、患者がどんな反応を示すか考えなければならない。

患者は暗い表情で診察室に入り、症状を訴える瞬間から病気を経験すると、多くの医者は考える。しかしナラティブ・メディスンの実践者は、こうした硬直的な発想に警鐘を鳴らす。なぜなら、これは事実ではないからだ。患者が診察室に入ってくる瞬間は、いかなる病気の出発点でもない。むしろ、限定的な意味での出発点にすぎない（私がかつて紹介した先端巨大症の事例は、実話に基づいている。

診断に至るまでの長い道のりは腰の不調から始まったが、実際には、悪い細胞が脳下垂体に侵入したことがそもそもの出発点だった）。出発点も最終地点も、決してひとつではない。そして、出発点から最終地点に至るまでの患者の道のりも様々で、どんな物語でも急展開を見せる第二幕のようなものだ。マイケル・ルイスは人生が運に左右されると考えるが、その通りだとすれば、ふたりの患者が同じ方法で同じように診断され、同じような治療を同時に受けたとしても、異なる結果を経験する可能性がある。ジークムント・フロイト以後の心理学者は、治療でナラティブが果たす役割の重要性を理解していた。ならば、身体的疾患も同じではないか。どんな病気にも独自のドラマがある。

患者の反応が様々に異なる背景には、何らかの生物学的理由が考えられる。何か見えない強い力が働くのかもしれないし、遺伝子に欠陥があるのかもしれない（新型コロナウイルスは一部の人たちに劇的な影響を与えたが、なかには症状がいっさい現れない人がいたことを思い出してほしい）。あるいは、これまでの人生での、生物学的なもの以外の部分が関連しているかもしれない。同じ病気にかかっても、社会経済的な地位によって患者の反応は変化するし、人間関係にも左右される。ナラティブ・メディスンでは、医者と患者が持ちつ持たれつのパートナーになることが要求される。症状の改善と診断の改善を目指して助け合い、どちらもスピーカーとレシーバー、すなわち話し手と聞き手の二役をこなさなければならない。要するに病気と同様、患者とも直接向き合うのだ。そもそもなぜ病気になったのか。処方された治療法が患者に「効き目がない」ならば、それはなぜかと問いかける。アルゴリズムが語るストーリーも、役に立つ可能性はある。「多くの場合、私はアルゴリズムの見解を支持する」と、スペンサー博士は語る。ただしこのストーリーは複数のバージョンのひとつにすぎず、ただひとつの妥当なストーリーではない。

今日の臨床診療では、手段と目標に関して協約が出来上がっていると思える場面があまりにも多い。治療から得られる望ましい結果について、見解が統一されているようだ。そもそも「病気を治す」と言っても、それには様々な定義があり、医療関係者に限らず治療への考え方は統一されていない。ところが医者と患者の関係では、誰もが同じだと仮定される。生活のあらゆる面で、誰もが同じ望みを抱いているとは思われないのに、医療だけは例外扱いされる。もちろん、既往歴によって一部の患者の治療方針が標準から外れる可能性はある。それに誰もが一〇〇歳まで生きたいわけではないし、あと三年だけ健康で暮らすために脂肪たっぷりのベーコンをあきらめるわけでもない。ナラティブ・メディスンでは病気や健康に関しても、人々の望みや不満は様々だということを理解してもらう。「終末期医療に関しては患者の見解が統一されない。ならば、それは医療全体に当てはまるのではないか」とスペンサー博士は語る。

そして、医者という集団は視野も狭い。フレクスナーの教育改革は、残念ながら意外な副作用を医学生にもたらした。最初は他者に献身的に仕える姿勢を心がけても、研修が終わるころには冷淡で思いやりのない姿勢が目立つようになる。患者の診察を始める段階では、他者への思いやりが最も必要とされるにもかかわらず、「共感が砕け散った」ような状態になり、思いやりのレベルは世間の平均さえも下回る。そして、医者のあいだでは自殺率が急増している。たとえ苦しい時期を何とか乗り越えても、心は二度と回復しない。

ひょっとするとこのような頑なな態度は、生まれ持った自己防衛メカニズムかもしれない。カメが甲羅で身を守るのと一緒だ。医者は自分が痛みを経験しないように、自分と痛みのあいだに感情的な壁を設けなければならない。あるいは、眠る暇もなく厳しい教育を受けた結果が、このような形で表れたのかもしれない。激しい競争で心がすさみ、感情に左右されないデータ重視の医療を教え込まれれば、それを素直に受け入れるのかもしれない。しかし同じ人間を細胞の集合体と見なすと、自分からも人間性が失われる。スペンサー博士は、答えの明快な修辞疑問を投げかける。「医療の提供者の心身が健康でないのに、思いやりや気遣いを期待できるだろうか」。

二〇二〇年の春にニューヨークで猛威を振るっていた新型コロナウイルスからは、数えきれないほどたくさんのストーリーが生まれては書き換えられた。この悲惨な時期に関して優れた記録を残した人物のひとりが、クレイグ・スミス医師だ。コロンビア大学の外科の責任者であり、ニューヨーク長老派アレン病院の外科部長である。優れた心臓外科医でもあり、しかも英語を妬ましいほど見事に操った。新型コロナが流行するとメッセージを作成し、感染の経路や収束に関する情報をツイッターで伝えた。時には数字を含めたが、医者からは予想できないような表現をほぼ常に使った。文章はまるで詩のように感情に訴え、しかも明晰だった。同僚が三月二七日に挿管されたときは、「敵はすぐ近くまで侵入してきた」と書き込んだ。三月三〇日には、つぎのように呼びかけた。「さあ、戦地昇進のチャンスだ。出番が待ちきれない次期リーダーにも、何かが起きなければ腰を上げないリーダーにも、活躍のときがやって来た。風が吹かなければ、タンポポの種はどこにも飛ばない」。そして三月三一日には、もっと明確なメッセージをこう伝えた。「我々にはできる」。

スミス医師は、こうした激励の言葉によって命を救ったのだろうか。従来の尺度では、救ったとは言えない。つぶれかけた肺に酸素を送り込んだわけではない。しかし、ヒーローたちに行動を喚起した。苦しんでいる人たちに希望を与えた。これこそ医療ではないだろうか。私にとって、その結論には議論の余地がない。

スミス医師は全員の命を救えたわけではない。新型コロナウイルスの多くの犠牲者のなかには長老派アレン病院の同僚も含まれ、そのひとりがローナ・ブリーン医師だった。病理学に関心がある献身的な女性で、救急医療室に勤務する医師だったが、四月二六日に自ら命を絶った。[21]友人たちには、コロナ禍の経験に「困惑し圧倒された」と語っていた。医師としてのキャリアのあいだには、セルフケアを心がけていた。規則的に睡眠をとり、山登りで気分転換を図った。しかしもはや患者の世話をする時間もエネルギーも十分確保できず、自己管理どころではなかった。そして、新型コロナウイルスに感染した同僚の四分の一が命を失っていた。「私は誰も助けられなかった」と、彼女は友人に語った。「何もできなかった。みんなを助けたかったのに、何もできなかった」。最初、彼女は現実をありのまま受け入れようとしたが、最後は自分で人生の幕を引いた。

感情を交えず厳格に定義すれば、彼女の死は自殺だった。アルゴリズムのアカウントにはそう記録されるだろう。しかし、それが彼女の経験のすべてだろうか。彼女の人生を小説にすれば、そんな結末になるのだろうか。新型コロナの犠牲者の最期は、図表にデータポイントとして記録される。しか

（21）　Corina Knoll, Ali Watkins, and Michael Rothfeld, "'I Couldn't Do Anything': The Virus and an E.R. Doctor's Suicide," *New York Times*, July 11, 2020.

しデータポイントの代わりに犠牲者の顔を見ていれば、あるいは感染して死にゆくところを目撃していれば、新型コロナウイルスの蔓延への社会の対応は異なっていたのではないか。医者が何を目撃しているのか理解していたら、私たちはおそらくもっと慎重に行動し、医者を気遣っていただろう。距離を置き、アナリティクスの統計を眺めているだけなら快適だが、医者は現場の混乱を肌で感じていた。私たちは現実を回避したが、医者は受け入れざるを得なかった。ローナ・ブリーン医師のストーリーを別の視点から語れば、彼女が混乱の渦に呑み込まれたことを想像するのは難しくない。

二〇〇九年三月一二日、ニューファンドランド州セントジョンズの南東にある石油プラットフォームまで作業員を運ぶ途中のシコースキーS－92ヘリコプターが、大西洋に不時着した。[22] レーダースクリーンからドットが消滅すると、電話連絡が始まった。このときのヘリコプターはクーガーという会社が所有し運行していたもので、消息を絶ってから最初に電話を受けたひとりがロブ・マニュエルだった。彼は背が高くて話し方が穏やかな巡査で、当時は王立カナダ騎馬警察（RCMP）の重大犯罪課に配属されていた。彼が呼び出されたのは、事故はかならずしも事故とは限らないからだ。運が悪くて悲劇が起きたのか、それとももっと深刻な原因があったのか、警察は判断しなければならない。仕事を通じ、マニュエルは記録を正確に残すことを覚えていた。この日も午前中に連絡を受けると、早速メモを取り始めた。彼がヘリコプターについて第一報を受けたのは午前一〇時一八分。メモ帳にはそう記された。実際に彼のメモ帳は、世界で最も完璧な情報源だった。

当初の電話連絡で伝えられる情報は、あとから間違っていたことが判明するケースが多い（同じ現象は、大量銃撃事件にも当てはまる。第一報では犯人が複数だと伝えられても、同じひとりの人物を複数の場所で目撃したケースがほとんどだ)。このときマニュエルは第一報で、ヘリコプターが不時着した現場に到着した救助隊員が、海面に浮かぶ機体を発見したと伝えられた。彼はメモから目を離し、こう回想した。「あとになってみれば、この報告は正しくなかった」。

むしろ、その後に受けた断片的な情報のほうが正確だった。実際には、海面に浮かぶ救命ボートが発見され、なかには誰もいなかった。唯一の生存者で、海氷の監視係だった二七歳のロバート・デッカーは、海面から引き上げられた。ひとりの遺体も回収された。この犠牲者は二六歳のアリソン・メイハーで、カフェテリアの従業員だった。ほどなくマニュエルは、ヘリコプターは一六人の乗客とふたりの乗員を運んでいたと結論した。単純に計算すれば、一四人の乗客とふたりの乗員がまだ行方不明で、ヘリコプターの機体も発見されていなかった。

少し前なら、この一六人は海で命を落としたと宣言されていただろう。ニューファンドランドでは、この表現は身近な存在であり、その背景には悲しいミステリーがある。いま石油を掘削している場所は、数世紀のあいだタラの漁場だった。海は大量のタラを提供したが、その見返りとして、ニューフ

(22)　私はこの事故とその後の調査についての記事をエスクァイア誌のために執筆し、二〇〇九年九月号に「The End of Mystery」(謎の終わり)というタイトルで掲載された。その後も、マイク・カニンガムをはじめ一部の関係者へのインタビューを続けた。事故とその後の調査に、私は不思議なほど取りつかれた。理由は説明できないが、一見すると混乱をきわめた経験のなかから、秩序を見出そうとする努力に惹かれたのかもしれない。彼らのそばに座っていると、世界の仕組みを自分よりもずっとよく理解している人のそばに座っているように感じられる。

ァンドランドの何十万人もの漁師の命を奪った。これは北大西洋の掟で、ニューファンドランドだけでなく、マサチューセッツやアイルランド、そしてフランスでも、大勢の人たち——ほとんどは男性——が海で行方不明になった。あとに残された家族は、愛する人が帰ってこない理由を何とか説明しようとした。いまでも言えることだが、深い悲しみには想像力を大きく膨らませる効果があった。行方知れずの夫と海のふたつが対象になれば、特に想像力は飛躍する。人魚に連れ去られた。セイレーンの歌に誘惑された。アトランティスのゲートをくぐり、王として迎えられた。執念深い白鯨や巨大なイカに丸呑みされたといった話が作られた。

かつて死は謎めいたものだった。今日では、ほとんどの死は原因が解明され、以前よりも理解できるようになった。なかには死因の解明に生涯を費やす人たちもいる。いま取り上げているヘリコプターの事故では、ロブ・マニュエルの他にも、カナダ運輸安全委員会の事故調査官のマイク・カニンガムがセントジョンズに呼び出された。そこで彼は、自分よりもメカに詳しい同僚のアラン・チョークに同行を求めた。

海の近くで生まれ育ったパイロットのカニンガムが事故調査官になったのは、父親の自家用機が海に墜落したのも理由のひとつだった。彼は事故の調査に人間的側面から取り組む。一方チョークは、機械が故障した可能性に注目する。だから力を合わせれば、良い仕事ができる。ふたりはまずヘリコプターとその乗員乗客を発見したら、つぎに空中から墜落して海底に沈んだ理由を解明し、同じ事故の再発を防ぐために報告書を提出する。ある意味、この仕事は医療に通じるところがあり、解毒剤のような効果を発揮する。しかし典型的な医者と異なり、ふたりは助けた人たちの名前も顔も知らないし、相手のほうも救助された経緯がわからない。カニンガムもチョークも、自分たちがヘリコプター事故の調査に費やした時間のおかげで、新たなヘリコプターの墜落がどこかで食い止められることを信じるしかなかった。

チョークが率いるチームはカメラ搭載型の無人潜水機（ＲＯＶ）を使い、行方不明になったクーガー社のシコースキーの捜索を始めた。その方法は厳密で、広い海を徹底的に調査した。ロバート・デッカーとアリソン・メイハーが発見された場所が、データポイントに定められた。他にはヘリコプターから吹き飛ばされた扉、ペリカンケース〔防水性に優れた樹脂製のハードケース〕、複数のダッフルバッグも海面からは回収されていた。これらを手がかりにチョークはヘリコプターの飛行コースを推測する一方、海流の計測を行なった。そして数時間以内には水深五四〇フィート〔一六五メートル〕のシルトに、フライトマニュアルから引きちぎられた一枚のページが丸く貼りついているのが発見された。その後もＲＯＶは光の届かない奥深くまで潜り続け、チョークは身を乗り出してモニターに釘付けになった。そしてついにヘリコプターは発見された。機体はほとんどひっくり返った状態で、右側を下にして横たわっていた。オレンジ色の救命服と緑色のゴム長靴もちらりと見えた。おそらく一六人分あった。

飛行機事故は通常、致命的な失敗によって引き起こされるわけではない。何かひとつの不可解な出来事が事故原因として指摘されることもあり、これは調査関係者から「ゴールデンＢＢ」と呼ばれる。人間は原因を完全な形で解明したいと願う。その思いが高じると、素人探偵は複雑な結論を出したがり、ベテラン調査官でさえ同じ衝動と戦わなければならない。しかしほとんどの事故は、つぎつぎ発生する機械の故障が原因で、パイロットのミスが事態を複雑にすることを、ベテラン調査官は経験から学んでいる。普通は、六つか七つの機械の異常が決まった順序で発生する。何かが故障すると、それがつぎの故障を誘発するプロセスが進行し、専門家いわく「連鎖的な出来事」の結果だ。飛行機が空から墜落するまでには、たくさんの悪い出来事が妨害されずに発生しなければならない。その意味では、事故の発生はとんでもない奇跡なのだ。

悲劇の原因がひとつだけのように見えても、大体は多くの原因が関わっている。二〇一四年には、マレーシア航空第一七便がウクライナ上空で地対空ミサイルに撃墜され、二九八人――乗客のほとんどはオランダ人、乗員はマレーシア人――の命が奪われた。しかしミサイルは地上での戦争の一環として発射されたもので、飛行機は航路の選び方がまずく、しかも悪天候だったため、戦場の上空を飛んでしまった。連鎖的な出来事のひとつでも取り除かれれば、飛行機はクアラルンプールに到着したはずだ。その代わりに機体だけでなく搭乗していた多くの人たちが、ウクライナ東部の農場に墜落してバラバラになった。

これは、法病理学者が死の原因と死に方を区別するのと似ている。死の原因は、命が失われる直接の理由だ。銃撃で殺された人物ならば、体に命中した弾丸が死の原因になる。死に方とは、弾丸が命を奪うまでの大まかな説明である。原因はほとんどが明確でその解明は科学の役割である。これに対し、死に方を解明するためには連鎖的に発生した出来事を結びつける必要があり、これは一種の芸術である。そこからは、何かを想像するわけではない。想像力を働かせることによって、事実を明らかにするのだ。

アラン・チョークはヘリコプターよりも先に、乗客と乗員の遺体を海上に引き揚げた。そして岸まで移動させるると、セントジョンズの健康科学センターの地下室にある解剖室まで運んだ。そこでは面長のサイモン・エイヴィスが待機している。彼がキャリアを通じて解剖した遺体は数えきれない。「二〇〇〇、いやおそらく三〇〇〇かな」と推測する。いまは、自分に割り当てられた金属製のテーブルのすべてから余計なものを撤去して、きれいに洗浄をすませ、経験と器具を頼りに、あと一六人分の遺体を解剖する準備を整えていた。

エイヴィスの仕事の課題は普段とは逆だった。死に方はすぐに判明する。ヘリコプターの墜落だった。不明なのは原因のほうだ。

「僕は想像力が豊かなんだ」とエイヴィス博士は語った。「といっても、ちょっと変わっている。物事の背景についてあれこれ想像するのが得意なんだ。法病理学は、他のどんなタイプの医療とも変わらない。いつでも白黒はっきりさせる科学ではない。答えが明確でないときもあるし、事実が判明してからようやく答えが思い浮かぶときもある。意識して考えるわけじゃない。ベッドでうとうとしているとき、ハッと目を覚まし、『そうだったんだ』と閃くこともある」。ピーター・グッドが時を超越したロゴをデザインするまでのプロセスが、エイヴィス博士のケースでも役に立ち、悲劇の解明を後押ししたのである。

エイヴィス博士は、それぞれの遺体の外診から始めた。つぎにエックス線撮影した遺体もあれば、全身をくまなく解剖した遺体もあった。その結果、外傷の痕跡はほとんど発見されなかった。衝撃を受けた徴候もほとんどないし、骨折も挫傷もいっさいなかった。そして誰もやけどを負っていない。

火災や爆発が発生した痕跡も、煙を吸い込んだ痕跡もなかった。エイヴィス博士は解剖室の中央で、一六人の遺体を細かく調べた。事故で死ななければ、みんな健康そのものだっただろう。

溺死とエイヴィス博士は記した。法病理学者が溺死と判断するには、強く確信する必要がある。いまは科学もテクノロジーも進歩したが、溺死だと証明するための診断テストは未だに存在しない。口のなかにピンク色の泡があったり、静脈洞や肺や胃に水が溜まっていたり、何らかの物的証拠は考えられるが、常に残されるとは限らない。溺れたのに水が溜まっていないときもある。これでは解剖の結果から死因を特定できない。水から回収された遺体に他の明らかな死因が存在しないとき、犠牲者は溺れ死んだと推測される。それ以外に原因が考えられないとき、溺死と宣言されるのだ。

エイヴィス博士は遺族がやって来ると、愛する家族の身に何が起きたか、解剖から確信した内容について語った。それによれば、ヘリコプターは猛スピードでいきなり落下したので、海に衝突する前に全員が意識を失っていた。シートベルトで座席に固定されたまま海底に沈み、溺れ死んだ。誰も苦しまず、痛みを感じなかった。

「僕はやはり医者だからね。癒《いや》しが必要なのは病人だけじゃない」と彼は私に言った。

一方、墜落したヘリコプターも引き揚げられ、海岸まで曳航《えいこう》された。マイク・カニンガムとアラン・チョークは格納庫のなかで、原形をとどめないほど破損した機械の残骸に目を凝らした。すでにブラックボックスはクーラーボックスに入れてオタワに送られ、テッド・ギヴィンズがデータや音声記録を取り出す作業を始めていた。ブラックボックスと言ってもいまではオレンジ色だが、一九五〇年代に発明された当時は五つのパラメータしか追跡できなかった。対気速度〔航空機と大気との相対速度〕、機首方位、高度、垂直加速度、時間の五つだ。これに対し、シコースキーS‐92のフライトデータ・レコーダーは、五〇〇種類のパラメータを監視する。原則としてボイスレコーダーのほうが恐ろしい内容で、専門家の耳に時として思いがけない手がかりが提供される。かつてギヴィンズは、切羽詰まったパイロットのクリップボードが壁に打ちつけられる音が、飛行機の断末魔の叫びだと診断した。しかし、データからは往々にしてもっと貴重な情報が提供され、事故の再現作業では特に役に立つ。

今回のヘリコプターのケースでは、離陸してから二七分後、油圧がいきなり大きく低下したとギヴィンズは判断した。そこでパイロットはあわてて方向転換し、まだ機体を制御したまま、海の上空八〇〇フィート〔約二四〇メートル〕まで高度を下げた。このときはメインローターも機能していた。ところが海に墜落する四三秒前、非常に深刻な事態に陥った。そのあとは、ボイスレコーダーに何も録音されていない。実際、恐ろしい状況を考えれば、静まり返っているのは普通ではない。そこでギヴィンズはつぎのように推測した。ヘリコプターは電力を失い、様々なシステムが停止して、パイロットには不時着する以外の選択肢がなかったのではないか。

チョークは格納庫のなかで、油圧の急激な低下を何が引き起こしたのか考えた。そして、花瓶ほどの大きさの燃料オイルろ過用のボウルアセンブリーを分解した。かつてオーストラリアで別のシコースキーS‐92が緊急着陸したときには、油圧の低下が原因だった。それを引き起こしたのは、ローターを動かすメインギアに燃料オイルろ過用のボウルアセンブリーを固定する三つのチタン製のスタッドだったのである。案の定クーガー社のヘリコプターでも、同じ三つのスタッドが使われていた。ひとつは完全に壊れ、もうひとつは手で締められた可能性があった。そして電子顕微鏡でさらに詳しく調べると、深刻な金属疲労が明らかになった。要するに、ひとつ目のスタッドが壊れ、それをきっかけに油圧が低下して、最終的にシステム障害が発生し、痛ましい事故につながったのだ。墜落する一五秒前には、油圧の低下でテールローターのギアにオイルがなくなり、ズタズタに破損した。少なくとも機械の故障の原因に関して、チョークはゴールデンBBを発見した。ひとつのスタッドが破損した結果、他のすべてが機能不全に陥ったのである。

つぎに、人間的な側面から事故を調査するカニンガムがコックピットの状況について考えた。彼は厳格で几帳面な半面、驚くほど素晴らしい想像力の持ち主だ。これまでのキャリアを通じ、あらゆる種類の飛行機が墜落する瞬間に自分が操縦桿を握っているところを想像してきた。目を閉じると、ニューブランズウィック州のフレデリクトンで発生したパイパー社のナバホ機の墜落事故で、エンジンが故障したあとに機体が川に突っ込むところを想像した。ノバスコシア州のハリファックスで発生したMKエアラインズの747型貨物輸送機の事故では、滑走路の先に繋った樹木に突っ込んだ機体が炎上するところを想像した。そして今度は、ニューファンドランドの沖合で轟音と共に急降下するシコースキーS‐92のコックピットに、自分がいるところを想像した。

「こんなことに集中するのは危ないよ。個人的にリスクがある」とカニンガムは認めた。「だが本当に理解したければ、そこまで徹底しないとね……最後の瞬間のことまで考えなければ、どんな気持ちだったのか理解できない」。

ほとんどのパイロットは危機的状況に陥ると、本能的に手動操縦に切り替えて乗り切ろうとする。しかし、事故を起こしたシコースキーは手動操縦ができなかったので、選択肢に入らなかった。結局、成功の可能性がほぼゼロの手段がひとつ残されただけだった。それは高度な技術を要する緊急着陸で、オートローテーションと呼ばれる。機体が降下する際の風の力を利用することによって、たとえテールローターが機能しなくても、メインローターの回転を維持するのだ。最後の瞬間に機首を上げれば、物理的な衝撃の最悪の部分はテールに集中する。これを成功させるためには、最後の瞬間がいつなのか直感を働かせなければならない。

カニンガムは一生懸命想像した。想像の世界のなかで、彼はヘリコプターの窓から海を眺めて絶望に打ちひしがれた。特徴のない真っ青な海が、どんどん近づいてくる。やがて恐ろしい音が聞こえた。それは金属が切断され、ギアがすりつぶされる音だ。機体は落下するしかなかったが、そのあいだ彼は意識を失わないように必死で努力した。メインローターには擦り傷がついているので、パイロットの懸命な行動の少なくとも半分はそこに集中していたに違いない。海に衝突したとき、ローターはまだ回っていた。しかし厳しい訓練を受け、高度なテクノロジーを駆使できても、パイロットである自分と副操縦士、それに搭乗した一五人の男性とひとりの女性の命は、最終的にはパイロットの優れた判断と運に左右された。

彼はどのくらいのスピードで落下していたのだろう。海面にどれだけ近づいただろうか。いつ機首を上げるべきなのか、外には何の手がかりもなかった。彼はスピードと高度と角度を推測した。そしてタイミングを図って機首を上げるが、〇・五秒だけ遅すぎて、僅かだけ右側に傾いた。その結果、ヘリコプターは墜落して海底に沈んだ。これはパイロットの過失ではない。

「この事故に関しては、あらゆる疑問の回答が得られたと言える」と、仕事をほぼ終わらせたマイク・カニンガムは語った。彼も同僚も以前より事故の全体像を正確に描ける機会が増えたが、それでも謎は残る。未だに飛行機が忽然《こつぜん》と姿を消すときがあり、そうなるとどんな疑問にも回答できない。マレーシア航空370便は、そんな恐ろしいケースに該当する。しかし今回のヘリコプターのケースでは、マイクと仲間の調査官は確かなデータを分析するだけでなく、人間ならではの想像力を働かせ、見事な連携プレーを行なったおかげで、現代の理想的な問題解決が実現した。言うなれば病気の診断を下し、治療法を提供することができた。燃料オイルろ過用のアセンブリーの三つのチタン製のボルトは、世界中のすべてのシコースキーS-92を対象に、すぐに交換が行なわれた。

こうした解決法こそ、アイテストの真髄ではないか。私は、何か革命的なことを提案するつもりはない。むしろ、アナリティクス革命が私たちに何を提供してくれるか、それはどんなコストを伴うか、私たちにはどんな行動の余地が残されるか、私たちにしかできないことは何か、立ち止まって考えるべきだ。世界は実験室ではないし、あらゆる事柄を数量化できるわけではない。予想外のことは未だに起きるし、それは事故と呼ばれる。予想外に幸運な出来事があったら、それをうまく利用すべきだ。予想外の悲劇に見舞われたら、その再現を防ぐ努力を惜しんではならない。しかしどうやって？ ベテランの事故調査官のやり方を見倣えばよい。

データだけでは、他のヘリコプターの安全は守れない。データは確かに役に立つが、人間の独創性と想像力が加わってこそ仕事は完成する。本書で紹介した人たちについて考えてみよう。誰もが素晴らしい一面を備えており、その仕事の流儀に感心したのではないか。エンタテインメントの章では光るセンス、スポーツの章では情熱、天気の章では順応性、政治の章では好奇心、犯罪の章では人間性、マネーの章では独創性の重要さをそれぞれ論証した。そして医療をテーマにした本章では、自分自身や相手の人間に敬意を払うことの大切さを訴えたい。まるで奇跡のような素晴らしい機械を前にすると圧倒されるが、人間に対しても同じように感じてほしい。あなたのなかには、そんな性格が備わっているだろうか。それなら、奇跡を起こすことができる。たとえ備わっていなくても、そんな資質を持つように自分を改善すればよい。そうすれば、地球上のいかなる機械もあなたにはかなわない。

もちろん、時には間違えるだろう。この世の存在から投げかけられる質問のすべてに答えられるわけではない。実際、マイク・カニンガムにも未だに解決できない謎がひとつある。それはロバート・デッカーだ。ヘリコプターの墜落で自分以外の全員が死亡してからほぼ一カ月後の四月八日、デッカーはセントジョンズのＲＣＭＰ本部を訪れた。小さな取調室に向かう途中にはささやき声が聞こえ、興味本位でちらちらと見られた。マニュエル巡査と一緒に着席すると、巡査はメモ帳を取り出した。ふたりの会話の内容はほとんどが秘密にされたが、後にマニュエルは、このときの取り調べを通じて世界観が変わったと打ち明けている。「私を感動させるのは大変だ。でも彼は本当にすごい。厳しい状況でも冷静さを失わなかった」という。

デッカーが生き残った理由についてはは複数の仮説がある。事故についての彼の記憶は不完全なので、あくまでも仮説だ。連邦政府による調査でヘリコプターの海上での安全性について尋ねられると、彼は「すべては正常でした」と回想した。これは、事故に関する公の場での唯一の発言だ。「音は正常でした。振動レベルも正常でした」という。機体が陸に向けて方向変換したときは眠っていた。そして広い海には航路を確認できるものが特にないので、まだ石油プラットフォームを目指しているのだろうと考えた。

パイロットは乗客に対し、体をしっかり固定するように呼びかけた。このとき目が覚めたデッカーは、指示された通りにやったのか尋ねられると、「いや、前のシートを摑みました」と答えた。両手だったのか？　「そう、両手でした」。

デッカーは証言を続けた。「つぎに記憶しているのは、気がついたらヘリコプターのなかに水があふれていたことです……あっという間に水浸しになりました」。どのようにしてそこから脱出したのか、どのようにして海面に浮上したのか、記憶は定かではない。救出に来たヘリコプターの下降気流、体にまとわりつく塩や水難救助員の声を断片的に記憶しているだけだった。

乗員のなかではアリソン・メイハーが最年少だったが、デッカーはそのつぎに若かった。だからふたりとも脱出できた可能性は考えられる（エイヴィス博士は、メイハーも他のみんなと同様に溺死だったと結論したが、その時間は特定できなかった）。ひょっとしたらふたりは、機体が急降下しても意識を失わなかったのかもしれない。もしかしたら意識を失っても、他の人たちと違って気がついたのかもしれない。デッカーは、自分が割れた窓から脱出したと確信している。メイハーはまだ生きていたにせよ、すでに死んでいたにせよ、扉が吹き飛ばされたあとの穴を通って脱出したと考えられる（シートベルトで体を固定していなかったので、ひょっとしたら生きていた可能性がある）。デッカーは足を動かして海面まで上昇したのだろう。メイハーも同じようにしたが、途中で空気を使い果たしたと考えられる。デッカーのほうが、肺が少し大きかったのかもしれない。あるいは、衝突する前に大きく深呼吸したのかもしれない。いや、救命服に他の人よりも空気が多く入っていたので、速く上昇できたのかもしれない。あるいは、たまたまみんなよりも良いシートを選んだのではないか。生存可能な唯一のシートを、そうとは知らずに選んだのかもしれない。

「物理は複雑な要素が様々に絡み合うときがある。だから機械から解放される人もいれば、機械から逃げられない人もいる。面白いね」と、アラン・チョークは本物のエンジニアのように語った。このヘリコプターの場合、海に墜落したことの影響が大きい。飛行機が陸に衝突するときは逃げ場がないが、水に墜落するときは脱出できる可能性がある。海面に衝突する瞬間、機体に亀裂が入り、そこから入った水が窓や扉を機体にとどめず、外に吹き飛ばしてしまう。ただし陸地に衝突する飛行機や空中分解する飛行機でも、やはり一時的に開口部が出来上がり、火だるまの機体からひとり、場合によっては複数の人間が放り出される可能性がある。そして三万フィート〔約九〇〇〇メートル〕急降下して、アイオワ州スーシティのトウモロコシ畑に落下するときや、目が覚めるとチェコの山腹だったときがある。あるいはデトロイト郊外に飛行機が墜落した現場では、両親や兄の遺体の隣で赤ん坊の小さな泣き声が聞こえた。

マイク・カニンガムの父親が操縦する自家用機が海に墜落したときには、本人と幼い息子は生き残った。しかし新しい妻すなわちマイクの継母と、彼とは腹違いの三歳の妹は助からなかった。ふたりは同じ棺に納められて葬られた。この飛行機に乗っていなかったマイクは棺をかつぎ、以後ずっとこの悲劇から解放されていない。腹違いの妹の声を最後に聞いたときを思い出すと、いまでも目に涙が浮かぶ。きちんと閉めた浴室の扉の向こうから、帰宅した彼に声をかけてくれた場面が忘れられない。

だから彼は、他の家族が自分と同じ悲劇を経験しないように、自分にできることをしようと決心したのだ。

マイクの腹違いの弟も亡霊に付きまとわれた。成長しても将来を夢見るよりはむしろ、疑問を抱き続けた。母親も姉も死んだのに、自分が生き残ったのはなぜか、ずっと頭から離れなかった。科学的には、赤ん坊は浮力があるからだと説明できるが、この答えには満足できなかった。離陸するとき、彼は母親の腕に抱かれていた。ひょっとしたら母親は飛行機が沈むとき、衝突によってできた開口部から彼を押し出したのかもしれないし、あるいは彼は放り出されたのかもしれない。いずれにしても、彼は飛行機から脱出して海面に浮かび上がってから救助され、再び生きる機会を与えられた。

命のように神聖なものが、予想外の出来事や運に左右され、それを制御することも予測することもできないのは、彼にとって耐え難かった。そんなばかげた状況は簡単に受け入れられない。生存者はしばしば、同じ苦しみに苛《さいな》まれる。それが罪悪感に変わることも多い。なぜみんなは助からなかったのか。なぜ自分だけ助かったのか。実際、誰も理由などわからない。おそらく誰もが理解できることはない。

人間は信じられないほど素晴らしいことをいくつも学んだ。重力、虹、内燃機関、静電気、ガラス吹き、製紙、衛星通信、光合成、バックギャモン、書き言葉について理解している。時として私たちは、自分の力を過信して少々傲慢になるし、議論に決着をつける能力を過大評価する。確かに私たちは数字を発明した。そしていつでも計算できる。

いや、いつもできるわけではない。謎は残されているのだから、私たちは謙虚になるべきだ。イモムシがどうやって蝶になるのかわからないし、翅がなかったときの記憶が蝶にあるかどうかもわからない。サケが産卵するため、生まれた川に戻る仕組みも理解していない。人間の膵臓《すいぞう》の正確な機能については意見が分かれている。自閉症の人たちは物事の見方が異なるのかどうかも――明らかに異なる人たちはいる――わからない。それに、まだ人間は火星に到達していない。宇宙に他の生命体が存在することを証明していない。人間のように思いやりを示し、公平を理解し、愛情を感じる機械はまだ作られていない。

あるいは、お気に入りの歌や映画に感動して胸がいっぱいになる理由も、時速一〇〇マイル〔一六一キロメートル〕の速球を投げられる腕が存在する理由も説明できない。特定の日に特定の街区でどれだけ雨が降るのか正確に予測できない。なぜ一部の人たちは自己の利益になる政策に反対票を投じるのかわからない。ジミー・ホッファ〔全米トラック運転手組合の会長を務めたが、一九七五年に失踪〕を殺した犯人も、D・B・クーパー〔一九七一年にボーイング727をハイジャックしたが、飛行中の飛行機から失踪〕の正体もわからない。アップルやマクドナルドやNFLが、あと五年、一〇年、あるいは二五年存続するかもわからない。新型コロナウイルスは一部の人たちの命を奪うのに、感染したことに気づかず治ってしまう人がいる理由もわからない。アリソン・メイハーは命を落とし、ロバート・デッカーは助かった理由もわからない。

ケネス・ファインバーグが独創的な仕事を終わらせてから、毎年九月一一日に小さな箱入りのキャンディーや花束が彼の事務所に送られてくるようになった。送り主が誰なのか、ファインバーグにはわからない。おそらく夫を亡くした女性ではないかと思うが、あくまで推測にすぎない。実際、見当がつかない。これは、ケネス・ファインバーグのなかで最も大きく変わった部分だ。かつて彼は何事も確信できなければ満足しなかった。法律家としてすべての物事を白黒はっきりさせ、マーサズ・ヴィニヤードとナンタケットの一方を選んだときのように、あらゆる物事を厳格に判断したうえで選択した。しかしいまは、わからないことが多い。私たちのほぼ誰よりも、人生はまっすぐに進まないことを理解している。未来が何をもたらすかなんてわからない。きょうという日が私たちの理解の限界であり、事実から成り立つ世界のギリギリの限界である。

それでも私たちは、未来の不確実性に備えることができる。ファインバーグは、その良いお手本だ。あの痛ましい悲劇の記念日には、大切な人を失った誰かが彼の人間的な対応や専門知識に感謝してくれる。先の見えない混乱状態に敢えて飛び込み、解決の道筋をつけてくれたことに謝意を示してくれる。これほど大変な状況を収拾できる機械は存在しない。いや、人間のなかでも取り組む能力があって、実際に取り組める人は一握りだ。光るセンスを持っている人、情熱的な人、適応力のある人、好奇心の強い人、気配りのできる人、独創的な人、慎重な人にしかできない。私はそんな人間になりたい。こうした資質のひとつでも身につけたいと思う。本書をきっかけに、あなたも同じ望みを抱いてくれれば幸いだ。私は沖に向かってゆっくり伸びていく海岸で尊敬する人たち――そしてあなた――の横に立って、果てしない海を眺めていたい。海の向こうで待ち受けているもののすべてを、私たちは理解できるわけではない。それでも目を閉じて、未来にどんな人生が待ち受けているのか想像することはできる。そうしたら目を開け、そこに向かって歩み始めようではないか。

謝辞

先ずは、読者の皆さんに感謝しなければならない。本書を楽しんでいただけただろうか。読んだあとに、世界は思ったよりも良いところだと感じていただければ幸いだ。私たちの生活には、難問や不思議なことが満ちあふれている。こうしたものとの向き合い方は、あなた次第だ。

本書は、ふたりの方の独創的な発想から実現した。トゥウェルブ社で私の担当編集者だったショーン・デズモンドと、永遠に私のエージェントであるデイヴィッド・ブラックだ。本書のアイデアは、ショーンが閃いた。彼は世界を観察し、なぜこうなるのかと疑問を抱くタイプだ。そこでデイヴィッドに相談したが、こちらは世界を観察し、どのような経緯でこうなるのかと疑問を抱くタイプだ。私にはどちらの答えもわからないが、この方程式の解を導き出すために私は適任だとふたりは判断した。当時私はエスクァイア誌を辞めたばかりで、しかも離婚協議の最中で、自分にいったい何があったのか問いかけずにはいられなかった。そして、ジョージアの友人たちに相談に行くため長距離を車で運転しているとき、デイヴィッドから連絡を受けた。そこで、ベーカリーカフェのパネラでランチ休憩するあいだに彼と話す時間を作ると、本書出版のための準備はすでに整い、すべては順調に進んでいると聞かされた。たくさんの人たちがささやかな幸せだけを願っているのに、自分は大きな幸運に恵まれ、ついホロリとした。幸い、私の前には大きなブレッドボウルが準備されており、嬉し涙をしっかり受け止めてくれた。

他にもトゥウェルブ社の方々は、皆さんがいま手に取っている本の完成を助けてくれた。その全員にこの場を借りて感謝したい（もちろん、デジタル版やオーディオ版を選んだ方々は紙の本というトレンドを逃しているが、インクで紙に文字を印刷した本はやっぱり素晴らしいし、いまや復活傾向にある。これは良いことだ）。レイチェル・カンベリーは編集補佐、アンジュリ・ジョンソンは制作担当編集者を引き受けてくれた。エリサ・リヴリンは、法律的な助言を提供してくれた。ジャロッド・テイラーは表紙のデザインを担当し、私が細かい注文をつけても、少なくとも露骨に嫌な顔をしなかった。マリー・ムンダカは中身を点検してくれた（チーム・ガラモンドは素晴らしい）。ベッキー・メインズは校閲を担当してくれた。ミーガン・ペリット＝ジェイコブソンは、本書が皆さんの手元に届くまでの手配をしてくれた。出来る限り完璧を期するため、全員が努力を惜しまなかった。もしも不備な点があれば、それは私の責任だ。それでも、落ち度がないことを心から願う。

本書に登場するストーリーの一部は当初エスクァイア誌に掲載されたもので、かつての職場の友人には感謝しなければならない。特に編集長のデイヴィッド・グレンジャーは、私が一四年間にわたってあちこちで好奇心を掻き立てられても大目に見てくれた。編集者として直属の上司だったピーター・グリフィンは、あらゆるアイデアに磨きをかけ（却下するほうがずっと多かった）、あらゆるストーリーを改善し、あらゆる文章を洗練させてくれた。ボブ・シェフラーとケヴィン・マクドネルは、あらゆる事実を念入りに裏どりしてくれた。ちなみにピーターは、今回の原稿にも専門家として丹念に目を通してくれた。本当に感謝している。それ以外のテーマは、最初はニューヨーク・タイムズ・マガジン、ＷＩＲＥＤ、ＥＳＰＮザ・マガジンで取り上げた。それぞれの担当編集者やファクトチェッカーには、大いに助けられたことを紹介しておく。

私が手がける類のジャーナリズムは、才能ある人たちが私とは縁もゆかりもなくても、貴重な時間の一部を割いてくれることで初めて成り立つ。長年にわたり、私の依頼に「イエス」と答えてくれたすべての人たちに、ここで謝意を表したい。なぜ快く応じてくれたのかわからないが、本当にありがとう。もしもあなたのストーリーが雑誌に掲載された後、本書のページでも紹介されていたら、それは良い印象が長続きしたからで、あなたについて理解する機会に恵まれて幸運だった。そして、本書をきっかけに出会った人たちには、つたない私の理解を助けてくれて感謝している。おそらく私は理解するまでに時間がかかったが、質問には真摯な姿勢を心がけた。あなたの回答を正確に伝えていることを願うばかりだ。

本書には、多くのジャーナリストや作家の研究結果が含まれているが、その全員に御礼を言いたい。すでにご存じのように、二次情報源の扱いには慎重を期するべきだが、どの方もその研究も信頼性が十分で、このような研究に取り組んでくれたことに感謝する。大切な研究成果を私が十分に理解して要約し、適切に引用していると感じていただければ幸いだ。なかでも特に、ニューヨーク・タイムズ紙の紙面作りに取り組む数百人のスタッフには、この場を借りて深く感謝する。ニューヨーク・タイムズ紙は常に役に立つ情報源であり続け、スタッフの皆さんは日々奇跡を起こしている。

両親のジョンとマリリン、そして息子のチャーリーとサムにも、愛情と感謝を捧げたい。私の人生が、あなたたちの人生によって支えられているのは幸運だった。

そして最後にアナ。きみを心から愛している。きみが僕を信じ続けるのは、簡単ではなかったはずだ。僕が素晴らしい毎日を過ごし、幸せをかみしめられるのは、きみがいるおかげだ。本当にありがとう。

訳者あとがき

「私たちの生活には、難問や不思議なことが満ちあふれている。こうしたものとの向き合い方は、あなた次第だ」――本書の謝辞の冒頭で述べられている通り、情報が氾濫している今日、正しい判断力を身につけることは以前にもまして重要になっている。本書には、そのためのお手本になる人たちがたくさん登場する。

本書の原書のタイトルは、『The Eye Test』〈アイテスト〉という。聞きなれない言葉だと思われるだろうが、アイテストとは、「データだけでなく、人間の独創性と想像力も駆使して評価を行なうこと」を意味する。統計の数字はいかにも正しそうだが、数字は正しいときもあれば、間違っているときもある。それをじっくり見極め、正しい情報だけを頼りにして、最後は自分の頭で考えて判断を下さなければならない。本書は七つの章から構成され、数字を妄信すると悲惨な結果を招く恐れがある一方、数字と人間の判断力を上手に組み合わせると、意外な結末に感動するときもあることを、様々な具体例で紹介している。

取り上げられる分野は、エンタテインメント、スポーツ、天気、政治、犯罪、マネー、医療と多岐にわたる。最初から順番に読み進めてもよいし、興味のある分野を選んで読んでもかまわない。どの章でも、「なるほど、そういえばこんなことがあった」と思い当たるはずだ。たとえばエンタテインメント業界では、過去にヒットして利益を生んだ映画に注目し、二番煎じを狙って同じような作品を製作しても、期待外れに終わるケースが多い。『ハリー・ポッター』や『アベンジャーズ』(日本ならば『男はつらいよ』)のように、同じ俳優がずっと出演するシリーズものは人気が衰えないが、かつての名画のリメイク版はあまり成功しない。スポーツの世界では、マイケル・ルイスの『マネー・ボール』の影響もあり、アナリティクスに頼る戦略がもてはやされたが、超一流のアスリートにはかならずしも当てはまらない。あるいは天気予報が伝える降水確率や台風の進路などは、異常気象の時代には外れる可能性も少なくない。そして政治では、アルゴリズムが分析した選挙の勝敗確率が報じられるが、その数字が信頼できないことは、アメリカの二〇一六年大統領選挙でドナルド・トランプが大番狂わせを起こしたことからもわかる。一方、今日の犯罪捜査にはAIが取り入れられているが、その基盤となるアルゴリズムには人間のバイアスが働いており、アフリカ系の市民が誤認逮捕されるケースは少なくない。

とくに第七章の医療は、誰もが身近な問題に感じられるのではないか。新型コロナウイルスが蔓延したとき、感染者や死者の数が連日報道され、それを見るたびに気持ちが落ち込んだ。ワクチン接種が始まって以降は、重大な副反応による死亡が疑われる例が報じられることもあった。その因果関係の有無や、政府の感染防止に関する一連の政策の是非は、今後の検証を待たなければわからない。前代未聞の出来事だったのだから、過去のデータを頼りに分析することはできない。そして問題なのは、感染症対策だけではない。いまや医療の標準化が進んだ結果、診察のマニュアルが出来上がったが、そのため医療は画一的な傾向を強めた。患者ひとりひとりの個性は顧みられず、決められた短い時間内で診察を終える流れ作業が続く。検査の数字だけで治療方針が決められるが、人間の体は数字だけで判断できるほど単純ではない。

もちろんAIもアルゴリズムも数字も役に立つが、それだけでは十分ではない。どのジャンルにせよ、人間を相手に行動を起こすからには、相手の個性を認め、こちらの出方にどんな反応を示すか考えたうえで、臨機応変に判断を下す必要がある。そこからは斬新な芸術作品が生まれ、スポーツではスーパープレーが披露される。本書によれば、映画『トイ・ストーリー』は、従来の型にこだわるディズニー幹部の要求に屈せず、チームが独創性を追求したおかげで、素晴らしい作品となって高い評価を受けた。スポーツの世界では、野球殿堂入りを果たしたニューヨーク・ヤンキースのデレク・ジーターは、最新のアナリティクスによれば平凡な選手だったらしいが、華麗なボールさばきを見れば、超一流のプレーヤーであることに疑いの余地はない。大事なのは数字で測れないもの、すなわち光るセンス、情熱、誠実さ、ひたむきさといった要素であり、それが相手から伝わってくれば、深い感動が生まれる。

著者のクリス・ジョーンズは、WIRED、ニューヨークタイムズ・マガジン、ウォールストリート・ジャーナル・マガジン、エスクァイアなど、複数の雑誌でジャーナリストとしての経験を積んだ。ネットフリックスで配信されたドラマシリーズ『Away―遠く離れて―』のプロデューサーでもある。

そして特集記事が評価され、ナショナルマガジン・アワードを二度にわたって受賞している。本書が幅広いジャンルを取り上げているのは、そんな裏付けがあるからだ。本書にも、ビリー・ビーン（アスレチックスのGM）、ライアン・カヴァノー（映画プロデューサー）、ジョン・マケイン（共和党の大統領候補）、ケネス・ファインバーグ（弁護士）、コナー・マクレガー（格闘家）など、興味深い人物へのインタビューが紹介されている。ほかにもマジシャン、クイズ番組の解答者、天文学者、気象予報士、イラストレーター、事故調査官など、登場人物は実に多彩だ。そして著者自身、自閉症の息子を育てており、世界の見方はひとつでないことを、子育てを通じて学んでいる。

本書を読んだあとは、ぜひアイテストに挑戦してほしい。といっても、正しい情報と偽情報や誤情報を区別するのは本当に難しい。そして本書も、見分ける方法を具体的に紹介しているわけではない。先ずは、データを全面的に信じる姿勢を改めることの大切さを強調している。ＡＩもアルゴリズムも全知全能ではない。内閣支持率、テレビの視聴率、レストランやホテルの評価などをはじき出すが、数字や星の数はあくまでも参考としてとらえ、自分で冷静に評価しなければならない。それを意識的に心がけるのだ。最近では、アメリカの人気歌手テイラー・スウィフトのＡＩ偽画像が拡散し、政権は議会に対し、法整備の加速を呼びかけたこともあった。ツイッター（Ｘ）がイーロン・マスクに買収されてから、有害コンテンツの取り締まりが大幅に緩和されたという報道もあるが、生成ＡＩをどのように活用すべきかは、これからの大きな課題のひとつだ。

ちなみに今年からは、大谷翔平選手がドジャースでプレーする。二刀流という未開の荒野をひとりで歩み続けているが、あのレベルに達するまでに、どれだけの努力をしているのだろう。とにかく野球が大好きで、野球にすべてを捧げている。そんな真摯な生き方が、全身から感じられる。これまで二刀流に挑戦したのはベーブ・ルースぐらいで、参考になる過去のデータがない。どんな活躍をしてくれるのか、データ抜きでいろいろと想像するのは本当に楽しい。

二〇二四年二月

観察《かんさつ》の力《ちから》
2024年３月20日　初版印刷
2024年３月25日　初版発行
＊
著　者　クリス・ジョーンズ
訳　者　小《こ》坂《さか》恵《え》理《り》
発行者　早　川　　浩
＊
印刷所　三松堂株式会社
製本所　三松堂株式会社
＊
発行所　株式会社　早川書房
東京都千代田区神田多町２－２
電話　03-3252-3111
振替　00160-3-47799
https://www.hayakawa-online.co.jp
定価はカバーに表示してあります
ISBN978-4-15-210319-2　C0036
Printed and bound in Japan
乱丁・落丁本は小社制作部宛お送り下さい。
送料小社負担にてお取りかえいたします。